救国シンクタンク叢書

Leave US Alone

減税と規制緩和、アメリカ保守革命の教典

グローバー・G・ノーキスト［著］
全米税制改革協議会、会長

総合教育出版株式会社

私の母と父、
キャロルとウォーレン・ノーキストへ

目次

本書は日本人有志による翻訳費用の寄付で成り立っています。
執筆者、翻訳者、救国シンクタンク関係者一同、感謝申し上げます。

〈寄付者一覧〉
山崎信義様、峯將博様、株式会社HOMARE様、田中邦剛様、きのすブログ様
生田充晃様、岩本恵里様、小鹿勇児様、小野瀬幸雄様、川端博志様
芝山香様、田尾史朗様、前田道弘様、三原淳様、山岡佳代様、山本利江様

アメリカ政府における来るべき革命への見事な入門書。

——ニュート・ギングリッチ

グローバー・ノーキストは挑発的で、知的で大胆不敵な人物であり、常に注目に値する。彼の新著は、グローバーの最高傑作であり、とてもとても素晴らしい。この重要な一冊を読めば、なぜノーキストがアメリカ政治においてこれほど重要な役割を果たしているのかが理解できるだろう。

——カール・ローブ

これがグローバー・ノーキストの頭脳である。彼の論文は情熱的で、データに基づいたものであり、政治的な地勢に臆することはない。

——ペギー・ヌーナン

グローバー・ノーキストは、政治的な正論を語ることでは右に出る者はいない。本書は、国民に訴えるべき党の本質を理解できない気弱な共和党員にとって、必読の書となるはずだ。政府に自分たちのことを放っておいてほしいと願うアメリカ人にとって、本書は政治の荒野からの雄叫びである。

——ロバート・ノヴァク

左派対右派、リベラル対保守といった古い二項対立は、アメリカの政治にとってますます妥当性を失っている。しかし、ノーキストが提唱する、「放っておいてくれ連合」対「もっと寄こせ連合」という解釈は、きわめて重要で、適切で、鋭い。このプリズムを通して見る政治は理にかなっている。

——ディック・モリス

グローバー・ノーキストは、「もっと寄こせ連合」に代表されるような気難しい左派を辛辣に分析しており、リバタリアン的な要素を少しでも持っている人であれば、本書を熱心に購入する十分な理由となる。

——クリストファー・ヒッチェンス

はじめに

ある彫刻家が、ゼウスの大理石像をどうやって作るのかと尋ねられたことがある。その彫刻家は、まず大きな大理石の塊を手に入れ、ゼウスに似ていない部分を取り除くだけだと説明した。

この本を書くにあたって、私はまず書きたくない本を決めた。『相手チームは最低』とか『私のチームは何があろうと勝ちに行く、だからそれに慣れろ』というタイトルの本はもう書かないことにした。そのようなテーマについては、すでに他の人たちが立派な書籍を出している。そのような本は釈迦に説法で、軍隊を奮い立たせ、うまく暴言を吐いた後で自分自身をすっきりさせるのに役立つ。

また、自分のチームがいかに負けているか、西洋文明がいかにソドムに向かって低迷しているか、なすすべがないかという悲惨的な内容の本も書きたくなかった。

1994年の保守革命の数週間前に、現代の共和党と保守運動の崩壊を説明した本が出版された。民主党の永久的な衰退を説いたもう一冊の本は、1992年にビル・クリントンが民主党の上下両院で政権を担うことになる直前に出版された。

また私のアイデアが明日すべて法律化されれば世界は完璧になる、というユートピア的な本も書かないことにした。かなり以前のことだが、世界は自分のやりたいことを中心に整理されていないことを知った。とてもがっかりした。しかし、ある人たちとは違って、この真実が痛切に明らかになったとき、私は10歳だった。国家という船を方向転換させ、一世代にわたって正しい方向に進ませ続けるには、何百万人ものアメリカ人の多大な努力が必要だ。本書は、中道右派がいかにしてアメリカをより大きな自由と個人の自由へと向かわせることができるかについて書かれている。

「良い雑誌記事の長いバージョン」と要約されるような本を書かないようにも努力した。ひとつの興味深いアイデアを取り上げては200ページも引き延ばしている立派な本がたくさんある。私はこれまで100本以上の雑誌記事を書き、何百回もの政治演説を行い、何十回もの政治集会、連合、キャンペーンを作り上げてきた。成功と失敗、何がうまくいき、何がうまくいかないのか、リアルタイムの教訓がこの本に注ぎ込まれている。

アメリカ政治における競合する2つの連合について、それらがどのように組織され、何がそれらを強くし、あるいは弱くしているのか、それぞれが何を成し遂げ、何ができないのか、そして、読者であるあなたは、この争いにどのように加わることができるかを説明する本を書いた。

この2つの政治連合は、それぞれ中道右派と左派の中心にあり、「放っておいてくれ連合」と「もっと寄こせ連合」と名付けられている。

アメリカ政治、その過去、現在、そして特に今後半世紀にわたるアメリカ政治の行方をより深く理解するためには、政党そのものよりも、そうした連合を理解することが重要である。本書はその理解を深めるために書かれた。

本書は2008年の大統領選挙や、ブッシュ大統領やヒラリー・クリントンの長所や短所についての本ではない。近い未来と遠い未来の両方について書かれている。

この本は、2000年と2004年の共和党の成功や2006年の民主党の成功に対する反動でもない。アナリストとして、また一戦闘員として、私は、現在の傾向が続けば、中道右派連合が成長し、強化される一方、左派の力は衰えると考えている。もちろん、逆トレンドもあるし、共和党の突きには民主党の受け身もありうる。私のチームに対する楽観的な考え方の一部は、私が懸命に働くつもりだという事実から生まれている。


今日と明日については、すでに多くのことが書かれている。24時間テレビと何百人もの政治ブロガーやコラムニストがいるため、どんな些細な展開も大げさに報道され、小さな勝利が永続的な大勢と誤解され、各政党が選挙で失速するたびに二度と勝てないと予測される。

この一進一退は続くのだろうか？　一方の政党がゆっくりと着実に他方の政党を凌駕していくのか、それとも大恐慌の後や1974年と1994年の選挙のように一挙に大きく躍進するのか。

この2つの連合について説明した後、今後25年間にこれらの連合の相対的な強さを形成するであろう一連の経済的、人口統計的、政治的傾向について論じる。単に「放っておいてほしい」という願望を中心に組織されたアメリカの中道右派連合の擁護者として、私はまた、中道右派のチャンスと強み、そして次世代への戦いの順番についても述べてきた。

私は、アメリカ政治における中道右派連合は、アメリカを定義するための長く果てしない闘争において勝利を収めるだろうと信じている。しかし、選挙が不調に終わる年もあれば、候補者が不本意な結果に終わる年など、不運に見舞われる年もある。戦争や不況もあるだろう。ロナルド・レーガンが語った丘の上のまちを目指すには、粘り強さが必要だ。それは個人の自由と経済的繁栄の国であり、帝国ではなく、模範によって良き人生のビジョンを共有する国のことだ。

しかし、然もすると後退し、昔のヨーロッパのように自由と機会を安全と強制的な平準化と交換するようになるかもしれない。しかし、懸命に努力すれば、ゴールドウォーター、レーガン、ギングリッチ、そして彼らが代表し、率いた運動の高まりによって始まった進歩を、今後も継続することができると私は信じている。

本書の執筆にあたり、大きな力となってくれた人々に感謝したい。なによりもまず、妻のサマには、全米税制改革協議会の運営と新婚生活の責任をこなしながら、不規則で長い時間をかけて本書を書き上げた私を支え、寛容に見守ってくれた。

アダム・ラドマンは研究者、編集者として貴重な存在であり、週末には良き仲間だった。私が言葉や数字でとらえたいと願っていたアメリカ政治の全体像を示す図表や事例を提供してくれたのは、一緒に仕事をしている多くの活動家たちである：アメリカ株主協会会長のダン・クリフトン、Alliance for Worker Freedom 会長のライアン・エリス、全米税制改革協議会のチーフ・スタッフであるクリス・バトラー、そしてジョン・カーチ、サラ・スミス、キャリー・ヘイル、サンドラ・ファブリー、エリザベス・カラスメイガン、スコット・ラガンガ、ジェーン・フレイザー、ケルシー・ザホウレック、カリー・ブラッグ、パトリック・グリーソン、デレク・ハンター、ブライアン・ジョンソン、ブランディ・コルマー、ミーガン・マチェズニー、サティヤ・タラム。

序章　アメリカへの挑戦―読者へのメッセージ

アメリカは間もなくその将来について決断を下す。それは永久に続く決断となるだろう。後戻りはできない。

読者のあなたはその決断において役割を果たすことができるし、果たすことになる。関与するか撤退するかという個々の決断は、良くも悪くも歴史を変える可能性がある。

これからの10年で、アメリカは旧ヨーロッパのような道を歩む決断を下すことになる。自主防衛、ダイナミズム、成長のための自由を安全と管理された衰退と引き換えにするのか、それとも、妬みや平準化、統制の政治から解放され、個人が達成できることに制限のない自由で開かれた社会を追求し直すのか。

私たちは、自立した大人として生き、尊厳と自分の人生と家族に対するコントロールを取り戻すか、あるいは、まるで高校を出ていないかのように、政府に甘やかされ、保護され、檻に入れられるようになるかを決めるのだ。この決断を下すのは私たちだ。他の誰でもない。

これまでも、政府による生活管理の強化を推進する人々と、自治と自由を擁護する人々がいたが、この2つの勢力がこれほどはっきりと分かれたことはなかった。

これはアメリカにとって新しいことだ。南北戦争後、共和党の中央分裂は地域的なものだった。ある有権者が共和党員だと言ったとしても、それは税金や外交政策に対する彼の見解を示すものではなく、彼がメイソン・ディクソン線の北側で生まれたことはほぼ間違いないということを示すものだった。アイルランド系移民はヤンキー・プロテスタントによる虐待に反発し、民主党に入党した。イタリア系移民は、都市部でアイルランド系アメリカ人の支配にぶつかり、しばしば共和党員になった。これは、世界で最も豊かで潜在的な力を持つ国になりつつあったこの国で、チームを結成するためのあまり合理的な方法ではなかった。


北部の人々は南部の人々より数が多く、共和党は国民統合の党という利点があったため、1860年から1930年まで議会と大統領職を支配した。民主党のグローバー・クリーブランドとウッドロー・ウィルソンだけが16年間大統領職を務め、議会が民主党の支配下に入ったのは、この70年間のうち22年間だけであった。(1)

大恐慌は民主党に絶好の機会を与え、フランクリン・ルーズベルトは、南部出身者、組合員、ユダヤ系移民、カトリック系移民、北部の大都市政治組織からなる多数派民主党を作り上げた。ルーズベルトは、奴隷制度からわずか3世代でアフリカ系アメリカ人の票の多くを獲得した。ルーズベルトはあらゆるレベルの政府規模を大幅に拡大し、彼の政治マシーンのための雇用を創出した。

1932年の全レベルの政府支出はGDPの14・9%だった。1952年には22・2%、19

80年には30・2％に上昇した[2]。

納税者は、1940年には415万人、1952年には658万9千人、1980年には1620万1千人の政府職員を支えていた[3]。

労働組合は、雇用を維持するために労働者に強制的に会費を支払わせる大々的な権限を与えられた。FDRの連合は60年間アメリカの政治を支配した。法律が改正され、与党を維持するための組織が作られ、資金が提供された。

民主党の腐敗や、朝鮮戦争やベトナム戦争などの対外戦争への関与に対抗して、共和党が大統領に当選することもあった。

しかし、1930年から1994年までの4年間を除いて、民主党が下院を支配していた。(共和党が下院を支配した期間は1946年から1948年と1952年から1954年である[4]。)

また、共和党が上院を支配したのは、この64年間のうち12年間だけである[5]。

ロナルド・レーガンが存命中に、現代の共和党は、牧歌的な政権連合が問題を起こし選挙を投げ出すのをのんびり待つ北部の地域政党から、大統領選挙で60％の得票率を獲得できる党内の一貫性のある政党へと変貌を遂げた。

それはロナルド・レーガンが作り上げた政党と運動であり、1994年に上下両院を制し、1980年、1984年、1988年、2000年、2004年の大統領選挙に勝利した。

全国レベルでの共和党の強さは、民主党の弱さと一致した。1964年にリンドン・ジョンソンがバリー・ゴールドウォーターに地滑り的勝利を収めて以来、民主党は大統領選で51％の票を獲得できなかった。

民主党の覇権はなぜ揺らいだのか？　レーガン共和党連合の本質は何か？　どのようにして作られたのか？　それはなぜ維持されているのか？　今、その力は衰えているのか、それとも弱まっているのか？　今から25年後、共和党はこの国を動かしているだろうか？　なぜそのような行動をとるのか？

民主党は大統領と議会を掌握した場合、開幕戦として今後10年間で3兆ドル、納税者一人当たり毎年3千ドルの増税を行うと約束している。彼らは2兆ドルを超える新たな政府支出を提案している。医療、エネルギーの使用量や生産方法、自動車のサイズやメーカーも政府が管理することになる。彼らはまた、人種枠によってあなたとあなたの子供たちの将来の多くを決定し、仕事を続けるために労働組合のリーダーに500ドルの会費を支払うことを要求するだろう。彼らは、あなたが何をどこで食べ、タバコを吸い、酒を飲むかについて強い意見を持っている。もう一方の政党は、こうした取り組みに反対し、同時期に2兆ドルの減税を行う追加減税の実施に全力を挙げている。

ジョージ・ウォレスは1968年、二大政党の間にはちっとも違いはないと言った。現在、アメリカが2008年の選挙で共和党と民主党のどちらを選ぶかを決めるとき、その差は数兆ドルに相当する。今後何年にもわたり、その差は規模と範囲を拡大していくだろう。(6)

そして、両党は今日のあらゆる主要問題で正反対の方向を向いているが、両党の力は歴史上かつてないほど互角である。2000年と2004年の大統領選における党派別得票数は、共和党が1億1249万6775票、民主党が1億1002万4225票であった。両党の得票率は50・5％対49・5％で拮抗した。1994年から2005年までの連邦議会総投票数も同じように拮抗しており、共和党の累積総投票数は2億8867万4630票、民主党の累積総投票数は2億8264万5708票、50・52％対49・47％であった。この均衡した争いは、小さな政治運動でさえもタイブレークの可能性を生む。

ヨーロッパのいくつかの国では、自分の政党が2％の得票率を獲得すれば、次の首相を選ぶことができるかもしれない。アメリカでは、もしあなたの政党が2％の得票率を獲得すれば、あなたは変人扱いされる。後にトークショーの司会者として成功するかもしれないが、エアフォース・ワンに乗ることはできない。

民間企業では、ウィジェットの市場で2％のシェアを獲得すれば金持ちになれる。オリンピックでは、3位になればピカピカの銅メダルがもらえる。

政治の世界では、銅メダルはない。銀メダルもない。1位以外は単に敗者と呼ばれる。つまり、特定の問題に関心を持つ小さな政治運動やグループが他のグループと一緒になって、アメリカの2大政党を支える2つの連合を作り、1つの政党が過半数を獲得するまで戦いが続くのである。本書に書かれている政治的、人口統計的傾向は、あなたがコントロールできない非人間的な力ではない。あなた自身とあなたの努力が含まれているのだ。

現代のテクノロジーは、友人、同僚、家族、教会のメンバー、同級生を投票所に連れて行くために、一人でもできることを広げてくれる。地元だけでなく、町の反対側、別の都市、別の州でも政治的に活動することができる。

2000年の大統領選挙はフロリダ州では537票差で決着した。読者と携帯電話のスピードダイヤルに登録されている人々は、その日500人の有権者を投票所に連れて行くことができただろう。

互角の膠着状態は続かないだろう。

アメリカの分かれ道は今、目の前にある。このまま何もしなければ、たとえ新たな増税もなく、新たな支出プログラムも考案されなかったとしても、社会保障、メディケア、メディエイドといったエンタイトルメント・プログラムの存在とベビーブーマー世代の高齢化によって、連邦政府の支出は単純に増加し、2050年までに経済の20%から40%に達するだろう。

州や地方の支出を加えると、このまま何もしなければ、2世代後には国民の収入の半分以上を政府が支出することになる。生活保護を受けている人や政府から給料をもらっている人は純然たる納税者ではないので、もしあなたが納税者なら、純然たる税金を食べている人の分を補うためには、政府負担が給料の半分よりずっと多くなるようにしなければならない。

1960年から2000年までの間、連邦政府は経済の20%前後を占めていた。共和党と民主党の大統領と議会を経ても、ほとんど変化はなかった。ベビーブーマー世代が間もなく社会保障やメディケアの費用を引き上げ始めるため、現状を維持するという選択肢はない。惰性によって、私たちはやがてフランスやスウェーデンのような政府支配のレベルに達するだろう。

しかし、別のビジョンもある。私たちは、そのままでは私たちの財布が空っぽになる前に、私たちの自由を破壊する政府プログラムを改革することができるし、そうしなければならないと私は信じている。あらゆるレベルの政府の規模と範囲を縮小し、すべてのアメリカ人をより自由に、より豊かに、そしてあらゆるレベルの政府からより独立させることができる。労働組合、トライアル・ロイヤー、社会福祉複合体の政府請負業者、ナニー・ステートのお偉方といった、大きな政府の厄介で押しつけがましい手先たちから、より独立した存在になるのだ。

最初の2章では、アメリカ政治における2つの競合する連合の相対的な強さについて説明し、概説する。より自由な未来のために戦う勢力を強化するために、あなたとあなたの家族がどのような役割を果たすことができるのかがわかるだろう。増税と政府の管理強化を推し進める人々の性質と理由を理解することができるだろう。そして、どうすれば彼らを打ち負かすことができるか、あるいはチームを変えるよう説得できるかを理解することができるだろう。

今後数十年にわたり、一連の人口動態と政治的変化が起ころうとしている。その中には、欧州の社会福祉国家へと突き進む恐れのあるものもある。ここでは、政府の「給付」を受けるアメリカ人の増加、政府部門の雇用と組合化の拡大を見ることができる。かつての失敗を更にもっとと主張する人々の力を検証することは、絶望を植え付けるために行うのではない。むしろ、その土俵を理解するためである。「ツキってのはいつか落ちるもんさ」。政治運動もまた、クリント・イーストウッドの知恵に耳を傾けなければならない。

制限された政府を支持する傾向が強まっている：401（k）で直接株式を所有するアメリカ人が増えるごとに、強い経済、財産権、企業に対する低税率に関心が集まる。モルモン教徒や正統派ユダヤ教徒が増えれば、共和党員も増える。こうした明るい傾向は、勝利至上主義や誤った楽観主義を助長するものではない。むしろ、好ましい波に乗り遅れないよう、常にアンテナを張っておくよう促しているのだ。成功する人々や運動は、そのような機会を利用することによって、自らの運を切り開いていくのである。

こうした傾向のなかには、決まっているものもあり、政治に携わる人たちはそれを中心に計画を立てなければならない。今年生まれた人は18年後に投票する。現在の80歳はそうではない。政治的・人口学的変化の中には、早めたり止めたりできるものもある。ここでは、組織労働者の力は衰え続けるかもしれないし、より多くのアメリカ人に組合費を払わせるように法律が改正されるかもしれない。

次の数章では、2つの政治傾向の戦いの場について概説する。両者が下院、上院、大統領選、州政府の支配においてどの程度強いのか、また新しいメディア、インターネット、500チャンネルテレビ、トークラジオの役割についても説明する。

最後の4章では、この戦いに勝利するために必要なステップを解説する。「何をすべきか？」課税と政府支出の方向を変えるにはどうすればいいのか？　あなたとあなたの家族に対する国家権力の2つの重要なレバーは、減らすことができるし、変えなければならない。今日、明日、そしてこれからの10年、自由を強化するために何ができるのか？

この世代のアメリカ人が、どちらか一方を支持することになることを皆知っている。本書を読めば、今後数十年間を見通すことができ、どこでどのように戦いに参戦するのがベストなのかがわかるだろう。自由、永続的な自由は、アメリカのために、そして私たちの模範によって全世界のために勝ち取ることができる。しかし、不作為や善意による誤った政策によって自由が失われることも、私たちは歴史から知っている。

我々は共にアメリカの未来を勝ち取ることができる。共和党がLeave Us Alone（放っておいてくれ）連合の相性とパワーを十分に理解し、その理解に基づいて行動すれば、前例のない長期的な政治的勝利が可能になる。もっと寄こせ連合は負ける可能性がある。永久に。

税金が安く、さらに安くなっているアメリカを想像してみてほしい。毎年、固定資産税が昨年より安くなったというニュースが流れる。

アメリカのすべての親が学校を完全に選択できる世界を想像してみてほしい。市や州が決めた教育費の額は、子供たち一人ひとりに付けられ、公立・私立を問わず、親が選んだ学校に通うことになる。

すべてのティーンエイジャーが、給料の10％を貯蓄することを楽しみにしているアメリカを想像してほしい。政府のプログラムではなく、個人的な貯蓄口座が、仕事から仕事へと、人生を通じて常に自分の管理下にある。アメリカの若者は皆、真の富を築くことを待ち望むようになる。約束された年金だけではない。

従業員ではなく個人請負業者になりたいと願うすべての人がその権利を持つアメリカを想像してみてほしい。労働組合への加入を強制されることはない。連邦労働法からも州労働法からも自由である。表向き〝助けよう〟としている人たちから独立している。

市民が自衛のために武器を携帯する権利を持ち、善良な市民ではなく犯罪者が恐怖に怯えて暮らすアメリカを想像してみてほしい。

個人の財産が神聖視されるアメリカを想像してみてほしい。政府は、あなたの家、農場、牧場、あるいはあなたの財産をどうすべきかを指示することはできない。

連邦政府が、消費された所得に一度だけ、一律の税率で課税し、その後は、貯蓄、投資、消費など、あなたの好きなように自分のお金を自由に使えるようにするアメリカを想像してみてほしい。

これは、現代の中道右派運動である「放っておいてくれ連合」のアメリカンドリームであり、実現すれば、現代の左派運動である「もっと寄こせ連合」の絶対的敗北を意味する。

個人退職金口座、健康貯蓄口座、銃の所持許可証、そして自分の子供を自分の選んだ学校で教育する能力を持つ自営業の市民に、左派は何を提供できるのだろうか？　そのような人は、他の誰かから奪ったものを政府に要求することはない。政府に増税をさせなければ、失業し、老後もなく、医療も受けられず、子供はバカになる、と脅されることもない。その人は世界に対して何の借りもない。

本書は、そのようなアメリカのビジョンをどのように実現できるかを教えてくれる。

第1部

競合する二つの連合

「独りになりたいなんていってないわ。ただそっとしておいて欲しいといったの。それはまったく違うことよ。」

——グレタ・ガルボ(1)

「ポールに支払うためにペテロから奪う政府は、常にポールの支持に頼ることができる。」

——ジョージ・バーナード・ショー

「それが最近の政府の問題だ。彼らは常に何かをやりたがり、次にどんなことができるかを常に考えている。これは人々が望んでいることではない。人々が望んでいるのは、自分たちの家畜の世話のために放っておかれることなのです。」

——No.1 レディース探偵社の社長、プレシャス・ラモツエの父、オベド・ラモツエ

第1章 Leave Us Alone（放っておいてくれ）連合

今日の中道右派運動とは何か？　レーガン革命によって再発明され、再構築された共和党を包囲し、支えている現代の保守運動の構成要素は何か？　この運動はどのように成長し、どのようにまとまっているのか。どのようにしてアメリカの政治権力を争うことができるのか？

中道右派運動とは、ロナルド・レーガンの政治的リーダーシップとその生涯によって形作られた、世紀半ばに敗北した少数派の共和党から生まれた政治運動であり、ある共通点を持つグループや個人の連合体である。要するに、彼らは政府が自分たちに何かを与えたり、他人から何かを奪ったりすることを望んでいない。投票の動機となる重要な問題に関して、彼らが政府に求めるものはただひとつ：放っておいてほしいのだ。

彼らは減税を望む納税者、実業家、起業家、規制や課税を受けることなく自分たちの事業を運営したいと願う投資家、家や財産に課税されることを望まない不動産所有者、憲法修正第2条の権利を守る銃所有者、自分たちの子供を教育するために時間と労力を惜しまないホームスクーラーなどである。彼らはまた、保守的なカトリック教徒、福音主義的なプロテスタント、正統派ユダヤ教徒、イスラム教徒、モルモン教徒であり、信仰を実践し、それを子供たちに伝えるために放っておかれることを望む、さまざまな信仰共同体のメンバーである。

この運動は、無関係な利益団体の単なる便宜結婚の集まりではない。

世論調査員は、市民をおだてて20の問題について20の質問に答えさせることができる。しかし、政治において重要なのは、市民を動かして候補者に投票させるか反対させるかの1つの問題である。「放っておいてくれ連合」は、多くの問題に対する共通の関心を通じて団結している。そのメンバーは、必ずしもマニフェストや信仰告白に同意しているわけではない。全会員が20カ条の信仰に同意しなければならないというチェックリストはない。あるいは10個。あるいは2つ。なぜなら、それぞれの票を動かす問題については（必ずしもすべての問題、あるいはほとんどの問題で一致しているわけではないが）彼らが政府に望むことは「放っておいてほしい」ということだからである。

では、「放っておいてくれ連合」のメンバーやリーダーは誰なのか？

納税者

何よりもまず、彼らは納税者であり、税金を低く抑えることを第一の争点として票を動かすアメリカ人である。彼らは、自分が稼いだ給料は自分のものだと信じている。自分たちの税金を上げようとするあらゆる企てに強く反発する。彼らは、英国王室による直接課税に対抗してアメリカ革命を起こした自由の息子たちの精神を受け継いでいる。最近では、1984年に民主党のウォルター・モンデールが増税を約束（脅し）したことや、１９９０年には共和党のジョージ・H・W・ブッシュ大統領が増税なしの公約を破ったことにも強く反発した。１９７０年代のカリフォルニア州では、ハワード・ジャービス、ポール・ギャン、ルー・ウーラーなどが、固定資産税の上昇に反対する闘いを率いた。彼らは１９７０年に第１号議案、１９７８年に第13号議案を提出し、ロナルド・レーガンを大統領に押し上げた全国的な納税者の反乱に火をつけた。

１９８０年、バーバラ・アンダーソンは、マサチューセッツ州がレーガン大統領に投票した同じ夜に、ベイステイト（マサチューセッツ州の別名）の有権者によって第２½号議案が可決されたという、ありそうでなかった地域で納税者運動を主導した。彼女は、個人経営の金物店を営んでいた民主党の両親が、税金や政府の横暴さに不満を漏らしていたことを覚えている。海軍将校の妻として、彼女は連邦政府の浪費を間近で見た。若い母親だった彼女は、州税や地方税の支払いに苦労しながら、州や地方政府の失政について読んだ。彼女の２番目の夫は、ブルーカラーとして長時間残業をしていたが、提案されている州の段階的所得税について、「一生懸命働けば働くほど、彼らは私たちから多くのものを盗んでいく」と表現した。

そして１９７４年、彼女は地元の役人からまた固定資産税が上がるという話を聞いた：「皆さん、慣れてください。毎年上がるんですから」。彼女はその週、税金そのものよりもその態度に反発し、「制限課税を求める市民の会（CLT）」にボランティアとして参加した。彼女は、マサチューセッツ州の税制制限を求める憲法修正イニシアチブのために４８００人の署名を集めた。

１９７８年にCLTのスタッフに加わり、後に１９８０年７月１日付でエグゼクティブ・ディレクターに就任。マサチューセッツ州の固定資産税を時価の２・５％に引き下げ、賦課金の引き上げを年2・5％に制限し、制限を超える固定資産税の引き上げには市町村の住民投票が必要という第2½号議案のキャンペーンを成功させた。カリフォルニア州の有名な憲法修正案である第13号議案とは異なり、第2½号議案は法律であるが、バーバラ・アンダーソンの個性と組織化された納税者の運動が、議会と数人の知事に手を出させないようにしてきた。

他のアメリカ人は、政府の支出を見て、私たちが支払っているものが正味プラスになるのかどうか疑問に思った後、納税者運動に参加する。

ニューヨーク生まれの若きプロフェッショナルであり、現在は保守派のリーダーであるジェフ・バラボンは、一般的に快適な福祉国家という考えを支持する家庭で育った。彼の個人的な転機は、ミズーリ州の穏健派ジョン・ダンフォースの下で働いていた若い議員スタッフのときに訪れた。

彼は生活保護改革に関する会合に出席し、職業訓練が生活保護受給者を依存から脱却させ、自分自身と家族を養うことのできる自立した主体としての生活に導くのではないかという、常識的な見解を述べた。自分自身とその家族を養うことができる自立した行為者としての生活へと移行するのに役立つかもしれない、と。

民主党の職員や福祉権利活動家の主催者たちが大勢集まった会場は、彼に矛先を向けた。誰かが叫んだ。〝働かないものに汚名を着せている〟と。罵声と怒号が飛び交った。ジェフは、彼の異端的な考えを持って去るよう求められた。

「オフィスに戻り、目の当たりにしたことを整理すると、彼らの政策が、最も困窮している人々の奴隷階級を支配して政治権力を維持し、強制的な依存によって何世代にもわたってアメリカ人を破滅させることだけに集中していることがはっきりした」とジェフは語る。落ち込み、そして怒り、ついには人々を政府の所有から解放することに集中しようと決意した。

「私の両親も含め、多くの良識ある人々が生活保護制度の熱心な支持者であることを知っていた。それは、福祉を支援措置とみなし、当然、人々は皆、福祉から逃れ、自分の足で立ち上がるために最善を尽くしていると思い込んでいたからだ。彼らは、政治的な奴隷制度という腐敗した政治を見ず、プログラムの「受益者」が受ける心理的、感情的、発達的ダメージを想像できなかったのだ。そのときから私は保守派になった。国内のあらゆる連邦政府プログラムを疑いの目で見ていた。」

納税者の中には、町、郡、市、あるいは州の納税者組織を組織している者もいる。また、単に税負担を軽減してくれる候補者に投票する人もいる。このような納税意欲の高い有権者は、他人に増税されることを望んでいない。放っておいてほしいだけなのだ。

はっきりさせておこう。すべての納税者がレーガン主義共和党員になるわけではない。しかし、税負担とそれを軽減したいという願望が投票の動機となっている市民は、「放っておいてくれ連合」のチャーター・メンバーであり、今日、彼らはレーガン共和党の候補者に投票している。

ビジネスマン・ビジネスウーマン

連合のもう一つのグループは、零細企業家、自営業者、独立請負業者、フランチャイズ企業、起業家などであり、彼らは自分たちのビジネスに過度の課税や規制を望んでいない。彼らは政府に便宜を図ろうとはしない。単に放っておいてほしいだけなのだ。（一部の実業家は、政府に補助金を出してもらったり、競争相手をやっつけてもらったりすることを望んでいるが、彼らはこの連合には加わっていない。彼らは他のチームに属しているのだ。）

大恐慌以来の民主党のレトリックは、政府は雇用を「創出」できる、あるいは「与える」べきだ、というものだ。もちろん、雇用は政府によって創出されるものではない。政府は実体経済から資金を引き出し（つまり民間部門の雇用を奪う）、その資金を政府の財源に引き入れ、新しい雇用を「創出」するために使うことができる。これは、湖の片側からペール缶に水を汲み、湖の周囲を歩きまわって水の一部をこぼし、カメラに囲まれて記者会見を開き、バケツに残った水を湖に注ぐ様子を撮影されることに等しい。「フレッドに投票しろ、彼は湖を水で満たしている。」政府は創造することはできない。できるのは奪うことと移転することだけだ。最初の場所にあった仕事を奪い取ること以外で、何も与えることはできない。

自営業のアメリカ人、中小企業経営者、フランチャイズ経営者、独立請負業者は、仕事は与えられるものではなく、創り出すものであることを最もよく理解している。彼らは自分で仕事を作り、それを維持し、他の人のために仕事を作り出している。彼らは税金や規制の影響を強く感じる。何十枚ものマットレスでクッションされた「エンドウ豆の上に寝たお姫さま」のようなものではなく、凍った地面を感じたバレーフォージの裸足の兵士のようなものなのだ。政府はその荒削りな部分、真のコスト、自営業者に与えるダメージを隠すことはできない。事業規模が小さければ小さいほど、従業員は個人のイニシアチブと成功の間に直接的なつながりがあること、政府のデッドハンド、賃金の低下、日数の損失、雇用の喪失を目の当たりにする可能性が高くなる。約1100万世帯が四半期ごとに税金を納めている。連邦税と州所得税の負担は、給与からの源泉徴収では隠せない。アメリカ人の中には、手取りの給与総額だけを見て、給与から源泉徴収されるFICAや所得税を見落としている人もいる。連邦税を四半期ごとに支払っている人は、政府にかかる費用を目で見て感じることができる。

実業家であり起業家であるキャシー・ゴーニクは、自分のビジネスを経営するために放っておいてほしいと投票する何百万人ものアメリカ人の代表である。彼女は民主党員だったユーゴスラビア移民の両親のもと、クリーブランドで生まれた。ケンタッキー州の学校を卒業すると、家族や友人から2万ドルを借り、大学時代の友人とともに、高品質のオーディオ・システムを製造するティール・コーポレーションを立ち上げた。ティール社は現在、男女30人を雇用し、海外32カ国に輸出している。

彼女は政治を〝嫌悪〟しているが、〝政治は私を愛している〟と言う。つまり、政府は彼女が稼いだお金に強い関心を持ち、その多くを奪っているのだ。「放っておいてほしい」と彼女は言う。

ティールはアメリカの他の350万社と同じようにサブチャプターS法人であるため、ゴーニックはIRSに年に4回小切手を送っている。彼らの税金は、源泉徴収によって黙って、あるいは「苦もなく」取り除かれるわけではない。

アメリカには何百万人もの中小企業経営者や自営業者がいる。国勢調査局は、2700万社の

ビジネスを記録している。そのうち1950万社は経営者以外に従業員を持たず、530万社は従業員が20人以下である。(2)

約75万7千人のアメリカ人がフランチャイズを経営し、マクドナルド、サブウェイ、バーガーキングなどのレストランや、ジフィー・ルーブ、カーブスなどのサービスを運営している。2005年には、アルティコア（アムウェイの親会社）、メアリーケイ、エイボンなどの自営業者を含む、推定1410万人の直接販売者がいた。(3)

また、全国的なネットワークを介さずに販売するアメリカ人もいる。70万人以上のアメリカ人が、主な収入源または副次的な収入源としてeBayで販売を行っている。(4)（eBayのフルタイム販売者は、フルタイムの鉄鋼労働者よりも多い）。(5)

彼らはすべての税金を身近に感じている。民主党は、仕事を掛け持ちしている勤勉な男女は、政府の援助を望んでいるに違いないと考えている。そのような人は特に、仕事以外で「助けてくれ」という政府の申し出をわざわざ断っている。その勤勉な労働者と、生活保護を受けている人や時々顔を出すだけの政府の仕事を持つ人との間の溝は、その労働者とビル・ゲイツとの間の溝よりも大きい。

国は、自営業者や中小企業の従業員に対して、課税の痛みと規制負担の煩わしさ以外には、ほんど何も提供できない。大企業の従業員は、政府の費用／便益分析について誤解している可能性がある。かつて政府はゼネラル・モーターズに課税し、組立ラインで働く従業員にわずかな利益を与えることができた。従業員は直接その恩恵を受け、間接的にコストを感じるだけだった。

しかし、新しい環境保護ブームや政府支出プログラムのための税金を払うために、ゼネラル・モーターズで１００人の従業員が解雇されたとしたら、誰が事態を理解するだろうか？　政治家たちは、そのお金はタダでどこからともなく出てきたもので、コストはなく、他の人たち（大企業）が負担していると主張するだろう。自営業者や中小企業の従業員の場合、政治家が会社から略奪し、どこからともなくやってきたものを従業員や有権者に無料で配っているふりをすることはできない。政府のコストは痛いほど透けて見える。

市政府、州政府、連邦政府が中小企業に課す規制のコストは、間接的に物価の上昇となってアメリカ国民全員にもたらされている。自営業者や小規模ビジネスマンは、そのコストだけでなく、官僚制の面倒くささや屈辱を毎日間近で感じている。あなたも私も、運転免許証の更新のために数年ごとに自動車局を訪れる。中小企業経営者は、保留や遅延の権限を持ち、陸運局で出会うような態度の悪さや無関心を持つ何十もの機関に対処しなければならない。

だからこそ、自営業者、中小企業経営者、フランチャイズ経営者、直接販売業者、個人請負業者は、放っておいてくれとばかり頼むようになる。

憲法修正第2条の有権者

納税者と実業家に加えて、憲法修正第2条を主な争点とする有権者もいる。米国には9千万人の銃所有者がおり、2千万人もの猟師がいる。もちろん、すべての猟師や銃所有者が「放っておいてくれ連合」のメンバーというわけではない。銃以外の問題で投票する猟師もいる。しかし、憲法修正第2条に投票する銃所有者は、連合の強力なメンバーである。

銃問題は、驚くほど多くのアメリカ人を「放っておいてくれ連合」に引き込んだ。リベラルなサンフランシスコで育ち、スタンフォード大学とハーバード・ロー・スクールに進学したサンディ・フロマンが、「右派」になるとは思わなかったかもしれない。自称身長178センチのユダヤ人女性は32歳で、最近離婚し、ロサンゼルスの北で一人暮らしをしていた。ある夜、犯人が玄関から家に押し入ろうとした。警察に電話すると、寝室に入って鍵をかけるようにという役に立たないアドバイスが返ってきた。隣人は助けに応じなかった。警察は侵入者が諦めて立ち去るまで現れなかった。

サンディは銃を撃ったことがなかった。銃のある家庭で育ったわけでもない。しかし、家の中で無防備にうずくまっていた彼女は「もう二度とあんな無力な思いはしない」と、その時決めた。翌日、彼女は地元の射撃場で銃の安全講習を申し込み、コルトM―1911ピストルを買った。「その銃を買い、使いこなせるようになったことで、自分の身は自分で守れるという自信がつきました」と彼女は言った。サンディはその年、NRA（全米ライフル協会）にも入会した。11年後の1992年、彼女はNRAの理事に選出され、その選挙でチャールトン・ヘストンは5年間にわたる歴史的な会長職に就いた。そして2005年、彼女は史上2人目の女性NRA会長に選出された。

憲法修正第2条の権利を「第一の自由」として投票するアメリカ人は、「私たちのことは放っておいて連合」にしっくりとなじむ。彼らは誰からも何も求めていない。彼らはただ、銃を持ったまま放っておかれることを望んでいるのだ。一軒一軒を訪ね歩き、銃を所有するよう皆に勧めることもない。公立学校の4年生に『Heather Has Two Hunters』（LGBT思想に基づく書籍『Heather Has Two Mommies』のタイトルをもじったもの）というタイトルの本を教えろと主張することもない。

ホーム・スクーラーズ

この連合には、小規模ながら強力な動機を持つ、自分の子供を家庭で教育すると決めた親たちがいる。彼らは、子供たちを無料で「教育」するという国の親切な申し出を断っている。親であり教師であるために、親は通常、外で働く機会を犠牲にし、片方の収入を放棄しなければならない。この運動は、公教育の質に対する不満や、世俗化しつつある学校制度に対する宗教的な親の懸念に応えて発展した。

ホーム・スクーラーズは、公立学校の校長の息子であるワシントン州の弁護士、マイケル・ファリスのリーダーシップによって、大きく成長し、政治的な影響力を持つようになった。ファリスは、地元のキリスト教系の私立学校で自分の子供たちを教育し始めていたときに、ホームスクーリングを早くから提唱していたレイモンド・ムーアと出会った。ムーアの主張は明快でシンプルだった。「人は自分の周りにいる人々から価値観を得る」。

ファリスと彼の妻は、子供たちに他人の価値観ではなく、自分たちの価値観を共有させたいと考え、１９８２年にホームスクーリングを始めた。聡明な若い弁護士が成長する家族をホームスクーリングしているという噂が広まるにつれ、彼はますます多くの家族から、ホームスクーリングに異議を唱える地方自治体との論争を手伝ってほしいと頼まれるようになった。1983年、マイク・ファリスはホームスクール法律擁護協会を設立し、ワシントンD.C.に移り住んで、ホームスクーリング家庭のためのACLUと呼ばれる全国的な団体を運営するようになった。2000年、ファリスはバージニア州にパトリック・ヘンリー・カレッジを設立した。

今日、ホームスクーラーは人口の1、2%である。彼らは、ホームスクーリングを犯罪化しようとする教職員組合の努力を打ち破り、強くなった。今や組織化された勢力となったホームスクーラーたちは、政府に何かを求めることはない。自分たちの犠牲をオルタナティブなライフスタイルとして称賛してほしいとも言わない。ただ放っておいてほしいのだ。

財産権活動家と住宅所有者

不動産所有者は、ショッピングモールやスポーツスタジアムを建設するために、市長がくだらない口実で自分たちの土地を没収し、お気に入りの政治献金者に土地を与えるかもしれないという不安を抱くことなく、自分たちの家、店、農場、牧場を放っておいてほしいと願っている。このような衝動は、地方政府、州政府、あるいは連邦政府が、単に国家に無視されたいと願う男女を脅かしたときに生じる、何千もの地方財産権グループに組織されてきた。この運動は、チャック・クッシュマンの努力によって、全国的な運動となった。

クッシュマンはカリフォルニアで民主党員として育った。1962年、連邦政府はチャック・クッシュマンの父親に対し、ヨセミテ国立公園内にある所有私有地の売却を迫った。売らなければば職を失うと言われたのだ。彼の父親は私有地を売った。１９７０年、チャックはヨセミテに所有地を購入した。連邦政府が彼の所有地を取り上げ、彼と彼の隣人たちに土地を政府に売るよう圧力をかけようとしたとき、彼は戦うことを選んだ。彼は自衛のために仲間の所有者と組織した。彼らは勝利し、ワヲナの町全体を救った。

チャックは進撃した。彼は仲間の土地所有者と、国立公園土地所有者協会を設立した。チャック・クッシュマンの財産権の擁護は、何千人もの人々を鼓舞する全国的な模範となっただけでなく、アメリカ土地権利協会という全国的なネットワークを作り上げた。今日、クッシュマンは全米50州にわたる2千以上の財産権グループの組織化、訓練、調整を支援している。

クッシュマンの地方財産権活動家たちは、高い固定資産税、ゾーニングの変更、資産価値を押し下げる犯罪率の高さなどによる段階的な収奪から自宅を守りたいと願う住宅所有者たちも加わっている。高コストで無能な地方政府は、自宅を最大の投資対象としている人々の貯蓄を破壊する恐れがある。これらの人々は、１９７８年の第13号議案における納税者の反乱のショック部隊であった。

信仰共同体と親の権利

この連合には、自分たちの宗教を実践し、同じ信仰で子供たちを育てることを中心的な関心事とするアメリカ人も含まれている。彼らは〝宗教右派〟と呼ばれている。このことは、福音主義的プロテスタント、原理主義的プロテスタント、ペンテコステ派、保守的カトリック、正統派ユダヤ教徒、イスラム教徒、モルモン教徒がどうして同じ政治運動に参加できるのか理解できない既成のマスコミを混乱させている。彼らは互いに争うべきではないのか？　彼らは誰が天国に入るかについて意見が一致しない。その必要はない。自分たちの信仰を自分たちのやり方で実践するためには、同じ自由を求める異なる信仰を持つ人々と政治的に協力する必要がある。たとえ相手が聖典の理解に欠陥があり、地獄へまっしぐらであったとしてもだ。

かつて宗教の違いは、異なる信仰を持つ有権者を異なる政党へと駆り立てた。カトリック教徒やユダヤ系移民は、プロテスタントの共和党から歓迎されていないと感じさせられた。１９２８年、ローマ・カトリック教徒として初めて民主党から大統領選に立候補したアル・スミスは、民主党とプロテスタントの南部の強固な支持基盤を持つハーバート・フーバーに敗れた。＊１９８０年の時点で、福音派やペンテコステ派のプロテスタント界では、神学が疑わしいプロテスタントの仲間たちと政治的に肩を並べて活動することが、どれほど健全で賢明なことなのかについて、深刻な議論が交わされていた。

長年にわたり、積極的に世俗的な左派は、よりエキュメニカルな右派を生み出してきた。アメリカのどの宗教宗派も、アメリカの政治を支配するほど強くはなかった。各宗派はそれを理解していた。彼らは今、世俗的な国家が自分たちの信仰を嘲笑し、幼稚園から州立大学まで自分たちの子供を養育する政府運営のパブリック・ライセンス・スクールを通じて親の権威を貶めることに、より大きな脅威を感じている。アメリカ最大の宗教はローマ・カトリックで、人口の25％を占めている。(6)　バプティストは16％、メソジストは７％だ。(7)

インドのヒンズー教徒、サウジアラビアのイスラム教徒、イスラエルのユダヤ教徒など、多数派か少数派かが明らかな他の国々では、ひとつの宗教が国民全体に支配を押し付けることがある。米国は十分な多様性を享受してきたため、ひとつの信仰が政治的に支配的になることはなかった。アメリカ憲法が制定されたとき、プロテスタントの各教派は、憲法が国教を禁止していることが最善の策だと考えた。現在では、移民によってカトリック教徒やユダヤ教徒、イスラム教徒、そしてクリスチャン・サイエンティストやモルモン教徒といった自国の信仰が増え、国家が競合する信仰を受け入れることではなく、世俗主義を押し付けることを恐れる宗教的少数派が増加している。

「宗教右派」は、中小企業経営者が規制の重荷を恐れ、納税者が税負担の増大を恐れ、銃所持者が銃規制を求める政治家を恐れるように、家族に対する国家の干渉を恐れる親の権利運動として理解するのが最も適切である。その結果、各主要宗教において、その信仰がその人の人生にとって重要であればあるほど、おそらく教会やシナゴーグ、モスクに行く頻度によって外見的に測るのが最も適切であろうが、共和党員である可能性が高くなる。敬虔であればあるほど、中道右派の「放っておいてくれ連合」の一員である可能性が高くなる。

毎週1回以上教会に通っているアメリカ人の16パーセントの人々は、64パーセントがブッシュに投票した。毎週教会に通っているというアメリカ人の26パーセントの人々は、58パーセントがブッシュに投票した。毎月教会に通っているアメリカ人の14パーセントの人々は、50パーセントがブッシュに投票した。年に数回教会に通うアメリカ人の28パーセントの人々はブッシュに45

パーセントを投票し、教会に「まったく」通わないアメリカ人の15パーセントの人々はブッシュに36パーセントしか投票しなかった。(8)

世論調査によれば、これはカトリック、プロテスタント、ユダヤ教徒に当てはまる。2004年、毎週教会に通うプロテスタントは70％をブッシュに投票し、あまり通わないプロテスタントは56％をブッシュに投票した。（白人、福音主義者、生まれつきの信仰者、つまり「宗教右派」であるプロテスタントは、ケリーよりもブッシュに78％投票したが、すべてのプロテスタントはブッシュに59％投票した）。(9)

毎週ミサに参加するカトリック信者は56％がブッシュに投票し、ミサにあまり参加しない信者は49％がブッシュに投票した。(10)

正統派の草の根団体アメリカ・アグダット・イスラエルの副会長であるラビ、シュムエル・ブルームは2004年に「正統派ユダヤ人のほぼ70パーセントがブッシュ大統領に投票したのに対し、保守派は23パーセント、改革派は15パーセントだった」と述べている。(11)

「宗教右派」がなぜ「放っておいてくれ連合」に居心地の良さを見出すのかを理解する一つの方法は、それがどのようにして生まれたのかを思い出すことである。モラル・マジョリティやクリスチャン連合のようなグループは、1962年の公立学校での祈禱禁止令や、1973年のロー対ウェイド最高裁判決に呼応して福音派を共和党に取り込んだわけではない。「宗教右派」が政界に姿を現したのは、70年代後半、カーター政権がキリスト教学校への寄付の税控除を撤回し、FCCの「公正ドクトリン」を利用してキリスト教ラジオ局を閉鎖するという脅しに応えたことがきっかけだった。こうした脅しは誇張されていたかもしれない。（無神論者の故マダリン・

マーレー・オヘアの息子であるウィリアム・マーレーは、カーター大統領のFCCがすべてのキリスト教ラジオ局を閉鎖するという恐怖は、ほぼ完全なでっち上げであったと論じているが、ベトナム戦争よりも多くの手紙が寄せられたと伝えられている)。憤懣やるかたない気持ちは、何百万もの人々を政治に向かわせるのに十分なほど現実的なものだった。

アメリカにおける「宗教右派」をよりよく理解するには、それを真に生み出したポール・ウェイリッチの人生と仕事を見ればよい。

ポール・ウェイリッチはウィスコンシン州ラシーンに生まれ、ドイツ系移民の父はセント・メアリー病院のボイラーを管理し、ロバート・タフト共和党員だった。ポールは父と同じく敬虔なカトリック教徒となり、信仰によって政治に意欲を燃やした。彼は、地元の党を牛耳っていた「田舎のダブスタ」にとっては好奇の的だったという。

最高裁が公立学校での祈りを禁止したとき、彼はウィスコンシン州ケノーシャのWAXOのニュース・ディレクターだった。彼はプロテスタントの牧師、カトリックの司祭、ラビに接触し、この判決を批判した。彼はウィスコンシン州議会のクロード・ジャスパー議長からの支持を期待していたが、ジャスパー議長は「党は宗教問題に関与しないと言って、ブチギレた」と彼は回想している。

ワシントンD.C.に移ったウェイリッチは、コロラド州選出のゴードン・アロット上院議員のもとで働いたが、それ以上に重要なのは、保守運動のさまざまな「翼」を、首尾一貫した全体としてまとめ始めたことである。彼は、福音派プロテスタントとローマ・カトリックの広範かつエキュメニカルな運動である「宗教右派」の創設に立ち会った。「宗教指導者たちを政治に駆り立てたのは、ＥＲＡや中絶などの社会問題ではなかった。むしろ、カーターがキリスト教学校や教区学校を規制しようとしたことだった。これが、社会保守主義と大きな政府への反対との結びつきだった」[12]。

キリスト教右派は政治的に関与し、自己防衛のために組織化した。キリスト教右派は、自らを世俗的な国家から攻撃され、包囲されていると考えたのだ。この点は、キリスト教右派が自らを他者に押し付けようとしているのではないかと心配する左派の一部には、しばしば見逃されている。また、自称宗教指導者の中には、自分たちが組織したアメリカ人を、さまざまな咎人に対する攻撃的な戦いに駆り立てることを望む者もいるが、それも誤解である。

信仰を持つ親たちは、学校で子供たちに何を教えるかをコントロールするために戦うだろう。サンフランシスコの多くの絶望的な若者と同じ道を歩ませるわけにはいかないのだ。

所有権社会

４０１（ｋ）や個人退職金口座、投資信託を通じて直接株式を保有する投資家層が増加している。彼らも、放っておいてほしいと願っている。投資家は、税金、インフレ、労働組合、トライアル・ロイヤー、政府が株式を保有する企業を乱用することで、自分たちの富が損なわれることを望んでいない。

１９８０年には世帯の20％だった投資家層が、２００６年には50％にまで拡大したことで、企業に課されるコストと、大企業の従業員や自営業者、中小企業に政府からもたらされる「利益」との関係が、より明確になり始めている。(13)

以前は「他の人々」に課される税金や規制の負担であった「大企業への税金」は、今ではすべてのアメリカ人の退職貯蓄である４０１（ｋ）や個人退職口座から政府が強制的に引き出すものだと理解されている。

投資家階級の拡大がいかにアメリカの政治を変えつつあるかは、ミネソタ州ノースフィールドにあるカールトン・カレッジのコングドン政治学教授で、30年間教授を務めているスティーブン・シアーの例を見ればわかる。若い頃、彼は自分自身が政府のプログラムの恩恵を受けていると考えていた。「ほぼお客様だった」と彼は言う。

TIAA-CREFはＩＲＡのような確定拠出年金を提供し、奨学生が大学の雇用主から別の雇用主へと定期的に移ることが予想される職業に対応している。産業労働者は、生涯一つの雇用主に留まることが期待されていたのに対し、一世紀前、教授は頻繁に異動し、退職後のための投資について理解する能力が求められていた。

長年、シアーは給与の３パーセントを退職基金に拠出し、雇用主のカールトンは10パーセントを投資していた。現在、シアーは毎年給与からさらに10パーセントを４０３Ｂに追加している。つまり、シアーは30年前から、収入の少なくとも13パーセント、近年では23パーセントをポータブル年金に積み立てていることになる。平均すると、４、５年ごとに給料の１年分を貯金してきたことになる。利子の積み増しで、今では給料の何倍もの退職金がある。

シアーは今や投資家階級の一員であり、誇り高く豊かな生活を送っている。ゆっくりと、年々、彼は自分自身を依存的とみなすかもしれない人物から、独立した手段を持つ人物へと変貌を遂げている。あらゆる税金、あらゆる規制、あらゆる軽薄な訴訟は、彼の富、蓄積された収益、そして老後に対する直接的な攻撃である。この教授はビジネスマンであり、投資家である。

公僕：警察と軍隊

「放っておいてくれ連合」は反政府ではない。市民の生命、自由、財産を守る役割を果たす、適切に制限された政府を望んでいるだけだ。現在の連邦政府、州政府、地方政府が行っていることの多くに反対する共和党員が、軍や警察を支持する傾向があるのはこのためである。兵士や警察が、私たちに危害を加えようとする外国人や、私たちから金を奪おうとする犯罪者に向かって銃を向けるとき、彼らは私たちの自由を守る者なのだ。このような理由から、多くの警察と同様、軍隊自体も共和党支持者が多いという調査結果が出ているのだ。冷戦時代、ソビエト帝国の脅威を最も重視していたアメリカ人や犯罪を恐れていたアメリカ人は、「放っておいてくれ連合」のチャーター・メンバーであり、私たち全員に保護を提供する政府の一部の強力な支持者だった。

私たちの連合に入りそうな公務員と、そうでない公務員を見分けるには、2つの簡単なテストがある。問題の政府職員が、憲法にその職務内容が記載されているような仕事をしている場合、その人は「放っておいてくれ連合」の有力な候補者である。第二に、連邦政府、州政府、地方自治体で働くアメリカ人が鏡を見て、「もし隣人が私の給与、福利厚生、年金、勤務時間、休暇取得日数を知ったら、道の向こうから近付いてきて、仕事をしている私に感謝するだろう」と自信をもって言えるなら、その人はまさにうってつけである。

しかし、もしその公務員が自分の本当の給与、年金、手当、労働時間を納税者である隣人に知られるのが恥ずかしいというなら、民主党の看板を出すべきだ。

すべてのアメリカ人の権利と自由を等しく守るために日々を過ごしている政府職員は、当然ながら「放っておいてくれ連合」のメンバーである。軍隊は、イギリス帝国主義、ドイツ国家社会主義、日本帝国主義、ソビエト共産主義から私たちを守り、打ち負かし、私たちの自由を守ってきた。兵士、水兵、航空兵、海兵隊、州兵は、共和党と保守派が彼らの奉仕を高く評価していることを知っている。そして、もし彼らが自分たちの友人が誰なのかを忘れてしまったら、左翼の一部が彼らを「赤ん坊殺し」、「帝国主義者」、「ファシスト」と呼び、助けてくれる。彼らは、軍隊を「嫌悪」していると書いたビル・クリントンを思い出す。クリントン政権の最初の週、統合参謀本部議長補佐官だったバリー・マカフリー陸軍中将が、ホワイトハウスの若い補佐官に「おはようございます」と言ったところ、「私は軍とは話しません」と返された[14]。

クリントンは、ＣＩＡの幹部やＦＢＩのウィリアム・セッションズ長官と公の場で敵対的な関係を築いたことで、われわれを守ってくれる政府職員に対する敵意と無関心をさらに強めた。

２００６年の選挙直前、ジョン・Ｆ・ケリーは失敗した冗談を披露し、民主党の米兵蔑視を煽った。このジョークは、キャリアの選択肢が少ない頭の悪い者だけがイラクで立ち往生することを示唆していると見なされた。

軍隊に所属する男女は、取るに足らない票田ではない。２００６年12月31日現在、陸軍には

50万２４６６人、海軍には34万５５６６人、海兵隊には17万８４７７人、空軍には34万５０２４人、沿岸警備隊には4万８２９人が所属している。[15] 最近の調査によると、陸軍に所属する男女の75％が自らを共和党員だと考えている。[16]

警察、刑務官、そして司法制度の多くは、共和党の有権者の家に押し入った民主党の有権者を刑務所に入れることに時間を費やしている。彼らは、我々の生命と財産を守る自分たちの仕事が共和党員から大いに評価されていることを知っている。また、警察が右派からの支持をあまり感じていないとしても、左派は、警察官ダニエル・フォークナーを殺害したペンシルベニア州の警官殺人犯ムミア・アブ＝ジャマールの味方をするような全国的なキャンペーンで、警察を疎外する。警官はニューヨークの民主党員アル・シャープトンとタワナ・ブローリーを覚えている。左派が警官を「ブタ」と嬉々として呼んだのは少し前のことだが、しかし、今は引退した警察官も、その息子や娘たちも、誰が自分たちを嫌っているのか忘れているほど昔ではない。現在、州警察と地方警察はおよそ80万７２０人、矯正官は44万８６１０人いる。[17]

コネティカット州やニュージャージー州に住むニューヨーク市の警察官が、拳銃を持って車で帰宅しても重罪を犯さないように、警察官や退職した警察官が州境を越えて拳銃を携帯することを認める法律を制定したのは銃権運動だった。

水曜会

「放っておいてくれ連合」は、毎週水曜日、ワシントンD.C.で中道右派の活動家１２０人が午前10時から11時半まで、全米税制改革協議会の事務所で会合を開く際に、その姿を現す。そこでは、納税者団体、企業団体、財産権団体、全米独立企業連盟、60プラス協会、政府の浪費に反対する市民、アメリカ保守連合、全米ライフル協会、イーグル・フォーラム、ホームスクーラー、プロテスタント、カトリック、正統派ユダヤ教徒、イスラム教徒、モルモン教の活動家たちが集う。20～30人の参加者が、自分たちや自分たちのグループがやっていることについて、前向きなプレゼンテーションを行う。誰が何をすべきかを指示することはない。自分たちがやっていることをみんなに知らせるのだ。これは愚痴や批判を言うための会議ではない。プレゼンテーションは数分と短い。たくさんの紙が配られるので、言いたいことがある人はそれを書いてコピーを取ることができる。ブロガーやライターもオフレコで参加できる。

現在、同様の会議は45の州都と、ニューヨーク、ロサンゼルス、サンディエゴ、アルバカーキなどの「第二の」都市で10回開かれている。州議会と都市議会は通常、議会が会期中の場合は毎週、議会が会期外の場合は毎月開催される。各州の会合に出席するすべての人々は、ワシントンで開催される会合に参加することができる。現在、同様の会議は45の州都と、ニューヨーク、ロサンゼルス、サンディエゴ、アルバカーキなどの「第二の」都市で10回開かれている。州議会と都市議会は通常、議会が会期中の場合は毎週、議会が会期外の場合は毎月開催される。各州の会合に出席するすべての人々は、ワシントンで開催される会合に参加することができる。何年もの間、何十人もの外国人ゲストがこの会合に参加し、母国に帰国して、東京、ロンドン、ローマ、オタワ、ブリュッセルなど、ますます多くの都市で「私たちを放っておいて連合」の会合を立ち上げた。

アメリカ国内での会議は、アメリカにおける中道右派の構築と組織化のために「放っておいてくれ連合」がどのように活動しているかを体現している。

これまで述べてきたように、これらのグループや代表する運動は、すべてにおいて合意しているわけではない。10項目のマニフェストで合意しているわけでもない。趣旨説明もない。投票もない。彼らは皆、自分たちの主要な投票対象である問題について、放っておいてほしいから活動しているのであり、水曜集会の他の出席者や保守運動がいかに多くの問題に関して賢明であろうとも、自分たちの主要な問題に関しては対立していないことを認識している。毎週水曜日の1時間半の間、キリスト教徒が誰の税金も上げないことに同意し、財産権活動家が誰の銃も盗まないことに同意し、銃所有者がキリスト教徒の子供たちに予防薬を投げつけないことに同意すれば、つまり、皆がその場にいる他の皆を尊重し、彼らに負担をかけないことに同意すれば、残りの1週間は左翼を困らせることができる。これはメンテナンスの少ない連合だ。誰も他の誰かを犠牲にしてまで主要な問題において、他の誰かを犠牲にすることはない。

And Vs. Or：運動構築

「放っておいてくれ連合」がどのように機能するかを理解する最良の方法は、エド・サリバンという昔のテレビ番組で初めて聞いたジョークの深い教訓であろう。地元の保険代理店から20年間、火災保険と盗難保険に加入していたビジネスマンの話だ。ある日、彼の会社が全焼し、彼は保険金を受け取りに代理店のところへ行った。代理店は契約書を見て、「ああ、うちの火災保険か盗難保険に入るべきだったね」と言った。

政治の世界では、「and」と「or」には大きな違いがある。次ページのベン図は３つの円を示している。ひとつは、銃問題を主要な票の動きとして投票するすべての有権者を表している。２つ目の円は、税金問題で投票した有権者を表し、３つ目の円は、政府の嫌がらせを受けずに子供たちをホームスクーリングできるようにしたいという願望で投票した有権者を表している。

現実には、票を動かす主要な論点の数だけ円が存在する。しかし、政治における「and」と「or」の重要な違いを理解するためには、真ん中の深い影の部分が、納税者支持派、銃所持派、ホームスクーリング賛成者の集合体であることに注目してほしい。それは、銃支持派、納税者支持派、あるいはホームスクーリング支持派からなる大きな領域に比べれば、非常に小さな領域である。さらに、財産権、信仰の尊重、それを子供に伝える能力、投資家層など、票を動かす他の問題が加わると、「and」と「or」の差は大きくなる。問題が追加されるごとに、「or」のゾーンは大きくなり、「and」のゾーンは小さくなる。

ラジオ局と空港を占拠して政治権力を獲得することを計画している場合は、「and」ゾーンの支持者だけで運営できるかもしれないが、少なくとも51パーセントの投票で民主的な選挙に勝利したい場合は、より大きな「or」ゾーンからの支持を獲得できれば、より簡単だ。

フィリス・シュラフリーは1980年当時、あらゆる人に彼女が選んだ候補者を自分の好きな理由で投票するよう促したとコメントしている。1980年当時、全員が同じ理由でレーガンに投票する必要はなかった。おそらく20の理由があり、どの理由で投票してもよかったのだ。政治活動家たちは、有権者と話す際に、自分たちの都合を押し付ける誘惑に抵抗しなくてはならない。

私は若い頃、1980年に有権者に、レーガンは減税に賛成だから投票するよう勧めた。有権者が賛成したら、レーガンは銃所持に賛成だから投票するよう促した。そして、有権者が反対する問題にぶつかるまで、他の問題について話を進めていった。

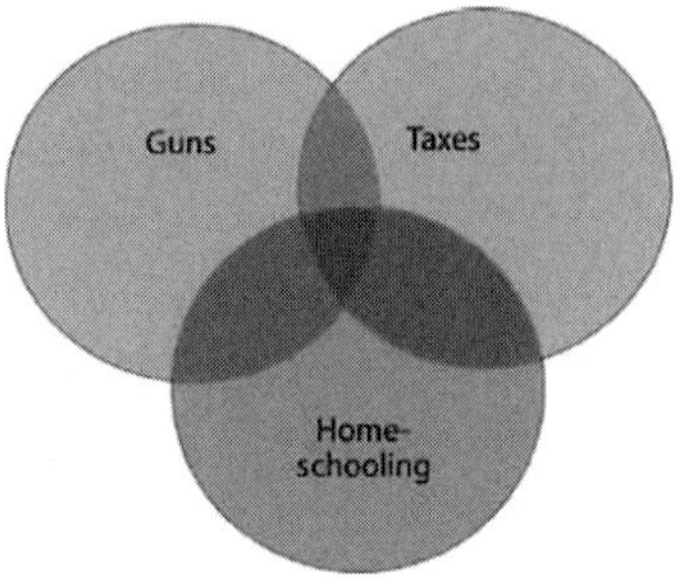

一匹の魚。釣り針は1本。正しい投票をするための10の理由を有権者に納得してもらう必要はないし、その可能性もない。いったん売り込みをかけたら、他の問題について話をするのは時間の無駄だ。

連合は揺るがない

時折、右派・左派の政治評論家たちは、共和党内の対立を指摘し、レーガン連合は2つか3つに分裂するだろうと予測する。

こうした予測は、1980年にニューヨーク・タイムズ紙が、教会に通う人々と仕事を持つ人々がレーガンを支持していることに注目したことから始まった。2つのグループはすぐに言い争い、対立を始めるだろうと考えていた。彼らは、教会に行く人と仕事を持つ人の両方がいるという事実を見落としたが、それ以上に重要なのは、たとえ重なる部分がなかったとしても、連合の各部分は他のどの部分とも無関係に、それぞれの理由があってそこにいた、ということだ。

確かに、多くの問題で「放っておいてくれ連合」メンバーの間には意見の相違がある。ラジオトークを聴いてみれば分かる。しかし、重要なのは常にこうだ『これは、票を動かす主要な問題についての連合メンバー間の対立なのか？ それとも二次的、三次的、四次的などの問題での対立なのか？』

パット・ブキャナンは1996年、共和党の大統領候補指名をめぐる選挙戦で、まさにこの誤りを犯した。彼は共和党員を対象とした世論調査で、70％が、移民が多すぎると考え、70％が中国との自由貿易に懐疑的であったことを正しく指摘した。[18] 従って、彼は共和党の指名にこれらの問題を掲げて出馬し、70％の票を獲得するだろう。[19]

しかし、実際に出馬してみると、どの州の得票率も34％を超えることはなく、共和党予備選の得票率も21％にとどまった。彼は2000年に再び自分の仮説を検証し、共和党の予備選を回避して、共和党の候補者指名に立候補した。改革党から出馬したが、総選挙での得票率はわずか0・42％だった。[20]

ブキャナン陣営の世論調査担当者は、共和党員が移民と中国との貿易についてどう考えているかを尋ねたとき、2番目の、そして唯一重要な質問をするのを忘れていた『あなたはこの問題に関して投票しますか？』全米ライフル協会理事会のメンバーとして断言できるが、同会員の多くは、中国との自由貿易に関して私が最も不可思議だと考える見解を持っている。しかし、彼らは銃については投票する。

かつて、パレスチナ系アメリカ人と15分間、ヘブロンを誰が統治すべきかについての彼の考えについて活発な会話を交わしたことがある。会話の最後に、彼はNRAの会費を払っている会員で、いつも銃に投票していると説明した。人々はしばしば、自分が投票しないテーマについて話す。トークショーの司会者は、アメリカ人が好んで話したり聞いたりするものに焦点を当てることで金持ちになる。政党、候補者、政治運動は、人々の話題になるような問題ではなく、票を動かすような問題に注意深く焦点を当てることによって生きるか死ぬかが決まる。

二次的な問題をめぐって大声で騒ぐことは、連立を脅かすものではない。3億人の国民がいる国で多数党になろうとするならば、全会一致はありえないということを思い知らされるだけだ。政治指導者はそのような対立を管理するのであって、排除するのではない。すべての党員がその時々の主要な政治問題で一致する政党を望む場合、英国には7人の党員を擁するトロツキスト政党が存在する。しかし、ディスカッショングループとしては完璧な規模だが、政権を争う相手ではないだろう。

中道右派の超大勢

51%では十分ではない。政権与党の多数派運動が51%の票を確実に獲得するためには、60%の票を獲得し、それに値するものでなければならない。なぜ誤差が大きいのか？　なぜなら、選挙の最後の週末までＤＵＩｓについて言及するのを忘れている候補者、不正投票者、そして、問題点ではあなたと同じ意見だが、現職や個人的な友人、あるいは地域のお気に入りのために投票している人々の票を「盗む」反対側のハンサムで有能な候補者が常に存在するからだ。

また、上下両院の単純多数だけでは統治ができないため、60％の得票が必要である。上院ではフィリバスター（議事妨害）を覆すために60票、下院では特定の法案について多数派を維持するために十分な票が必要であり、単に指導者選挙を行うだけでは不十分である。

私はレーガン共和党主義を中道右派であり、また「放っておいてくれ連合」であると表現している。なぜか？　「中道右派」という表現は、私が年をとって感傷的になっているという意味ではない。むしろ、２つの考えを正しく捉えている。ひとつは、レーガンの中道右派運動は多数主義運動であるということ。レーガン中道右派はもはや右派のフリンジ運動ではなく、かつてはマイノリティだった共和党の一派でもない。それは多数派を包含している。中道右派の政策と候補者は、有能な候補者とキャンペーンで政策を明確に提示すれば、有権者の約60％に支持されると私は主張したい。

１９８４年のレーガン、１９９２年のクリントンに対するブッシュとペロー。そして中道右派は、私たちの政策がアメリカ政治における右派と中間派の両方をカバーしていることを伝えている。１９７４年から１９７８年、ハーバード大学の学部生だった私は、ソ連は悪であり帝国だと信じていた。社会主義は貧困と政治的自由の欠如をもたらす失敗した経済システムだと信じていた。インフレは連邦政府が紙幣を刷りすぎたせいだと信じていた。私は、殺人者は死刑に値すると考えていた。高い税金は経済を減速させ、福祉は本来助けるべき人々を苦しめていると主張した。1970年代、私は右翼だった。今日、私がこのような見解を叫びながらハーバード・ヤードを歩けば、学生たちから「ああ、当然だ」とあくびをされるかもしれない。

長年にわたり、レーガン共和党は穏健化しなかった。私たちは「中庸」に移行しなかった。国は、リンドン・ジョンソンとジミー・カーターのもとでの民主党統一政権の失敗と、レーガンの政策の対照的な成功を目の当たりにした。

減税は経済成長につながった。政府は通貨インフレを止めた。ソ連は敗北し、社会主義という思想と実践は崩壊した。1971年にレーガンが最初に提唱した福祉改革は、1990年代にクリントンの二重拒否権を押し切って可決され、成功を収めた。左派の失敗と中道右派の成功が、国家をわれわれの方向に動かした。かつて右派だった人々は、いまや中道である。

現実と理論の照らし合わせ

「放っておいてくれ連合」の枠組みを視覚化することで、人々は共和党が自己利益のために〝何をするのか〟、〝何をすることができないのか〟を理解し、その力を維持することができる。理論の真価が問われるのは、それが過去を説明し、未来を予測できるかどうかである。保守運動とレーガン共和党を、それぞれ票を動かす主要な問題で放っておかれることを望むグループや個人の幅広い連合によって動いていると見ることで、それが可能になる。

有能な共和党の指導者は、「放っておいてくれ連合」の各構成要素の数を増やすよう努めるだろう。自営業者、銃所有者、ホームスクーラーの数を増やし、税負担をより透明化することで納税者の感度を高める。増税、銃規制の推進、私有財産や私立学校、ホームスクーリングへの攻撃、中小企業や自営業者への増税や規制の強化、信仰を持つ人々への侮辱は決して行わない。「放っておいてくれ連合」の構図は、政治家候補者にも当てはまる。候補者は、有権者を惹きつける、票を動かす主要な課題を見つけ、それに焦点を当てる必要がある。各有権者は、あなたに投票する4つの理由を必要としない。強力なものが1つあればいい。一匹の魚に一本の釣り針だ。

1980年のロナルド・レーガンも、2000年のジョージ・W・ブッシュも、〝私たちのことは放っておいて〟連合の中心に立ち、それぞれの動き回る部分に直接語りかけ、自分たちにとって最も重要なゾーンでは邪魔されないことを保証した。ジョージ・H・W・ブッシュは1988年にこのような公約を掲げ、予備選挙と総選挙で真剣勝負を挑んできた相手を打ち負かした。第41代大統領ブッシュは、銃規制を支持し、国内支出を拡大するために増税し、大気浄化法や障害者法といったビジネスに対する大規模な新規制を制定することで、「放っておいてくれ連合」のメンバーの多くとの約束を破り、大統領職を事実上投げ出した。高価な車を遺贈された高校生のように、彼はそれを維持する方法を知らなかった。

ブッシュはソ連崩壊を血で血を洗うことなく成功させた大統領職であったが、その後1992年に屈辱的な敗北を喫した。ブッシュは、サダム・フセインのイラクをクウェートから追い出すために全世界を組織し、占領地に留まらせることはなかった。ブッシュは90％という高い支持率を達成していた。しかし、船底には穴が開いていた。増税と規制の乱発で、小さな州の失敗知事ビル・クリントンに敗れたのだ。しかし、この大統領選の敗北は、ブッシュが中道右派を酷使したことが原因であり、連合自体の弱体化が原因ではない。

連合はどこにも行かなかった。1992年のブッシュとペローの票を加えると、57％の得票率となる。左派を代表するクリントンは、1992年には43％の得票率しか得られなかった。クリントンのその後の失敗の多くは、少数票が左派のアジェンダに対する「命令」であるという支持者のレトリックを彼が信じたことに起因している。彼は変化を約束して立候補した。確かにアメリカは、ジョージ・H・W・ブッシュのもとで増税して財政支出を増大させ、規制国家を爆発的に拡大させていた政府を変えたいと思っていた。しかし、クリントンは政府を変えようとはしなかった。彼は国家を使ってアメリカを変えようとしたのだ。

タイム誌とニューズウィーク誌は、医師、病院、健康保険といった経済の15％を国有化することで、国家権力を行使してアメリカを社会民主主義に変えるという国民的付託があると宣言し、彼を騙した。1980年から1988年にかけての選挙で、「放っておいてくれ連合」が誕生し、成長したことを見逃した人は、1994年にそのメッセージをはっきりと受け取ったに違いない。クリントン政権は1993年と1994年に、「放っておいてくれ連合」のあらゆる部分を脅かした。

ブレイディ法とアサルト・ウェポン禁止法案を可決し、銃所持者を将来の銃規制で脅した。ガソリン税、所得税、社会保障給付の増税で、中小企業経営者を標的にした。ホームスクーリングを連邦政府が管理する法案が提出された。彼らは軍隊を酷使し、人事を政治化し、軍隊を同性愛者の社会工学者の遊び場にし、戦闘に女性を参加させる方向に動いた。そして、すべての医療を国営化しようとした。

民主党の議会と大統領が、自分たちの票を動かす中心的な関心事を攻撃する法案を可決するのではないかと、連合全体が懸念していた。共和党の下院指導者であるニュート・ギングリッチとディック・アーミー（テキサス州選出）は、10項目からなる「アメリカとの契約」を起草した。それはまるで独立宣言の苦情リストのようであり、国内のあらゆる脅威にさらされているグループに手を差し伸べている。そして、アメリカ人はこれに力強く反応した。

1994年11月8日の選挙日には、前回の1990年の選挙を上回る900万人の共和党員が投票に行った。共和党は上下両院を制し、下院で58議席、上院で9議席を獲得した。共和党は10人の知事と505人の州議会議員を獲得した。

1996年、共和党はレーガン政権以前の大統領候補ボブ・ドールを指名したが、彼は共和党員として地方選挙に出馬することを選んだ経緯を語るのが好きだった。彼は、自分の郡では民主党より共和党の有権者の方が多いことを知り、共和党を選んだと説明した。ドールはサプライサイド減税の反対者として名を馳せていた。彼にはイデオロギーというものがなかった。彼は現代のレーガン共和党の本質を理解していなかった。大統領候補のトップが弱かったが、1994年の連邦議会選挙で「放っておいてくれ連合」が勝利したことで、クリントン大統領が誕生しても、その主要課題の多くが脅かされることはなかった。議会は増税、銃規制、新たな権利支出、私立学校やホームスクールへの規制、過剰支出を阻止し、クリントン自身は1996年の一般教書演説で「大きな政府の時代は終わった」と述べ、懲りたと主張した。連合は、1994年のような切迫感や数で投票に出向いたわけではなかった。それでも上下院を維持するには十分だった。

1998年、共和党は「アメリカとの契約」に基づいて「放っておいてくれ連合」を守るためではなく、不倫をしたクリントンを罰するために国家を挙げて選挙戦を展開した。共和党は下院での議席増を期待したが、代わりに5議席を失った。「放っておいてくれ連合」の正体がサヴォナローラの薄っぺらな集合体であると考える人は、1998年の選挙で、アメリカ大統領が女性をどのように扱ったかという広範かつ現実的な個人的道徳的憤激を、なぜ議員への実際の投票に結びつけられなかったのかを考えてみるとよいだろう。

2000年、ジョージ・W・ブッシュは「放っておいてくれ連合」の真ん中に立ち、政治的言論の制限と選挙資金改革を支持したために真ん中からはやや外れた位置にいた人気者の戦争の英雄、ジョン・マケインを破った。そして11月、平和で力強い経済成長の時代に、この選挙戦のためにずっと訓練と準備を重ねてきた現職の副大統領を相手に、後手に回った「放っておいてくれ連合」の不手際にもかかわらず、選挙人票の過半数を獲得することができた。

2002年と2004年、ブッシュは国際テロに対する防衛をキャンペーンに加え、「放っておいてくれ連合」の代表として出馬した。

2006年になると、イラク占領は、すべてのアメリカ人を守るための対テロ戦争の一環とみなされることから、終わりのない社会工学的実験とみなされるようになった。選挙戦は、ブッシュのイラク占領という終わりのないビジョンに対する国民投票として全国化された。共和党は、新たな増税や大幅な増税を求めるキャンペーンは行ってはいなかった。（そして、彼らはすでに実施されている２００１年と２００３年の減税の延長を求めたが、これは先週の宿題を二度目に提出することに等しい）。いくつかの個人的なスキャンダルで、共和党は下院で６または８議席、上院で２議席を失った。

２００６年、共和党は６年間で６回の減税を行ったという過去の功績を語った。彼らは感謝の票を投じたかったのだ。しかし、アメリカ人はお礼を言うために票を投じるのではない。すべての選挙は将来についてであり、明確な主張はなかった。アメリカとの契約は完全に忘れ去られていた。はっきりしていたのは、共和党に投票すれば、我々は無期限にイラクを占領するということだけだった。

また、民主党議会の脅威に対して「放っておいてくれ連合」を結集させることもできなかった。ほとんどの民主党議員は増税をしないと約束して出馬した。40人がＮＲＡの推薦を受け、憲法修正第２条への忠誠を誓って出馬した。[21]

２００６年の夏から秋にかけて学校で起きた数々の痛ましい銃乱射事件も、民主党議員を銃規制を訴える気にさせることはできなかった。共和党員の中には、ナンシー・ペロシやチャーリー・ランゲルがいかに左翼的かを語る者もいた。しかし、彼らが誰なのか知っているアメリカ人はほとんどいなかった。（１９９４年、民主党はニュート・ギングリッチに対してキャンペーンを張ることができなかった。彼はまだ有名ではなかったからだ）。ペロシを強調することは、２００８年や２０１０年に配当があるかもしれない戦略だ。

もし民主党が、さらなる支出、増税、銃の強奪、子供たちへの世俗的価値観の押し付けを約束して上下両院の議席を獲得していたら、「放っておいてくれ連合」は少数票を獲得したことになっていただろう。２００６年はそうではなかった。

現代中道右派の「放っておいてくれ連合」の構造は維持されている。それは過去25年間の選挙の成功と失敗を説明するものである。そして、この連合を理解することで、今後25年間に何が起こるかを見通すことができる。

左派の多くは、「中道右派は、みんな放っておいてほしいから同じ候補者に一緒に投票するグループや個人の連合体だ」という考えに激しく反発する。

彼らは、保守派は、少なくとも宗教的保守派は、道徳を法制化したいと主張する。自分たちの生き方を他人に指図したがっていると。彼らはこう問う。「強力なプロライフ運動的要素を含む運動が、いったいどうして「放っておいてくれ連合」と言えるのでしょうか？　合法化された中絶に反対するプロライフ派は、私たちを放っておいてはいないのです」。

中絶問題についてはどうなのか？

これは真剣な質問であり、その答えは罵り合いを超えて現代の共和党に対する理解を深めるものである。共和党と保守運動には、中絶問題に関してプロライフの人もプロチョイスの人もいる。保守派にとって、中絶合法化賛成派と反対派の立場の原動力となる重要なのは、「何人の人間が関わっているのか」ということである。妊婦の場合、母親と赤ん坊がいるとすれば、そこには2つの命がかかっており、どちらも放っておかれるに値する。どちらも生きる権利が守られてしかるべきである。しかし、関係者は女性一人であると考えるならば、国家は彼女に何をすべきかを支持するだけの正当な利益を持たない。

妊娠には2人の人間が関わっており、そのうちの1人を殺しても構わないと考える保守派を私は知らない。また、関係者は女性だけであり、国家は彼女に子供を産むことを強制すべきだと考えている保守派も知らない。

これによって賛成派も反対派も、自分たちはただ放っておいてほしいだけなのだと考えることができる。左派と民主党は、単に中絶の合法化を主張するだけでなく、さらに進んで、納税者が他人の中絶に資金を提供することを義務づけ、すべての健康保険に中絶費用を含めることを要求し、中絶に道徳的に反対する人々が他人の中絶に資金を提供しなければならないようにすることで、この問題をより分裂させる。中絶について「プロ・チョイス」であると主張する人々は、中絶への融資に反対する宗教的信条を持つ人々に選択肢を提供しない。左派はさらに、娘が中絶しても親は知らされる権利すら持つべきではないと要求する。これは当然、家族や親の権利に対する攻撃とみなされる。

ここで重要な政治的問題は、この問題があなたの投票の原動力となるかどうかである。共和党員の中には、個人的に親プロチョイス派である人も多い。彼らは共和党がプロチョイスであることを望んでいるかもしれない。共和党の全国大会で証言をしたり、アン・ストーンが率いる「選択のための共和党」という全国グループを結成している者もいる。

しかし、1973年のロー対ウェイド事件以来、共和党に投票しているのであれば、彼らの投票、ひいては政党の識別は、中絶以外の問題によって左右されることになる。彼らの票は、税金か銃か、国防か犯罪かで決まるかもしれない。

同性愛者の権利は？

ゲイの権利はどうなる？「ゲイをバッシングする」保守派は、どうして「放っておいてくれ連合」の一部と見なされるのだろうか？

これもまた、大人の対応が必要な深刻な問題である。共和党議員はゲイ票の約4分の1を獲得している。多くのゲイが共和党に投票するだけでなく、ゲイとして政治的に組織化されたゲイ共和党員もいる。ログ・キャビン・リパブリックンズは、50を超える州や地域の支部を持つ全国的な共和党グループであり、2万人の会員を擁する共和党員でゲイでもある。[22]

「ピンク・ピストルズ」は、ゲイが銃を所有し、その使い方を知っていれば、ゲイ・バッシングはそれほど問題にならないと理解しているゲイによる全国組織である。[23] 1994年、ワシントン州の地方選挙区の「代表」であるにもかかわらず、銃規制法案を支持していたトーマス・フォーリー下院議長（当時）を打ち負かすために結集した80あまりの団体の中で、最も記憶に残る団体のひとつが「Queers with Guns」である。簡潔、的を絞った、説得力があるものだった。

同性カップルが401（k）のような確定拠出年金を配偶者だけでなく、選んだ人に引き継ぐことを可能にする年金改革法案を2006年に可決したのも共和党である。特に同性カップルの助けとなる相続税の廃止に何度も賛成したのも共和党である。

民主党は同性愛者を黒人扱いと同じように扱い、美辞麗句で食い繋ぐよう求める一方で、金を払う顧客である労働組合、トライアル・ロイヤー、公務員のために同性愛者とその生活に税金をかけ続けている。

では、共和党はどうやってゲイ票の4分の1を獲得するのだろうか？

単に放っておいてほしいと思っているゲイのアメリカ人は、現代の中道右派には同性愛を非合法化したり、国家権力を使ってゲイに課税したりゲイとして攻撃したりする意図はないことを認識している。ゲイのアメリカ人であっても、持ち家があり、ビジネスマンであり、株主であり、銃の所有者であり、信仰を持つ男女であれば、現代の左派は、同性愛者としてではなく、収入を得る者、財産の所有者、銃の所有者などとして、彼らに課税し、規制し、攻撃する用意があり、意欲的であり、可能であることに気づくだろう。

一方で、同性愛者の政治団体の中には、放っておいてほしいというのを超えて、政府に自分たちの団体に資金を提供するよう要求したり、自分たちの気に入らない言論を国家が取り締まるべきだと主張したりするものもある。

しかし、宗教保守派の中には、同性愛は聖書に反すると主張する人もいるのでは？　そうだ。誰もが自分が信じていることを信じ、主張する自由がある。たとえあなたが反対する人であっても。

「放っておいてくれ連合」のチャーター・メンバーになったからといって、連合の他のメンバー全員があなたに賛同するわけでも、あなたの選択や価値観を尊重するわけでもない。すべての人に好かれたい、認められたい、自分と同じように信じてほしい（自由恋愛の提唱者、バプテストやカブスのファン）というのであれば、自分のお金を使い、自分の意見の宣教師になるのは自由だ。

一線を引かれるのは、国家とその権力を使って、他者に自分の意見への助成を強制したり、他者に同意を求めたりすることだ。昔は、国王のお気に入りの教会に通い、国王と同じように信仰するよう国が強制したものだ。それは間違っていた。政府が法律や学校を使って、他人に何を考え、何を言うべきかを教えようとするのも間違っている。私たちが小学校で習ったように、他人が私たちと同じようにすることを義務づける法律はない。あるべきでもない。

「放っておいてくれ連合」は、アメリカ人の大多数を代表している。この連合がまとまっているのは、メンバーが異なる問題で投票し、二次的な問題ではしばしば激しく対立する意見を持っていても、主要な、票を動かす問題では対立していないからである。皆は、国家が市民の生命と財産を守り、その日を終えるまで、政府の規模、範囲、コストを制限するために働く候補者や政党に投票する。

第2章 「もっと寄こせ！」連合

「もっと寄こせ連合」を紹介しよう。

これらのグループや個人は、政府の適切な役割とは、あるグループから物を奪い、他のグループに与えることだと考えている。何を奪うのか？ 金、財産、権力、支配力だ。彼らはお金から始める。多くの場合、自分たちのために。誰から奪うことに賛成するのか？ 私たち納税者だ。

これらの人々の多くは、自分たちの生活の多くの分野で放っておいてほしいと言うだろう。しかし、彼らが「もっと寄こせ連合」に賛同するのは、彼らの主要な問題である票を動かす問題について、国家があるグループから何かを奪い、それを他のグループに与えることを望んでいるからである。


「もっと寄こせ連合」のメンバーを見てみよう。

この連合は、トライアル・ロイヤー、労働組合のリーダー、公務員組合、政府補助金の受給者、そして福祉依存運動に関わる2パターンの人々で構成されている。（この2パターンとは福祉依存に陥っている人々と、この依存を管理し、受給者が誰も仕事を得ずに共和党員にならないようにするために年間９万ドルを稼ぐ人々である。）

この連合はまた、政府からの資金援助を受ける病院や医療専門家からなる社会福祉産業複合体、実際の政府福祉機関、そして「非政府組織」（ＮＧＯ）で構成されている。非政府組織とは、名目上は非政府であり、名目上は非営利であることは確かだが、納税者の資金で「社会サービス」のメニューを拡大し続ける政府請負業者である。

大都会の政治家も、大学や税金で運営される「非営利」の世界で政府の補助金で生活している人々も、このグループのメンバーである。そしてビジネス界では、政府との契約や補助金、関税障壁から利益を得ていると考えるビジネスマンやウーマンが、このグループのメンバーとして居心地よく暮らしている。

「もっと寄こせ連合」には、政治家や市役所官僚の気まぐれで生死が決まる請負業者や建設業者のようなビジネスも含まれる。ビジネスマンの中には、自由で放っておかれたいと言う人もいるだろう。しかし、ほとんどすべてのことに許可を必要とするアメリカの都市の規制や、道路や大量輸送システムの建設を請け負うのは税金で支えられている政府だけであるという不愉快な事実が、彼らを「もっと寄こせ連合」の囚われの身にしている。それでも、こうした捕虜の多くはすぐにストックホルム症候群を発症し、彼ら自身を捕獲者と同一視し、最初は不本意であったとしても、積極的に「もっと寄こせ連合」に参加するようになる。

「もっと寄こせ連合」は、すでに都市部のビジネス・コミュニティに対して振るっている専制政治を、州や国のレベルで再現する方法を常に模索している。環境影響評価書やFCC免許を要求し、企業や放送事業者がビジネスを行うための「許可」を得るために手弁当で来なければならないようにしている。そして、料金を安くすること（略奪的価格設定）は違法、高くすること（価格破壊）は違法、同じ料金を請求すること（談合）は確実に違法とする独占禁止法を作った。

最後のグループは「強制的ユートピアン」だ。彼らは世界を変えたいと思っている。あなたやあなたの家族、そしてあなたの人生を、どれだけ苦しめようとも、自分たちの支配欲の型にはまった形に合わせるためなら、国家という鈍器を喜んで振り回すのである。それだけでなく、彼らはあなたの道徳的再生産を指導することで、税金が支払われることを期待している。

過激な環境保護主義者、銃規制論者、極端なフェミニスト、安全と健康の「ナチス」、動物愛護の過激派、反宗教的な世俗主義者、そして国家権力によって自分たちの道徳観を他人に押し付けようとする一部の同性愛者グループなどである。これらの勢力の規模と強さを見てみよう。

公務員

まず言っておかなければならないのは、すべての政府職員がこの連合に加盟しているわけではないということだ。軍隊や警察関係者が共和党に好意的であることは以前にも述べた。彼らは、自由社会では自分たちが皆の自由を守る一員であることを知っているからだ。しかし、連邦政府、州政府、地方政府の職員の多くはそうではない。スコット・ラスムッセンの世論調査データによれば、平均して、政府関係の仕事に就いている場合、民主党に投票する可能性が10％高くなる。だからといって、夏休みにプールの監視員として働いたからといって、あなたの子供が駄目になるわけではない。しかし、50歳から64歳まで政府の仕事を続けていれば、民主党に投票する可能性が19・7％高くなる。また、7万5千ドル以上の給料をもらっている場合、民主党支持者の割合は33％にも跳ね上がる。(1)

なぜか？　2004年、民間労働者の平均賃金・手当は5万1876ドルだった。平均的な連邦労働者の賃金と手当は10万1178ドルだった。（民間部門労働者は賃金だけで4万2635ドル、連邦職員は6万6589ドルだった）。賃金と手当を合計すると、連邦職員は毎年ほぼ2倍の収入を得ていることになる。(2)

ここではっきりさせておこう。アメリカ人は、自分たちの収入の2倍もの給与と手当を受け取る連邦職員のために税金を払っているのだ。連邦政府は毎日、逆ロビン・フッドを演じ、比較的貧しい人々から特権階級を豊かにしている。

近代マムルーク

また、州や地方政府の職員は、負担する納税者よりも高い給与、手当、年金、早期退職、休暇日数、雇用の安定を享受している。

商務省の数字によると、2005年の州職員の給与は平均4万5062ドル。これを負担する納税者は平均4万3917ドル。これに手当と年金を加えると、州職員の手取りは年間5万8814ドルとなり、民間部門の納税者5万3289ドルより10％多い。(3)

政府雇用の利点は、高い給与や福利厚生、インフレに備えるために指数化される年金だけではない。政府で働く場合、雇用の保証ははるかに大きい。あなた自身の経験から、民間企業で解雇された人を何人知っているだろう？　一方、政府の仕事を追われたことのある公務員を何人知っているだろうか？　2005会計年度、連邦政府全体で解雇された職員はわずか1万655人で、1%の10分の1にも満たない(4)。

現実の世界では、仕事は生まれては消えるものであり、ついていけない労働者は解雇される。無能は解雇の理由になる。

ハーバード・ビジネス・スクールで、独占することで得られる最大の利益は安心感だと教わった。誰かがあなたを狙っているという心配はない。仕事も年金も安全だ。政府ほど永続的な独占企業はなく、政府の職員ほど雇用の安定と安心の恩恵を受ける者はいない。

故パトリック・モイニハン上院議員はかつて、インドを8億人の第三世界の国家と表現した。6千万人のインド人は第一世界の水準で生活しているが、大多数は第三世界の水準で生活している。

2007年、アメリカの労働人口は1億5220万人で、ほとんどのアメリカ人にとって比較的自由な労働市場であり、フランスのミニチュア版を含んでいる(5)。

私が言う「フランス」とは、2千万人のアメリカ人の公務員のことである。彼らの多くは、納税者の負担で、フランスの休暇、フランスの労働日数、フランスの福利厚生と年金、フランスの永久的な雇用保障を享受している。

1993年から2006年にかけて、アメリカでは2千万人分の新規民間雇用が創出された。

この新規雇用という数字は、民間部門における多大なダイナミズムと変化を覆い隠している。同じ期間に、2千万人どころか4億1200万人の雇用が創出され、3億9200万人の雇用が競争と変化によって消滅した。民間部門では、生産性がなくなると、その仕事は消滅する。

政府の仕事では変化はもっと遅い。議会は何年もの間、連邦議会議事堂の自動エレベーターを操作する職員を雇っていた。今日でも、サクラメントにはカリフォルニア州議事堂の自動エレベーターを操作する政府職員がいる。

労働組合

現在、労働組合の組合員数は1540万人である。[6]彼らは毎年平均500ドルの組合費を支払っており、組織労働者には80億ドルの裏金がある。[7]

これは、AFL-CIOの著名な労働運動家リチャード・ベンシンガーが、ラルフ・リード率いるキリスト教連合の力について不平を言う左派の人々を黙らせるために要約したものだ：「彼らは2500万ドル。彼らは2500万ドル、我々は110億ドルだ」。

労働組合は民主党のテーブルに大きなものをもたらす。まず、金だ。ソフトにもハードにも。仮に労働組合のボスが政治的目的のために予算の10%を捻出すると仮定した場合、選挙運動のためのスタッフの雇用、退職した組合員への郵便物の送付、就労などもできる。そうすると、労働組合は民主党候補者を支援するために年間8億ドル、2年間の選挙サイクルで16億ドルを費やしていることになる。一方、共和党全国委員会は2003年から2004年の2年間の大統領選挙

サイクルで4億5千万ドルを支出している。(8)

組合はまた、選挙資金法の下で、支出を報告することなく、組合員、つまり退職者や現職の労働者と連絡を取ることも認められている。組合は候補者を推薦することができるし、実際に推薦している。

組合の政治活動委員会（PAC）も、FECの制限を受ける「ハードマネー」を民主党に提供している。組合の相対的な力を知るために、2006年の上位10政治活動委員会のうち、6つが組合によって直接運営され、3つが左翼系で、1つが「ビジネス」である不動産業者のPACであった。

2006年度PAC上位10社（2006年6月26日まで）(9)
国際サービス従業員労働組合：2660万ドル
エミリーズ・リスト：2620万ドル
Moveon.org：1440万ドル
米国教職員連盟：1230万ドル
全米不動産協会：1160万ドル
アメリカ・カミング・トゥゲザー：1070万ドル
全米州・郡・市職員同盟（AFSCME）：1040万ドル
全米電機労組自動車労組：960万ドル
全米自動車労働組合：930万ドル

チームスターズ・ユニオン：910万ドル

数年前、労働組合は鉄鋼労働者や自動車工場の従業員を意味していた。2006年には、全組合員の47・4%が政府で働いていた。民間労働者で組合に加入しているのはわずか7・4%であったのに対し、政府職員は36・2%であった。[10] 最大の組合は全国教育協会で、組合員数は270万人、全員が政府職員であった。

政府労働者と労働組合が重なることで、「もっと寄こせ連合」へのコミットメントが深まる。AFSCMEは140万人の組合員を擁する州・地方公務員労働組合であり、2003年から2004年の選挙サイクルでは、政治活動委員会のために1388万6883ドルを集めた。[11]

大きく青い大都市

アメリカ人は大都市の政治マシーンという概念に精通している。「タマンニー・ホールのプランケット」のような、荒削りではあるが魅力的な世界は消えつつある。その代わりに、現在では、政治が組合に加入した州や地方の公務員、（政府に雇用された）ソーシャルワーカー、税金で給料をもらっている者、非営利財団を通じて世間の監視を受けずに給料をもらっている者たちによって支配されている、課金制の民主党都市群島がある。

ワシントン州、オレゴン州、ニューヨーク州、ペンシルベニア州、ミシガン州、イリノイ州といった民主党の州を見てみれば、これらの州の大半が赤い共和党の地域であるが、民主党の青い都市によって支配されていることが分かるだろう。

民主党の島々では、党への支持が高まっている。1960年、サンフランシスコ郡はリチャード・ニクソンに41・8％の票を投じた。2004年には、ケリーが83・02％の得票率でサンフランシスコ郡を制した。ニューヨーク郡は、1980年には62・4％が民主党、1992年には78・2％が民主党、2000年には79・8％が民主党だった。ボストン郡は1980年に53・3％、2000年に71・7％が民主党であった。[13]

シティージャーナル提供[12]

非営利セクター

2005年には、984万4115人のアメリカ人が非営利セクターで働いていた。民間の資金で運営されている団体は、政治にはほとんど関心がなく、「もっと寄こせ連合」に参加することはないだろう。例えば、2006年の民間からの寄付は、35・8％が宗教団体に寄付されている。控えめに見ても、ヘリテージ財団やシエラ・クラブなど、政治的関心があるとみなされる団体への個人献金は

10％であった。しかし、資金提供のすべて、あるいは大部分を政府から受けている「非営利団体」は、その階級的利益において、「もっと寄こせ連合」のメンバーである公務員とほとんど同じである。

コロラド州では、インディペンデンス・インスティテュートの代表であるジョン・カルデラが、共和党のビル・オーウェンズ知事による、州の歳出制限修正案に穴を開けようとする住民投票Cを阻止するキャンペーンを展開した。住民投票Cは、今後5年間で少なくとも37億ドルの増税と歳出増をもたらすものである。(14)

住民投票Cのキャンペーンは、理論的には政治的ではなく、コロラド州の市民にサービスを提供することだけに関心を持つ、名目上は非営利の約800団体によって支持された。しかし、彼らの多くは政府から資金の大半、あるいはすべてを受け取っているため、「もっと寄こせ連合」の会費を払っているメンバーとして、彼らの給料を支払うための増税や支出増のために戦う用意があった。

1960年代、非営利セクターは政府雇用セクターとともに成長した。スティーブン・マランガは、著書『新左派』の中で、偉大な社会プログラムにおける連邦政府の爆発的な支出は、かつて民間の慈善団体であったものを事実上「国有化」したと書いている。(15)

労働統計局の報告によると、民間の社会サービス雇用は、1972年の50万人から1980年には110万人になった。(16)そして、2005年には330万人に増加した。(17)こうした政府出資の、名目上は「民間」の新しい社会サービスネットワークは、都市部に大きく集中している。ニューヨーク市だけを見ても、社会サービスの仕事は1975年の5万2千から2000年には18

万3千に増加した。フィラデルフィアとシカゴでは、1988年から2000年にかけて、このような社会サービスの仕事は2倍以上に増加した。[18]

全国的に見ると、非営利の社会福祉事業従事者は、1970年には全労働者の1%にすぎなかったが、2005年には全労働者の3%にまで増加した。[19]

大学

学園都市は、おそらく政府からの資金援助や所有権に依存するようになっているため、ますます民主党の町になっている。1955年には、大学に通う学生の44%が、政府が運営する州立大学ではなく、私立大学に進学していた。1999年までには、この数字は23・5%にまで減少している。[20] また、多くの民間企業でさえ、その資金の多くを政府からの助成金や学生ローンから得ている。

教授たちは金の出所を知っている。納税者から多額の助成金をもらっているエリート大学の教授たちは、大金を使う政治家にも寛大だ。2004年の選挙を見ると、ハーバード大学の職員はブッシュの25倍をケリーに寄付している。プリンストン大学は302対1、イェール大学は20対1、ジョージタウン大学は15対1、マサチューセッツ工科大学は43対1であった。US News and World Report 誌がランク付けした上位25校のエリート校のうち、最も民主党支持者が少なかったのはワシントン大学とヴァンダービルト大学で、2対1の割合でケリー氏がブッシュ氏より支持されたに過ぎなかった。[21]

連邦と州の税金が大学に流れ込み、教育費はインフレを上回るスピードで上昇する一方で、大学職員の生産性は1976年から2000年にかけて実に12・5％も低下した。この2つの傾向は、拡大し続ける税金の流れなしには続かないことは、教授でも計算すればわかることだ。

驚くなかれ、1999年の北米学術調査（North American Academic Study Survey）では、教授の72％が自らを左派・リベラル派、15％が右派・保守派と回答している。同年、ハリス社の世論調査によると、これらのために税金を払っている一般大衆は、左派・リベラルが18％、右派・保守が37％であった。

トライアル・ロイヤー

労働組合、そして最近では公共部門の労働組合が、現代の左派にインフラと人材を提供しているとすれば、トライアル・ロイヤー（裁判弁護士）、つまり自社の株価が下がったとか、コーヒーが熱すぎるとか、タバコは体に良くないとかいう理由で企業を訴えて金持ちになる連中は、民主党の経済的な懐である。

各州では、組合のボスよりもむしろトライアル・ロイヤーが、民主党や協力的で好意的な裁判官のキャンペーンに最も多くの政治資金を集め、その見返りとして何十億ドルもの報酬を受け取っている。

米国司法協会は、以前は旧米国トライアル・ロイヤー協会として知られ、全世界で推定5万6

千人のトライアル・ロイヤーを擁する最大の会員組織である。[22]

彼らの票では市議会議員を選ぶことはできない。しかし、彼らはほとんどの州で民主党を牛耳っている。1789年以前のフランス貴族は、全人口に占める割合が高く、権力を行使することは少なかった。

かつて原告側弁護士であり、現在は最も辛辣かつ効果的な批判者の一人であるビクター・シュワルツは、原告側トライアル・ロイヤーには2種類あると説明する。最初のグループは「イエローページ」と呼ばれる弁護士で、交通事故で被害を受けたときに電話帳で見つけるからだ。彼らは金持ちではない。これらの「イエローページ」弁護士は自由経済に必要な存在であり、このような法的摩擦は毎年GDPの約1％を経済に負担させている。これは、他国が民事裁判のために支払っている金額と同じである。

しかし、アメリカは他国の2倍から3倍もの訴訟費用を支払っており、2005年にはおよそ2900億ドルであった。これは4人家族1世帯あたり毎年3870・20ドルに相当する。大統領経済諮問委員会は、このうち870億ドルは無駄で過剰なものだと控えめに見積もっている。[23]

パシフィック・リサーチ・インスティテュートの試算によれば、訴訟の乱用によってアメリカ企業の株主価値は6850億ドル減少している。[24]

酔っぱらいが地下鉄車両の前で転倒し、トライアル・ロイヤーが市を訴え、市が支払うということは、市の納税者がこれを負担することになる。2004年、ニューヨーク市は何千回も訴えられ、5億7560万ドルの和解金を支払った。ニューヨーク市やどの都市も、このような訴訟とどれだけ戦っていると思うだろうか？　彼らは「モノポリー・マネー」、つまりあなた方のお金で支払っているのだ。

たばこ業界との基本和解合意につながる最初の訴訟を開始したミシシッピ、フロリダ、テキサスの法律事務所には、80億ドル以上が支払われる。フロリダの弁護士だけで34億ドル、弁護士一人当たり平均２億３３００万ドルが支払われることになる(25)。

金持ちのトライアル・ロイヤーと民主党の関係は共生関係にある。億万長者のトライアル・ロイヤーたちは政治家たちによって作られ、保護されてきた。彼らは「私掠船」を与えられ、実体経済を荒らし、雇用を奪い、何百万人ものアメリカ人の老後の蓄えを略奪する私掠船として活動している。彼らは民主党の指導者たちによって守られている。指導者たちは、訴訟を起こしやすくする法律を与え、裁判官たちは彼らに他人の金をばらまく。

「もっと寄こせ連合」の仕組みにとって、トライアル・ロイヤーの資金はどれほど重要なのだろうか？　民主党は、不法行為改革に反対するあまり、経済界全体や医師などの専門家のほとんどを敵に回している。これは非常に大きな報酬に違いない。

強圧的ユートピア主義者

アメリカ政治には常に、銃口を向けて人間を「完璧」にするために国家権力を行使することを厭わないユートピア主義の系統がある。自助努力や道徳的再生のための自主的な団体は素晴らしいものだ。そのような団体は、メソディズム、アルコール依存症の会、そしてデール・カーネギーの「人を動かす」講座などがある。しかし、現代の左翼には、国家の活動によって世界を完璧にしようとする多忙な人々がいる。消費者団体や「健康」団体などである。労働組合や公務員、大都市のマシーンと同じように、彼らはかなりの部分が重なり合っている。

この人たちのせいで、私たちのトイレは水洗にするには小さすぎるし、車は家族を乗せるには小さすぎる。皮革を着ることも、鶏を食べることもやめろという。また、毎週行われる宗教的な儀式に参加するよう要求され、茶色いガラスと緑色のガラスを分別してリサイクルの司祭に提供する。ジミー・カーターがボーイスカウトを使ってサーモスタットの使用を取り締まろうとしたことを覚えているだろうか。彼らはいつどこでタバコを吸って良いかを指示する。フォアグラのパテを禁止する。オートバイに乗るときはヘルメットをかぶらされる。私たちや私たちの子供たちが食べて良いファーストフードの種類を指図する。家族を守るために狩猟や銃を所有する権利を奪おうとする。公立学校を利用して世俗左派的な考えを広める一方で、信仰共同体の価値観を侮辱する。彼らはアンドレス・セラーノの「尿に浸したキリスト」に補助金を出すために税金を上げるが、その一方で、十字架をすべて隠すまでは、あなたの教会を託児所には使えないと説明する。彼らの世俗的な信仰は子供たちに教えるべきで、あなたの信仰は口にしてはならない。

「宗教右派」を批判する人々はしばしば、社会的保守派は自分たちの道徳を他人に押し付けようとしていると主張する。強圧的なユートピア主義者たちは、本当に国家権力を使って、自分たちが考える生き方を他人に押し付けようとしているのだ。もしあなたがベジタリアンの動物愛好家であり、自分の食べ物は自分で育て、政府に指図されたくないと願うだけであれば、あなたは保守主義運動に心地よく溶け込めるだろう。燃料を節約するために小型車で移動したり、ソーラーパネルで電力を賄ったり、香水を控えたり、動物実験をしていない化粧品しか身につけないことを望むのであれば、その個人的な決断は一部の人々には奇異に映るかもしれないが、保守的な「放っておいてくれ連合」と対立するものではない。リベラルで環境意識が高い保守派について書かれた本の中には、自らをレーガン主義者と考える人々の中には、放し飼いの鶏肉しか食べないか、鶏肉はまったく食べないという人すら出てくる。

「放っておいてくれ連合」から「もっと寄こせ連合」へとルビコン川を渡るのは、ライフスタイルの選択によるのではなく、政治的な力を行使して他の人々に自分の要求通りの生活をさせるかどうかによるのだ。小型車に乗るのが好きで、ガソリンをあまり使わないことに美徳を感じる人もいる。それは結構なことだ。しかし、連邦政府がこうした人々に働きかけられ、各自動車会社に1ガロン当たり平均何マイル（何キロ）の車を製造・販売するよう義務づけるCAFE（企業別平均燃費）法と呼ばれる法律を成立させると、自動車は鋼鉄を減らしてプラスチックを増やし、より小型で交通事故に遭いやすいものにならざるを得なくなる。

米国科学アカデミーは、メーカー平均燃費規制（CAFE）は自動車メーカーに小型車を製造させることによって、1993年におそらく1300~2600人の命を犠牲にしたと報告している。企業競争研究所は、1997年の自動車事故死者数2万1千人のうち、2600人から4500人がCAFE基準によって小型軽量化を余儀なくされたために死亡したと推定している。(26)

これは人を放っておくことではなく、人から、つまり人の命を奪うことなのだ。

しかし、国家の権力と不器用さを、彼らの無数の熱狂と結びつけると、床に大量の血によって染まることになる。宗教的熱狂から国家を切り離そうとする数百年にわたる闘争は、国家権力の腐敗の可能性のひとつを解決したにすぎない。新しいものもある。

レイチェル・カーソンの著書『沈黙の春』は、強制的な環境保護運動の初期の「バイブル」だった。この本は、たとえ責任を持って使用したとしても、一部の鳥の卵に影響を与え、人間に害を及ぼす可能性があるという理論に基づいて、蚊を殺すために散布されたDDTを禁止することにつながった。これは誤りであることが判明した。しかし、この禁止措置は第三世界にも拡大され、マラリアなど蚊が媒介する病気の復活を招いた。

今日、マラリアは世界の熱帯・亜熱帯地域のいたるところで見られる。保健当局は、毎年3億人以上の急性疾患と少なくとも100万人の死亡の原因となっていると考えている。[27]

もっと寄こせ連合：内部対立

「もっと寄こせ連合」は、各構成グループの要求を満たすためにより多くの資金が国家に流れ込む限り、維持することができる。増税は、政府職員により多くの資金を与え、大都市の政治マシーンに資金を供給し、大学や「非営利」部門により多くの政府助成金を送り、強圧的なユートピア主義者に資金を供給することができる。「もっと寄こせ連合」は、政府が資源と権力を増大させているときに繁栄する。銀行強盗の後、強盗団がテーブルを囲み、ボスが戦利品を山分けする映画の場面のようになると、連合は結束する。しかし、「放っておいてくれ連合」が税金の流れを断ち切ることに成功したとき、私たちが「新しい税金はいらない」と本気になって言ったとき、「もっと寄こせ連合」のテーブルの周りに座っている人たちは、ギャングの皆のために十分なお金がないことに気づく。

この時点で、「もっと寄こせ連合」のメンバーは、まるで救命艇の映画のシーンのように、誰が食べるか、海に投げ捨てるかを決めなければならなくなる。この時、左翼が友人や同盟者で構成されているのではないことがはっきりわかる。彼らは競い合う寄生虫なのだ。もし私たちが彼らにさらに税金を送ることを拒否すれば、彼らは互いに潰し合だろう。

この認識は、中道右派にシンプルな戦略をもたらした。「もっと寄こせ連合」の資金調達のための増税をやめよ。増税はすべて、民主党の選挙労働者を増やすことにつながる。我々の任務は、左翼に資金を提供する税金の流れを断ち切り、左翼同士を対立させることだ。それができれば、次の選挙では左翼の数は減るだろう。

「放っておいてくれ連合」とは異なり、「もっと寄こせ連合」のメンバーは主要な問題で深刻な対立を抱えている。トライアル・ロイヤーは、労働組合に加入している労働者の賃金を引き下げたり、解雇したりしなければならなくなった企業を訴えて、何十億ドルもの報酬を得ている。急進的な環境保護団体が要求する不必要な環境規制によって課されるコストは、組合員の多い自動車産業や鉄鋼産業を大幅に縮小させた。

公務員やトライアル・ロイヤー、環境保護過激派は、「もっと寄こせ連合」の組合員の部分を共食いさせてきた。彼らは民主党の都市や州から産業、企業、雇用（つまり、税収基盤）を追い出してきた。公平を期すなら、鉄鋼労組や自動車労組の指導者たちは、労働規則や高額な医療費、年金を主張することで自ら問題を引き起こし、組合に加盟する産業は縮小を余儀なくされている。

組合のボスは意図的に自分たちの労働者を傷つけている。すべての寄生虫は宿主に何らかのダメージを与えるのだ。しかし、組合のボス、急進的な環境保護主義者、税金と浪費を繰り返す地方自治体は、アメリカの自動車産業と石炭・鉱業産業を死滅させようとしている。

アスベスト産業でも同じ対立が見られた。産業別労働組合は労働者を組合に加入させ、市場以上の賃金を引き出し、組合指導部に強制的な組合費をキックバックさせようとした。公共部門の労働組合は、アスベスト企業の固定資産税を引き上げようとした。しかし、トライアル・ロイヤーが急襲し、これらの企業を倒産に追い込み、5万1千人の労働者を解雇し、固定資産税収入を打ち切った。(28)

残りは何もなかった。「もっと寄こせ連合」には富を生み出す部門はない。彼らは皆、富を使うのだ。組合員は富を生み出すが、組合と組合のボスは富を使うだけだ。徴税人は収奪する。トライアル・ロイヤーは訴えて奪う。そして、宿主の規模に限界が来ると、すべての寄生虫は誰が何を得るかで対立する。

両連合以外

２つのタイプの有権者は、「もっと寄こせ連合」にも「放っておいてくれ連合」にも明らかに当てはまらない。第一のグループは、過去の忠誠心に基づいて投票する有権者で、「レガシー有権者」である。第二のグループは、いずれかの連合による現実的または想像上の排除に反応して投票する人々であり、後述する理由により、本書では「ジプシー」と分類する。

消えゆくレガシー有権者

１９８０年にレーガンに投票したリベラル派や、１９７２年にジョージ・マクガバンに投票した自称保守派の割合が少ないという世論調査を不思議に思ったことはないだろうか？　彼らは何を考えていたのだろうか？　何が彼らの票を不合理な方向に動かしたのだろうか？

レガシー有権者は、自分がいつも投票していた政党、あるいは両親や祖父母がいつも支持していた政党に投票する。定義上、このような有権者は現代的な問題には反応しないが、古い愛着や恨みによって投票に駆り立てられる。

ジョージア州の老婦人たちは、当時の主要な問題についてはロナルド・レーガンに同意したが、シャーマン将軍が最近アトランタに意地悪をしたからという理由で、ジョージ・マクガバンやマイク・デュカキスに投票した。メイン州には、経済や外交政策ではハワード・ディーンに賛成しながらも共和党に投票する年配の人々がいる。なぜか？ リトル・ラウンド・トップで戦ったジョシュア・ローレンス・チェンバレン将軍は北部のために戦っており、したがって共和党員だったからだ。

今日でも、増税、規制、組合ボスに奉仕する民主党に投票するアイルランド系アメリカ人の中小企業家がいる。なぜなら、彼らの曾祖父がダブリンからボストンにやってきたときに侮辱した男が、プロテスタントの共和党員だったからだ。

レガシー有権者が消えつつある理由は2つある。ある重要な争点をめぐってある政党にしがみつき、その争点が薄れた後もその政党にとどまる有権者は、時間の経過とともに死滅する。そして、次の世代になるごとに、古い愛着の強さは弱まっていく。第二の理由は、新人を探している政党にとって、レガシー有権者は絶好の機会であるということである。もし彼らが現代的な問題に焦点を当てざるを得なくなれば、古くからの係留地から切り離され、他のチームに移ることができる。州間戦争と再建（北部軍による占領）に対して民主党に投票した南部の白人たちは、主としてこのような状況に陥った。これは屈辱的だった。ルイジアナ州、サウスカロライナ州、フロリダ州で選挙人票が争われたにもかかわらず、共和党のラザフォード・ヘイズに大統領職を与えるという取引の結果、北部軍は1877年に南部諸州を去った。南部連合州から初めて共和党上院議員に選出されたのは、テキサス州選出のジョン・タワーで、1966年のことだった。共和党が南部上院議員の過半数を獲得したのは1980年のことであり、南部議員の過半数を獲得したのは1994年のことだった。[29]

イリノイ州南部、オハイオ州南部、インディアナ州では、それ以外の地域では不可解なことに民主党が議席を独占しており、南北戦争の名残を見ることができる。

北部の大都市に住むエスニック・カトリック教徒（かつてはBCECと呼ばれた）は、1960年代から1970年代にかけて、ますますリベラルになる民主党が中絶や人種優遇に傾倒していることに気づき、100年間民主党を維持してきた民族的・宗教的結びつきを揺るがし始めた。

増加するジプシー

1991年のクリスマス、ルーマニアの人々は共産党と独裁者ニコラエ・アンドゥルタ・チャウセスクとその愛妻エレナに対して反乱を起こした。短い裁判を開き、2人を射殺した。

私はクリーブル財団とともにルーマニアを訪れ、1991年の地方選挙に向けて非共産主義勢力の組織化を支援するために働いた。ルーマニア北部、ハンガリーのすぐ南に位置するティミショアラという小さな街で、共産党と地方選挙を争う約50人の非共産主義者と会った。校舎の黒板の前に立った私は、活動家たちに、投票しそうな人と共産党に投票しそうな人の2つのリストを作るのを手伝ってほしいと頼んだ。

うちのチームでは、少数派の有権者であるプロテスタントからの支持を期待すべきだと言われた。プロテスタントの教会は4つあり、選挙までの残り4週間の間に、参加者の1人が誰かを組織してそれぞれの教会を訪問することになっていた。同じく少数派であるカトリック教徒も候補者を支持してくれる可能性が高く、誰かが彼らの3つの教会を訪問することになるだろう。また、当然のことながら、共産党に肩入れしていない元政治犯の協会への支援も期待できた。また、帰還した捕虜や、第二次世界大戦中にソ連と戦い、ルーマニアへの帰還が許可されるまでのかなりの期間、奴隷労働者として働かされたルーマニア人からの支持も期待できた。彼らもまた、共産党の支持者ではなかった。自営業者と若者は、私たちのチームに投票する可能性が高かった。

反対側には、共産党の政府高官や陸軍、警察関係者がいると予想していた。「軍と警察全部？」と尋ねた。徴兵兵や、必ずしも共産主義体制を受け入れていない、若い非軍人たちはどうだっただろうか？ 彼らの中には、私たちと一緒に投票する非官僚はいるかもしれないが、正教会に通う人々は、独裁政権時代に彼らの指導層が浸透していたため、共産党を支持する可能性が高い、と説明した。彼らはまた、共産主義者を支援する他の2つの献身的なグループ、すなわちウェイターとジプシーを特定した。「なぜウェイターなのか？」と尋ねた。彼らに、アメリカではウェイターはチップのために働いており、重労働が報われる自由経済を歓迎するかもしれない、と言った。ウェイターは会話を盗み聞くことができるから、みんな秘密警察の職員なのだと辛抱強く説明された。

この状況が変わるまで、ウェイターやその他の警察国家の要素は、かつての（そしておそらく現在の）雇い主に留まるだろう。彼らは「もっと寄こせ連合」の強硬派なのだ。しかし、なぜジプシーなのか？ 私の理解では、ジプシーは法律の端っこに住んでいて、あまり鋭利でないソフトなアメリカ式の法律を好むかもしれない。いや、共産党はジプシーに酒を奢り、共産党に投票するだろう。彼らはジプシーが投票年齢の人口の約10パーセントを占めると見積もっていた。

ジョージ・ワシントンでさえ、選挙日には支持者にラム酒を提供した。「ジプシーに酒を買って、彼らの票を得ようじゃないか」と尋ねた。愚かなアメリカ人の私に対する明確な答えが返ってきた：「ジプシーはクズだ。あいつらとは話さない。」

それなら、彼らの票を得ることはできないのではないか？

政治における目標のひとつは、「ジプシー」――あなたが彼らと話をしないためにあなたに投票しない有権者――の数を減らすことである。このような有権者は、当然のことながら、あなたが彼らのことを好きではない、尊敬していない、彼らの利益を一番に考えていないという印象を持つ。政治哲学者のロレンツォ・デ・メディチは、家族にこう言い聞かせている：「われわれの悪口を言う者は、われわれを愛していない。」

これが政治だと思うだろう。誰もが知っていることだ。確かに独裁国家では、南アフリカ共和国の国民党の白人たちは、黒人が投票権を持たないために黒人を虐待する余裕があった。しかし、本当の民主主義では、どの政党も意図的に票田を侮辱し、彼らの票を捨てるようなことはしないだろう。

そうではない。

1884年10月29日、総選挙の1週間前、サミュエル・ディキンソン・バーチャードは共和党全国委員会の宗教局で演説し、「われわれは共和党員であり、われわれの党を離党して、ラム酒、ローマ主義、反乱を前身とする党と同一視しようとは思わない」と宣言した。(30)

パット・ロバートソンの曾祖父が、どこかの小さな町で行った演説ではなく、宗教的感情に最も敏感な共和党の指導者たちの前で、ローマ・カトリックをアルコールと反逆罪に等しいものとして糾弾した演説である。南北戦争が終結したのは、そのわずか20年前のことだった。感情は生々しい。このような発言は、2004年の南軍旗のシンボルについての雑談とは違っていた。国の多数党であった宗教局には、神父や尼僧はあまり出席していなかっただろう。

共和党が議会選挙でローマ・カトリック票の過半数を獲得したのは、それから110年後の1994年のことである。カトリック票は、1972年のリチャード・ニクソン大統領のように地滑り的に共和党大統領を支持することもあったが、下院議員への投票は、党派への帰属や反感を測る指標としてより優れている。(31)

共和党は今、アフリカ系アメリカ人票との関係の欠如と格闘している。共和党が振るわない理由のひとつは、アフリカ系アメリカ人票を求めに行く回数が少なすぎることだ。彼らは現れない。しかし、この溝は、共和党が公民権運動に反対し、民主党がそれを支持したという考えから生じているようだ。

第2部

傾向

「放っておいてくれ連合」が「もっと寄こせ連合」と2年ごとに対決するように、次の世代のアメリカではどちらが強くなるのだろうか？　決まった必然的な答えはない。

共和党と民主党のパワーバランスに影響を与えるであろうトレンドを特定した。あるものは「放っておいてくれ連合」に有利である。また、「もっと寄こせ連合」を強化するものもある。

これらの傾向の中には、不可逆的なものもある。2006年生まれのアメリカ人は2024年に投票権を持ち始める。1930年以前に生まれたアメリカ人の大半は、明白な理由により2020年には選挙権を持たない。その他にも、株式を直接所有するアメリカ人の数の増加や、アメリカにおける狩猟者の数の減少といった傾向は、法律の改正によって加速させたり、あるいは遅らせたり、あるいは逆転させたりすることができる。

この2つの連合は、自分たちが変えることのできないトレンドと、将来権力を獲得または維持するために形作ることのできるトレンドにどのように対応するのだろうか？　その答えによって、2020年と2050年に誰がアメリカ政府を動かすかが決まる。

第3章　投資家層の拡大

政治を俯瞰する

過去25年間における人口動態の最大の変化は、両親がスペイン語を話すアメリカ人の数ではない。401(k)、個人退職金口座、投資信託で株式を直接所有するアメリカ人の数である。ロナルド・レーガンが当選した1980年当時、アメリカの世帯のうち株式を直接所有していたのは20％にも満たなかった。現在では50％の世帯が株式を保有しており、過去2回の選挙では全有権者の3分の2が株主であった。[1]

なぜそれが重要なのか？　数年前、アメリカ人の10％しか株式を直接所有していなかった頃、ポピュリストの政治家たちは大企業に課税し、その場にいる全員に1ドルを与えるよう要求する演説を行ったものだ。その場にいた少数の株主は、これが自分たちへの攻撃であることを理解しただろうが、自分たちが少数であることも十分に理解していた。

　その場にいる90％の大人は、「やあ、これは素晴らしい。1ドルもらえるんだ。またこのゲームをやろう」と言うだろう。ビジネスに対する税金は、大部分が隠れた税金だった。規制は個人に課されるコストとは見なされなかった。政治家たちは、「大企業が負担してくれるから」という理由で、あらゆる種類の新しい支出プログラムを無料で提供するよう演説することができた。そして新たな支出や規制プログラムのコストは無料であり、誰かが負担してくれるのだから、有権者はそれを理解し、より多くの支出に同意した。


　議会は1974年、個人退職口座の創設を議決し、年金制度のない個人が、収入の15％または年間1500ドルのいずれか低い額を、退職後のためにIRA口座に貯蓄できるようにした(2)。IRAに投資した資金は値上がりし、株価の上昇や債券の利払いには、退職まで課税されない。1981年、レーガン大統領の減税策の一環として、IRAは年間2千ドルの拠出まで拡大され、普遍的なものとなった(3)。1978年には401（k）が議会によって創設された。ミューチュアル・ファンド業界は1970年代に劇的に拡大し、2007年11月には11兆2千億ドルの資産を保有するまでになった(4)。

　ミューチュアル・ファンドが持つ大きな利点のひとつは、個人投資家が貯蓄の大部分を特定の企業に「賭ける」必要がなくなったことである。市場全体を反映する投資信託に1千ドルを投資することができた。100万ドルから始める必要はなかった。市場を出し抜くことができると信じる必要もなければ、投資を見守るために多大な時間を費やす必要もなかった。かつては、暇な金持ちだけが、個別に選択した銘柄の株式ポートフォリオを管理する時間と資源を持っていた。

こうした新しい投資手段は、株式を所有する意欲と能力のあるアメリカ国民の数を大幅に増加させ、彼らが市場に流通させる資金量も増加させた。こうした新しい投資ツールの登場により、株式を保有する意思と能力を持つアメリカ人の数が大幅に増加し、彼らが市場に保有する金額も増加した。従来の「確定給付型」年金、つまり65歳まで同じ職場で働き、会社や政府の雇用主が退職時に給与の半分を死ぬまで支払うと約束するような年金から、ますます多くの企業が移行しているため、この傾向は加速している。何が「確定」しているかといえば、得られる給付である。現在、ほとんどの新しい企業は「確定拠出年金」を採用している。あなたやあなたの雇用主は、あなたが所有し管理するポータブル年金基金にお金を入れる。その年金基金は、転職してもそのまま持ち続けられる。もし死ねば、年金はあなたの遺産となる。旧来の伝統的な確定給付型年金では、年金の「権利確定」前に転職した場合、手元にはほとんど何も残らなかった。確定給付型年金では、退職した翌日に死亡した場合、相続人に引き継ぐ遺産はない。なぜなら、あなたは年金を「所有している」のではなく、あなたとおそらく未亡人が生きている限り約束された収入の流れに対する請求権を持っているだけだからだ。

確定拠出型ポータブル年金

現在、アメリカの労働者の約2千万人が伝統的な確定給付年金に加入し、5千万人が移管可型の確定拠出年金に加入している。[5] 旧来の伝統的年金の擁護者たちは、代替的な確定拠出年金は、広範な株式市場の価値に左右されるため、「リスクが高い」と主張したがった。

しかし、航空業界の倒産や鉄鋼・自動車業界の弱体化で痛感したように、自分の年金全体をひとつの業界や自分の勤める会社の健全性に賭けることは、より大きなリスクを伴う。年金を自分で管理・所有し、経済全体を模倣した幅広い株式ポートフォリオに投資する場合、経済全体が好調であることに賭けることになる。労働組合や雇用主の会社の経営陣の能力や誠実さに頼っているのではない。自分の判断に頼っているわけでも、将来を推測しようとしているわけでもない。あなたは経済全体の力に投資しているのだ。過去70年間、幅広い株式市場に投資した年金基金のインフレ後の実質平均収益率は7％である。これは、戦争や不況、インフレの時期にもかかわらず、である。

自由市場保守派は長年にわたり、企業への課税は最終的には消費者の物価上昇と労働者の賃金低下によって賄われるのだと有権者に伝えようとした。そして、世界経済や企業の健全性を、労働者の約束された年金や株式の価値に裏打ちされた生命保険に結びつけようとした。

しかし、その関連性はあまりに希薄だと考えられていた。株式を直接所有するアメリカ人が増えた今、課税強化や規制強化によって企業に課されるコストが、より直接的に自分たちに影響を及ぼすと考えるようになった。この効果は、株式ポートフォリオの規模が大きくなるにつれて大きくなり、ほとんどのアメリカ人にとって、50歳までに、退職後の資産価値の年間変動は、特定の年間賃金上昇の価値を凌駕することになる。

株の所有が政治を変える

株式所有というレンズを通した労働者の政治観の変化は、すでに始まっている。スコット・ラスミューセンが1997年に行った6400人を対象にした世論調査によると、少なくとも5千ドル以上の株式を所有している場合、共和党支持者は18・54％増加し、民主党支持者は減少した。ほとんどすべての人口層が、株式所有によって共和党寄りになった。65歳以上の高齢者は22％共和党寄りになった。株を持たないアフリカ系アメリカ人は6％共和党寄りだった。5千ドル以上の株を持つ人は20％共和党寄りだった。これは高所得の代用指標ではなかった。すべての所得層が、株式所有によって共和党寄りになった。実際、最も変化が小さかったのは7万5千ドル以上の所得者であった。7万5千ドル以上の男性は0・21％共和党支持者が増えただけで、7万5千ドル以上の女性は株式所有によって4・9％共和党支持者が減った。（7万5千ドル以上の収入を得ている女性で株を持っていない人がいたら、株をあげても意味がないのであげないでほしい。代わりに銃を買ってあげよう）(6)

持ち家を持つことは、株式保有と同じように、人々を「放っておいてくれ連合」に駆り立てる効果があると考えるかもしれない。持ち家はアメリカ人をより〝保守的〟にする。持ち家所有者は固定資産税や近隣の犯罪を嫌う。

しかし、持ち家を所有することで、ゾーニング法や他人が所有する土地の使用方法を制限することで、隣人の財産権に干渉するようになることもある。住宅所有者は時として「もっと寄こせ連合」と手を組むことができる。

株式所有者にはそのような誘惑はない。世論調査員は通常、あなたの肌の色、収入、性別、年齢を尋ねる。そしてその結果、人種、収入、性別、年齢からすべてが導かれる。今、ラスムッセンやジョン・ゾグビーといった世論調査会社は、新たな層を尋ね始めている。あなたは株主ですか？　新しい投資家層の一員ですか？

ブッシュ大統領が「所有社会」と呼んだ、大衆ベースの投資家階級の創出こそが、2000年と2004年の選挙で社会保障制度改革が議論の対象になり得た理由である。ブッシュ大統領は、他の多くの人々が見逃していたことを理解していた。時代は変わったのだ。かつては、社会保障制度改革の議論はアメリカ政治の第三のレールであり、それに触れることは政治的に致命的であった。それは、社会保障制度を現在のような定額給付金のネズミ講から、国民一人一人が自分の連邦給与税を自分の個人貯蓄口座で運用する制度に移行させるという議論に一般市民を巻き込むことができないほど、株を所有するアメリカ人が少なかった頃の話だ。アメリカ人は政府の社会保障制度を知っていたし、理解していた。当時、彼らは自分で管理する個人貯蓄口座というアイデアを個人的に経験したことがなかった。インターネットや電子メールが普及する前の1980年代のアメリカ人に、郵便局への依存を減らすことを考えるよう、選挙で選ばれた役人が促したとしよう。郵便局を何に置き換えるだろうか？

しかし2000年までには、アメリカ人の過半数が株式を直接所有するようになった。自分たちの連邦給与税を政治家の手から離れ、自分たちが所有する投資信託に移すというアイデアは、魅力的であり、当惑させるものではなく、恐ろしいものだった。株の所有が広まる前は、アメリカ人が連邦給与税を自分で運用できるようにしようという議論は、社会保障の「廃止」と戯画化されかねなかった。今では誰もが401（k）やIRA、投資信託を持っているか、兄弟、親、子供、同僚、友人に持っていた。

ブッシュは、共和党にとって負け組の課題であった社会保障を勝ち組に変えた。2000年と2004年には、およそ50〜55％のアメリカ人が、個人貯蓄口座を創設するための社会保障改革を支持していた。(7)これは、一部の給付を削減することで社会保障の「改革」を議論した結果、共和党が上院で8議席を失い、上院の過半数を失った1986年とは対照的であった。

2000年選挙の1週間前にアメリカ株主協会のために行われたゾグビー世論調査では、非投資家は37％対53％で個人退職口座に反対した。投資家は55対40で個人口座を支持し、30ポイントも好みが変わった。投資家は55対40で個人口座を支持し、30ポイントも支持率が変化した。2000年当時、投資家は有権者全体の67％を占めていたため、個人退職金口座への支持は強かった。(8)

すべてのアメリカ人が連邦給与税を個人口座で運用できるように社会保障を個人化することへの支持は、株式を所有するアメリカ人が増えるにつれて、今後も高まるだろう。

2002年の選挙：富の効果

所有社会の新しい政治は、エンロンのスキャンダルが発覚した2002年にも発揮され、ダウ・ジョーンズ指数は2000年1月の最高値1万1722から、2002年の選挙のわずか1ヶ月前の最低値7286まで下落を続けた。NASDAQは時価総額の4分の3を失い、5048から1116まで下落した。米国株主協会の分析によると、投資家は2000年3月24日から2002年中間選挙の1ヵ月も前である2002年10月9日までに、9兆6千億ドル（52％）の株主資産を失ったと結論づけている。(9)

民主党は2002年の選挙で勝利することを期待したが、それはアメリカ人がエンロンの投資家を騙した強欲で不正直な実業家たちに怒っていたからだ。共和党は、わずか228対210の議席差しかなかった下院を失い、すでに51対49で敗れていた上院の議席を失うことを恐れていた。エンロンのスキャンダルに対しては、サーベンス・オクスリー法と呼ばれる膨大で費用のかかる規制制度を制定するという典型的な方法で対応した。（これは、共和党が防衛のために行う、いつもの役に立たない「先手必勝」である）。しかし面白いことが起こった。有権者は下院での共和党の多数派を強化し、上院を52対48で共和党に譲ったのだ。民主党と共和党はアメリカの怒りを読み違えたのだ。

アメリカ人は自分たちの株式ポートフォリオが下落したことに腹を立てていた。彼らは時価総額、つまり株式の価値が上がることを望んでいた。民主党は、「我々がこれを解決し、エンロンにトライアル・ロイヤーと規制当局を投入し、これを終わらせる」という1930年代のレトリックで対応した。不況の株式ポートフォリオを持つアメリカ人は、エンロンの略奪者の絞首刑を望んだが、株価が下がることではなく、上がることも望んだ。彼らが企業や法人ではなく、個人の無能者やペテン師に怒ったのは当然である。

そして、民主党とマスコミから60年間聞かされてきた共和党について彼らが知っていることは、共和党は株価を上げるためなら何でもするということだ。彼らは地球を汚染し、第三世界を略奪し、アザラシの赤ちゃんを殺す。そして有権者は、子アザラシのことをとても気の毒に思いながらも、株価上昇にコミットする政党に投票したのである。

共和党はその後、キャピタルゲイン税を20％から15％に引き下げ、投資家に支払われる配当金の最高税率を38・6％から15％に引き下げる2003年減税を導入し、可決したため、有権者の期待は報われた。これにより、2003年5月20日以降、株式市場は7兆ドルも値上がりした。株式、土地、家屋など、国民の全財産は16兆7千億ドル増加した。アメリカの総資産は53兆ドルなので、2003年の減税以降、国全体の富の30％が創出されたことになる。(10)

こうした変化は文化面にも表れている。ビル・ゲイツは強盗男爵ではなく英雄とみなされている。ウォーレン・バフェットは、何も作らず、ただお金を投資しているだけだが、「投機家」ではなく「神託者」とみなされている。

確定拠出年金を通じた株式の保有が普及したことで、政治家が注視すべき国の経済の健全性を示す指標が3つになった。最初の指標である失業率は、大恐慌から1970年代まで、すべての政治的言説の焦点であった。失業率が低下していれば、政治家は好都合だった。例えば1958年のように失業率が上昇すれば、政治家は困ったことになる。リチャード・ニクソンがドルを金から切り離し、「われわれはみなケインジアンだ」と宣言したとき、大インフレの時代が到来した。その結果、経済にとって2つ目の重要な指標が生まれた。ジミー・カーター候補は、失業率にインフレ率を加えた「悲惨指数」を考案し、この数値が1976年の経済の不調を示すと主張し、当時のジェラルド・フォード大統領を落選させるよう有権者に呼びかけた。カーターは、1976年の当選時に13・5だった悲惨指数を、1980年11月には20・7にまで上昇させ、その威力を証明した。(11)

第三の指標は、アメリカ人個人がポータブル年金口座で所有する株式ポートフォリオの価値である。ここで、アメリカにおける投資家の増加と株式市場への投資額の増大は、現代の民主党にとって飛躍的に増大する問題である。

共和党は、個人口座の価値を高める計画を持っている。非課税で積み立てられる金額を増やしたいと考えている。共和党は、あなたが株式を持っている企業を苦しめる税金や規制を軽減したいと考えている。彼らは、あなたの投資信託に参加している企業から略奪するトライアル・ロイヤーと戦いたいのだ。彼らは、国際競争力があり、すでに世界中から製品を調達しているアメリカ企業が報われるような、世界的な自由貿易を望んでいる。

今日に至るまで、民主党は、労働組合、大きな政府への課税、トライアル・ロイヤーによる訴訟という選挙区分に囚われており、新たに増えつつある投資家層と対話する方法すら思いついていない。民主党には、IRAや401（k）に蓄えている退職金の価値を高めるような提案はなく、課税や規制、訴訟によって価値を下げるような提案が何百もある。

民主党は、増え続ける投資家に直面し、潮の流れにとどまるよう命じるカヌート王のような立場にある。政府系労働組合の指導者たちは、組合員が確定拠出型の個人管理年金に移行することに反対してきた。彼らは愚かにも、組合員は自分で年金を管理できるほど賢くはないと公言してきた。彼らは歴史に逆らい、やめろと叫んでいるのだ。

法律を改正しなくても、アメリカ人の持ち株の数と割合は増え続けるだろう。しかし、より多くのアメリカ人が、労働者が年金の裏付けとなる投資の富を実際に所有しない従来の確定給付制度から、各労働者が退職後の富を株式や債券で直接所有する確定拠出制度に移行するよう、法律は変わりつつある。

2006年の「年金保護法」は、確定拠出年金に加入するアメリカ人の数、つまり株式保有者数を1400万人増加させると推定している。各州は連邦政府に倣い、かつては「実質的な」確定給付年金の「上乗せ」と見なされていた確定拠出年金への依存度を高め始めている。

フロリダ州では、公務員は確定給付型年金からすべての拠出金を取り崩して、自分の好きな確定拠出型年金に移行することができるという法律が成立した。ミシガン州では1997年、新規採用の州職員に対する確定給付制度を廃止した。[12] ニュージャージー州のジョン・コーザイン民主党議員やシュワルツェネッガー共和党議員は、すべての新規州職員を確定拠出年金に移行するよう求めている。[13]

投資家層、つまり所有社会の成長は加速している。

第４章　労働組合の衰退

組織労働者は左派の骨格であり筋肉である。現代民主党における最大の資金源であり、政治力でもある。１５４０万人の組合員から強制徴収される80億ドルの組合費から数億ドルを得ている。[1]全米のすべての州に専任スタッフを擁する州・地方組織がある。

選挙資金規正法は、組合が組合員と「コミュニケーション」するために支出する金額を無制限に認めており、そのすべてを報告する必要はない。（この抜け穴をファインゴールド・マケイン法案に残したジョン・マケインの責任は重い）。

そして、組合は献金を集中させる。２００４年の選挙では、企業が共和党55％、民主党45％だったのに対し、組合は民主党87％、共和党はわずか12％だった。[2]

２００４年の選挙後、AFL-CIOのウェブサイトによると、労働組合は「5千人の専従職員と22万5千人のボランティアを動員し」、３２００万部の資料を配布し、６００万回の戸別訪問を行い、激戦の22州で２３２２の回線を使った２５７のテレホンバンクを運営した。[3]組合員の90％が、組合から政治情報を受け取ったと回答している。

労働組合は、特別な利益と権限を与える一連の法律の恩恵を受けている。労働組合は反トラスト法から免除され、ほとんどの州では法人であるにもかかわらず、組合員に対する受託者責任に関する会社法から免除されている。労働権法がない28州では、労働者に自発的に組合への加入を求める必要はない。組合加入は強制であり、組合に加入せず、会費を払わなければ職を失う。暴力行為の目的が組合主義の促進である場合、組合は暴力行為に対するホッブス法による連邦訴追を免除される。組合の「活動家」があなたの会社を焼き払い、あなたや非組合員を殺害しても、それは連邦犯罪ではない。その場合、あなたの街の組合化された地元警察はあなたを助けてくれるだろうか。

同時に、組合役員は、公共および民間の雇用主との団体交渉協約に盛り込まれた条項の結果、さまざまな便益を享受していることが多い。例えば、学区の組合会長は、学区が給与と手当の100％を支給すると主張する一方で、教員の義務からは解放され、納税者の負担で政治を含む組合の仕事にフルタイムで従事できることが多い(4)。

組合契約には、一般組合員についても「休暇」が含まれていることが多い。多くの組合交渉では、全米自動車労組のように選挙日を休日とし、その日に組合幹部や組合員を政治キャンペーンに従事させることを最優先事項としている。

労働組合は、左派連合の他の一見独立した部分の多くの資金源である。アフリカ系アメリカ人やヒスパニック系アメリカ人のコミュニティで組織化されている団体の多くは、組織化された労働者によって資金提供され、管理されている。この資金提供には、おそらく鎖につながれたようなしがらみがある。教育に関する親の選択といった社会問題で、教職員組合と黒人の親の利害が

U.S. PRIVATE-SECTOR TRADE-UNION MEMBERSHIP[6]

YEAR	PRIVATE-SECTOR UNION MEMBER-SHIP	PERCENTAGE OF PRIVATE-SECTOR EMPLOYEES	YEAR	PRIVATE-SECTOR UNION MEMBER-SHIP	PERCENTAGE OF PRIVATE-SECTOR EMPLOYEES
1900	917,000	6.51%	1972	18,181,000	30.00%
1901	1,167,000	7.70%	1974	18,538,000	29.00%
1902	1,500,000	9.26%	1976	17,882,000	28.00%
1903	1,908,000	11.47%	1978	17,834,000	26.00%
1904	1,995,000	12.19%	1980	15,243,000	20.60%
1905	1,923,000	11.07%	1983	11,933,000	16.80%
1910	2,109,000	10.47%	1984	11,646,000	15.50%
1915	2,508,000	12.23%	1985	11,226,000	14.60%
1920	4,664,000	19.17%	1986	11,051,000	14.00%
1925	3,495,000	13.21%	1987	10,827,000	13.40%
1930	3,482,000	13.30%	1988	10,694,000	12.90%
1935	3,337,000	14.20%	1989	10,541,000	12.40%
1940	6,848,000	24.30%	1990	10,247,000	12.10%
1941	8,268,000	25.90%	1991	9,898,000	11.90%
1942	9,716,000	28.10%	1992	9,703,000	11.50%
1943	11,182,000	30.80%	1993	9,554,000	11.20%
1944	11,598,000	32.40%	1994	9,620,000	10.90%

YEAR	PRIVATE-SECTOR UNION MEMBER-SHIP	PERCENTAGE OF PRIVATE-SECTOR EMPLOYEES	YEAR	PRIVATE-SECTOR UNION MEMBER-SHIP	PERCENTAGE OF PRIVATE-SECTOR EMPLOYEES
1945	11,674,000	33.90%	1995	9,400,000	10.40%
1950	13,550,000	34.60%	1996	9,385,000	10.20%
1955	15,341,000	35.10%	1997	9,363,000	9.80%
1956	17,114,000	38.00%	1998	9,306,000	9.46%
1958	16,871,000	39.00%	1999	9,419,000	9.42%
1960	16,907,000	37.00%	2000	9,418,000	8.99%
1962	16,390,000	35.00%	2001	9,113,000	8.97%
1964	16,403,000	34.00%	2002	8,800,000	8.61%
1966	17,409,000	33.00%	2003	8,452,000	8.23%
1968	17,939,000	32.00%	2004	8,205,000	7.92%
1970	18,295,000	31.00%	2005	8,255,000	7.78%

対立したとき、黒人の親が圧倒的に教育に関する親の選択を支持しているにもかかわらず、労働組合の親分に逆らう黒人の「政治指導者」はほとんどいない(5)。

しかし、労働組合の組合員数は絶対数でも全労働力に占める割合でも減少している。

米国の民間労働組合員数

1958年には、民間部門労働者の39%が労働組合に加入し、強制的な会費を支払っていた(7)。1980年には、民間部門労働者の23%しか組合に加入していない。2006年には、全労働者の12%が組合に加入しているだけだ。組合員構成も変化した。2007年には、1600万人の州・地方政府労働者のうち36・6%が組合に加入していたが、1億500万人の民間部門労働者のうち組合に加入していたのはわずか7・4%だった。組合は民間労働者ではなく、政府職員を代表することが多くなっている(8)。

世界がどのように変わったかを理解するために、もし1950年代以降、民間部門の組合組織率が低下していなかったら、アメリカの政治はどうなっていたかを少し想像してみよう。2006年現在、民間部門の組織労働者で会費を支払っている組合員は900万人ではなく、約3500万人であろう。現在組合費を支払っている公務員を加えると、労働組合員の総数は現在の1540万人から4300万人になり、彼らが毎年支払う組合費は現在の80億ドルから215億ドルになるであろう。

組織労働者の力の低下は、組合費を支払う労働者の数が減少していることだけに表れているわけではない。組合は、若い組合員よりも定期的に投票し、今でも組合を信頼できる政治情報源と考えている退職組合員とのコミュニケーションにおいて、実権を握っている。

職場に占める組合員数の割合が減少している一方で、退職組合員とその配偶者の絶対数は減少している。１９５５年には労働者の35％が組合に加入していた。１９５５年に30歳だった組合員は、２００７年には82歳になっている。毎年２４０万人のアメリカ人が亡くなっている。(9)この年齢層では、３分の１が組合員世帯に属していた。

２００５年には１９２万４千件の民間雇用が創出されたが、組合に加入していたのはわずか５万件だった。２００５年に創出された41万１千件の政府雇用のうち、16万３千件が強制的な組合費を伴うものだった。まとめると、２００５年には２３３万５千件の新規雇用が創出され、そのうち21万３千件が組合員だった。つまり、死亡者の３分の１が組合員であったこの年に、新規雇用者の９％が組合に加入していたことになる。『永遠に団結なれ』の歌詞を知っていて、組合を同意なしに会費を取る機関以外のものとして記憶しているアメリカ人の数が年々激減していることがわかるだろう。

労働組合が民間労働者の「代表」から公務員の「代表」へと変化するにつれ、政治的に冗長になる。民主党に投票する公務員は、増税を望む公務員であると同時に、組合から働きかけを受ける組合員でもあるため、２回投票することはできない。あるリベラル派は、アファーマティブ・アクションのおかげで、アフリカ系アメリカ人が労働組合のある政府の仕事に多く就けるようになったと嘆いた。「素晴らしい。民主党に投票するアフリカ系アメリカ人が１人、民主党に投票する組合員が1人、民主党に投票する公務員が1人。全部合わせてもたった1票だ」。

組織労働者の組合員減少は続くのか、逆転するのか、それとも加速するのか。組織労働者はいつまで会費の値上げによって組合員の減少を補い続けることができるのだろうか。あるいは、「組合員のために」自分たちが管理することの多い年金基金を政治利用することで力を行使することができるのだろうか？

労働者の政治的運命を加速させるか、あるいは逆転させるかもしれない4つの要因

1：給与の保護

公務員が支払った会費を政治目的に使用することを全面的に禁止する法律を可決したユタ州に倣う州が徐々に増えるだろう。この法律の下で、公務員組合は、公的雇用主からの援助なしに、個別に政治資金を調達する必要がある。2001年にユタ州でこの法律が施行されると、教職員組合員のうち、自発的に政治資金への寄付を選ぶ人の割合は68％から6・8％に減少した。

カリフォルニア州では、1998年と2005年にも給与所得保護法案が有権者の前に提出された。このイニシアチブは強力な支持を得ており、労働組合はイニシアチブを断念させるよう有権者を説得するために、毎回2千万ドル以上を費やさざるを得なかった。

1998年にカリフォルニア州で行われた給与保護キャンペーン中の内部世論調査によると、カリフォルニア州教職員組合（全米教育協会傘下）の組合員の大多数が、提案226号給与保護イニシアチブを支持していた。しかし、組合幹部は組合員の支持する立場（イニシアチブを支持

する）を主張するのではなく、給料保護は組合員の利益にならないと組合員を説得するための「内部キャンペーン」に100万ドルの追加予算を計上した。

この内部キャンペーンは、給与所得保護推進派が早くから学んでいた事実を示すものだった‥改革に反対する真実の主張は、一般大衆にも組合員自身にも通用しなかった。その代わりに、組合幹部は組合員の会費を使い、会費の使い道を選択する権利を与えることは、年金や医療給付などが危険にさらされることを意味する、と組合員に虚偽の主張を繰り返した。

ワシントン州では1994年に同様の給与保護措置が可決され、組合の政治資金への参加は80％から11％に減少した。2006年には、組合の政治活動委員会に自発的に献金する教師は7％未満になった。

このことが意味するのは、選択の余地があれば、リベラルな民主党員の教師の大多数でさえ、組合のアジェンダに資金を提供することを望まないということである。しかし、ほとんどの州では、自分の好みに関係なく、強制徴収された会費が、同意なしに組合幹部の急進的な政治に使われている。組合政治資金への献金は合計で62万4千ドルから8万3千ドルに減少した。2007年、ワシントン州の民主党議会と民主党のグレゴワール知事は、この労働者保護法の廃止を決議した。[10]

しかし、給与所得保護措置は世論調査で70％の支持があるため、組合が反対派を圧倒的に打ち負かした場合のみ阻止できる。そのため、時間の経過とともに、イニシアティブ・プロセスを通じて給与所得保護を可決する州が増え、共和党の議会を擁する州はユタ州の例に倣い、組合費はますます多くの州で自発的な拠出によってのみ賄われるようになるだろう。

組合幹部が組合員の意向と相反する候補者や法案を推進し続ける限り、自主的な会費は組合政治組織への資金を減らすことになる。

2：非組合員教師協会

教員組合に対する脅威となっているのが、中絶やイラク、同性愛者の権利といった政治に手を染めることなく、実際に職業団体として活動している非組合員のオルタナティブ教員職能団体である。これは重要なことである。というのも、多くの教師は、弁護士による訴訟に対する保険を得ることだけを目的として、教師組合に加入しているからである。（これは政治的な美談である：トライアル・ロイヤーは教師を脅す。教師は保護のために教職員組合に会費を払う。教員組合のボスやトライアル・ロイヤーは、組合のリーダーやトライアル・ロイヤーの利益になるような立法を行う候補者に献金し、貧しい教員は不本意ながらその代償を支払う）。州はまた、テキサス州がそうであるように、そのような訴訟を非常に困難にする法律を可決することによって、トライアル・ロイヤーからの保護を買うために組合費を納めるように迫られないように教師を保護することもできる。あるいは、教師の福利厚生として賠償責任保険を税金で負担させることもできる（教職員組合が実際に反対している福利厚生はこれである）。

14の州支部を持つ米国教育者協会（Association of American Educators）のような非組合組織には、30万人以上の教師が所属している。これらの教師は一人当たり500ドルの組合費を支払っていないため、最も左翼的な組合から毎年1億5千万ドルの資金を奪っていることになる。(11)

3：州の労働権法

労働権法を制定する州は今後も増えるだろう。最近、労働権法を制定した州は、1976年のルイジアナ州、1986年のアイダホ州、2004年のオクラホマ州である。1943年以降、ワグナー法第14条Bを利用して22州が労働権法を成立させた。この法律は、どの州でも労働者に組合に加入するかどうかの選択肢を与えることを認めるものである。これを繰り返したのは、1965年のインディアナ州だけである。

4：新たな報告要件

ブッシュ大統領の労働長官であったエレイン・チャオは、労働組合にその会費の使途を組合員に報告することを義務づける報告要件を採択した。（昨年まで、全米教育協会は内国歳入庁に対し、政治活動には一切資金を費やしていないと真顔で報告していた）。しかし、組合がどのように資金を費やしているかを公表する実際の要求があれば、ジャーナリストや組合員は組合費がどのように使われているかを知ることができる。そうなれば、説明責任も高まるだろう。2004年、組合員は61％対38％でブッシュよりケリーに投票した。[12]

しかし、組合幹部は組合員の資金を87％、5385万8千ドル使ったのに対し、民主党への献金は12％、770万7633ドルだった。[13]

リック・バーマンが運営する新しいグループ、ユニオン・ファクト・センターは、労働運動の規模、範囲、政治活動、犯罪行為に関する情報を集めている。強力なウェブサイト「Unionfacts.

【労働権法およびその制定日】

州	制定・承認された法律	州	制定・承認された法律
Arkansas	1944	Alabama	1953
Arizona			1954
Nebraska	1946	Utah	1955
Georgia		Mississippi	1960
Iowa	1947	Wyoming	1963
North	1947	Florida	1944
South Dakota	1947	Kansas	1958
Tennessee	1947	Louisiana	
Virginia	1947	Idaho	1985
North Dakota		Texas	1947
Nevada	1952	Oklahoma	2001

（出典：労働省）

com」を開設し、組合員に対して会費の使い道を説明する全面広告を掲載し始めた。

組合指導部は、UnionFacts.comが不正確だからではなく、何十年もの間、マスコミによって調査されることのなかった組合の支出について内部告発したとして批判している。組合の支出の透明性が高まれば、組合の腐敗や組合費の政治利用について、メディアも、ひいては組合員自身も、もっと関心を持つようになるだろう。

組合幹部の給与や、組合ボスが知られたくないその他の面白い事実は、www.unionfacts.comに掲載されている。

すでに、既成の新聞に掲載されたニュース記事を報告するだけで、国立法律政策センター（National Legal and Policy Center）の監視グループである組織労働者説明責任プロジェクト（Organized Labor Accountability

【労働組合幹部の高給】

ジョン・スウィーニー	会長	AFL-CIO	$279,301
アンドリュー・スター		SEIU	$249,599
ジェームズ・ホッファ	委員長	チームスターズ	$297,772
ロナルド・ゲッテリフィンガー	会長	UAW	$156,278
ジョセフ・ハンセン	国際会長	UFCW	$336,776
ケネス・ノイマン	全国会長（カナダ）	USW	$186,304
レジ・ウィーバー	NEA 会長	NEA	$438,920
エド・ムセルロイ	会長	AFT	$373,723
ロジェリオ・フローレス	全国副会長	AFGE	$191,520
ジェラルド・メンティー		AFSCME	$584,920

Project）のケン・ベームとピーター・フラハティは、全米の組合腐敗と有罪判決の例を掲載したニュースレター組合汚職の最新情報「Union Corruption Update」を隔月で発行している。レポートは www.nplc.org に掲載されている。

可能な復権ルート：カードチェック

労働組合の指導者たちは、自分の職場で組合を設立するために選挙に投票しようとする労働者がますます少なくなっていることに気づいている。彼らは、チリのピノチェト、キューバのカストロ、イタリアのムッソリーニなど、同じような問題を抱えた人々を真剣に研究した上で、ある計画を立てている：そもそも選挙をやらないことだ。

労働組合は新しい法律を作成し、組合結成に関して負ける可能性のある選挙について、労働組合の「組織者」が個々の労働者に組合結成を求めるカードへの署名を求めることができる「カード・チェック」制度に置き換えることにした。このカードは、バーや自宅（つまり、彼らはあなたがどこに住んでいるかを知っている）で署名することができ、近くには数人の組合組織員が立っている。過去には、このような署名入りカードが偽造されたり、強要されたこともあった。

組合に関する選挙制度は、労働組合のボスにとってうまく機能していない。公共部門調査財団のデビッド・デンホルム氏によると、過去5年半の間に労働組合は1万4743の職場を組織化しようと試みた。組合は8260の選挙で勝利し、6483の選挙で敗北した。同じ期間に、労働組合に加入した労働者は2379の選挙を要求し、組合を「脱退」させ、労働者は66・2％の確率で組合を脱退させた。(14)

組合のボスは、無記名投票による選挙にすべて負けているのは、経営陣が労働者を脅迫しているからだと信じているふりをする。彼らの解決策は、彼らが本気でないことを示している。彼らは、脅迫のない無記名投票を廃止し、労働者が「決心」する間、組合ボスが労働者のそばに立つことを認めようとしているのだ。

民主党は、「カード・チェック」が労働組合による労働者の脅迫につながることを知っている。2001年8月、リベラル・民主党の有力議員16人がメキシコ政府に書簡を送り、「すべての組合承認選挙で無記名投票を実施せよ」と要求した。無記名投票は、労働者が他の方法では選ばないかもしれない組合への投票について脅迫されないようにするために必要である。この16人の民主党議員のうち、11人が2007年の下院議員であり、彼らはアメリカの有権者に無記名投票の権利を与えないことに票を投じた。(15)

ナンシー・ペロシが、組合選挙の無記名投票廃止を第110議会の最優先課題としているのは、民主党を本当に動かしているのは誰か、そして民主党の支配者が衰えることを民主党がどれほど恐れているかの表れである。2006年に出馬した民主党候補者はほとんどこのことに触れなかったが、選挙が終わるとすぐに、目標を説明する演説でペロシの願望リストのトップになった。2006年に選出された民主党の新入議員は全員、「カード・チェック」に賛成した。労働組合のボスの要求が争点となるとき、「ブルー・ドッグ」や「無所属」の民主党議員は存在しない。

「カード・チェック」は2007年3月1日、241対185で下院を通過した。共和党は上院で、この労働組合の権力奪取を阻止するために必要な40票を、今のところ上回っている。これは「もっと寄こせ連合」にとって初の領土要求である。「カード・チェック」が上院を通過すれば、組合のボスへの強制的な組合費が劇的に増加し、組合のボスはその資金の多くを、それを可能にする民主党の政治マシーンに再循環させることになる。

民主党はまた、強制的な組合費の支払いを義務づけることで、国家公務員や地方公務員に対する権力を拡大し続けようとしている。テッド・ケネディ上院議員は、警察官や消防士に組合費の支払いを義務づける法案を長年支持してきた。ここには巨額の資金が絡んでいる。政府職員の平均37%が組合員である。公務員の69%に組合費を強制徴収しているニューヨークの例に倣えば、組合はどれだけの金を手にすることができるか想像してみてほしい。偶然の一致ではないが、トニー・ソプラノの故郷ニュージャージー州では、公務員の64%がボスに組合費を「拠出」するよう強制されている。

しかし、法律が改正されなければ、職場に占める組合員数の割合が減少し、古い産業世代が死に絶え、新しい企業が組合なしで成長するにつれて、歴史的に組合との結びつきの強い退職労働者の数が減少するため、組織労働は衰退するだろう。今日の労働者は労働組合にほとんど関心がなく、強制的な会費を支払うことにもあまり関心がない。２００６年８月のゾグビー世論調査では、労働者に労働組合に加入したいかどうかを尋ねたところ、74％が「いいえ」、19・８％が「はい」と答えた。[16]

労働者の54％が、労働組合はすでに公共政策に影響力を持ちすぎていると考えている。64％が「働く権利」（雇用の条件として労働組合への加入を義務付けられるべきではない）の原則を支持している。

労働組合の増加は、主に政府雇用部門で起こるだろう。政府が小さくなれば組合員も減る。その逆も然りである。州レベルでの給与所得保護は、労働組合の政治資金を劇的に削減する可能性があり、共和党の州議会や知事がいる10ほどの州や、イニシアティブ・プロセスがある23の州では、その可能性が高まっている。

最後にもうひとつ

バーバラ・コップルのドキュメンタリー映画『ハーラン・カウンティ、U.S.A.』は、１９７３年にケンタッキー州ハーラン郡のブルックサイド鉱山で起こったストライキを扱っている。この映画は、組合化のための強力で効果的なプロパガンダ映画だった。13ヵ月にわたる激しいストライキの末、組合は全労働者を強制的に組合に加入させる権利を獲得した。２００６年にこの映画のＤＶＤが発売されたとき、『ネイション』誌は、ハーラン郡の鉱山はひとつも組合に加入していなかったと報じた。(17)

第5章 有権者、来るもの・去る者：新陳代謝

「ウサギは共和党員だ。金持ちかもしれないが、休んでいるわけではない。」

「私の7人の子供は、あなたの1人の子供より6票多い。」

——アリゾナ州共和党の活動家、レン・マンシルがリベラル派の友人と討論したときのこと

私たちはしばしば、アメリカの有権者について考えるが、その有権者が常に変化していることには気づかない。2000年から2008年の選挙の間に、約3千万人のアメリカ人が18歳になり、投票年齢に加わる。同じ8年の間に、約2千万人のアメリカ人（そのほとんどが選挙権年齢者）がこの世を去っている。

同じ川に2度足を入れることができないように、同じアメリカで選挙を行うことはない。ルイジアナ州に共和党員がほとんどいなかったころに育ったモートン・ブラックウェルは、ルイジアナ州の戦後共和党の2人の友人は産科医と葬儀屋だと言った、賢明で忍耐強い共和党指導者の言葉を引用した。

「放っておいてくれ連合」は、このプロセスの両端、つまり入口と出口で当分の間利益を得る。

シラキュース大学マックスウェル行政大学院のアーサー・C・ブルックスが、一般社会調査のデータを用いて行った最近の研究によると、1974年に無作為に選んだ自称リベラル100人をまとめて188人の子供がいたと報告した。それから30年後の2004年には、リベラル派100人のうち、147人の子供がいたと報告している。30年の間に、同じ数のリベラル派の子供は188人から147－41人、つまり21％減少したのである。

1974年に100人の保守派に同じ質問をしたところ、231人の子供がいた。それから30年後、保守派の100人は208人の子供がいると答えた。1974年には、保守派100人はリベラル派100人より43人多く子供を産んでいた。2004年には、保守派100人はリベラル派100人より61人多く子供がいた。(1)

既存のマスコミがよく報じている出生率の低下は、「誰の」出生率かという問題をあいまいにしている。将来の保守派と将来のリベラル派の出生率の差は、1974年の22・9％から2004年には41・5％へと、毎年0・6％ずつ増加している。

また、1992年のアメリカ国民選挙調査では、投票した民主党員の80％が民主党員の父親を持ち、共和党員の79・7％が共和党員の父親を持つと回答していることから、子育ての代わりに『セックス・アンド・ザ・シティ』を見ているような繁殖力の乏しいリベラル派よりも、多産な保守派の方が保守派を多く産む可能性が高いと推測できる。(2)

30年間、リベラル派よりも保守派を多く産んできたことが、今日の投票に影響を与えている。

1974年生まれの子供は1992年から投票できる。2004年に拡大した格差は、2022年の補欠選挙で現れるだろう。今後25年間、この出生率の差は共和党を有利にする傾向がある。それが加速するかもしれない。面白半分に第109議会（2005~2007年）の議員要覧を見てみると、共和党議員232人に637人、民主党議員203人に422人の子供がおり、共和党議員1人当たり平均2・75人、民主党議員1人当たり平均2・08人である。

上院では、共和党議員は平均3・18人、両性具有のジェームズ・ジェフォードを含む民主党議員は平均2・26人である。

ミシガン州議会では、共和党議員1人当たり2・3人、民主党議員1人当たり1・74人の子供がいる。ミネソタ州では、共和党議員の平均子供数は2・77人、民主党議員の平均子供数は2・26人である。アラスカでは、1世代か2世代で民主党議員がいなくなりそうだ。アラスカの共和党州議会議員には合計100人の子供がおり、議員一人当たり2・6人、孫が72人、ひ孫が5人いる。アラスカ州民主党議員の子供は22人、つまり議員1人当たり1・4人、孫は0人、ひ孫は0人である。

2つの研究は、この傾向が現実のものであり、今後さらに深まることを示唆している。

共和党ベビーブーム

2004年にブッシュに投票した31州では、18歳未満のアメリカ人が3835万5472人いると2005年の国勢調査は推定している。これは、ケリーに投票した19州とコロンビア特別区の18歳未満の子供3511万4512人より320万人多い。

2004年の選挙で最も広く知られた事実のひとつは、ジョージ・ブッシュが米国で最も急成長している100の群のうち97で勝利を収めたということである。

アル・フラムが主宰する民主党指導者評議会は2006年7月、「基盤を拡大せよ：民主党が多数派連合を構築するには、都市部以外の有権者にもっとアピールする必要がある」と題する調査結果を発表した。この調査は、この驚くべき数字の先を見据えている。[3]

急成長している100郡のうち97郡を制したところで、ほとんど何の意味もないのかもしれない。もしかしたら、急成長した郡はすべて人口が少なかったのかもしれない。米国には3070の郡と小教区がある。

DLCの調査では、郡を2つのグループに分けている。投票年齢人口が5万人以上の郡は全国総投票数の82%を占め、5万人未満の小さな郡は全国総投票数の18%を占めた。[4] そして、大小の郡を3つのグループに分けた。ジョン・ケリー大統領選の得票率が45%未満、45〜55%、55%以上の郡を、共和党傾向、中立、民主党傾向とした。全米で、投票年齢人口が5万人を超える大きな郡を見ると、共和党傾向の郡の人口は9・18%増、中立区域は6%増、民主党傾向の郡は2・2%増であった。全米では、共和党傾向の小さな郡が4・9%増、中立区域が3・7%増、民主党傾向の郡が2%増となった。

共和党傾向の郡は、規模の大小を問わず、民主党傾向の郡よりも人口増加が速い。この調査では、自然増加（子供が成人する）と移民の両方をピックアップしている。

しかし、おそらく民主党の州が少し減り、共和党の州が増えているだけだろう。これでは大統領の選挙人票は変わらない。これを検証するために、DLCはスウィング・ステートに焦点を当てた。

DLCが「17の激戦州」としている州だけを見ると、2000年から2004年の間に、投票年齢人口が増加した郡は、共和党傾向の郡で9・5％、中立区域で6・3％、民主党傾向の郡で1・7％増加した。小規模郡では、2000年から2004年にかけて、投票年齢人口が共和党優勢郡で5・4％、限界郡で4・9％、民主党優勢郡で3・7％増加した(5)。

党への忠誠

アメリカン・コンサーバティブ誌のライターであるスティーブ・セーラは、2004年の選挙で、どの要素が各州の共和党あるいは民主党の地位と最も高い相関関係があるかを探していた。彼が最初に発見したのは、「ブッシュの州別得票率は、その州の白人女性が生涯に産むと予想される赤ん坊の数と密接な相関関係がある」ということだった。彼は総投票数の75％を占める白人票に注目し、ブッシュは58対41で白人票を獲得した。その結果、2000年と2004年には白人出生率の高い19州でブッシュが勝利し、2004年には上位26州のうち25州でブッシュが勝利した。白人の合計特殊出生率（平均的な白人女性が生涯に産む子供の数）は、2000年のブッシュ票と0・85、2004年は0・86の相関があった(6)。

セーラはさらに詳しく調べ、共和党の州と最も相関の高い要因は〝結婚していること〟であることを発見した。「ある州の人々が若い成人期に平均して婚姻関係にある期間が長ければ長いほど、その州は全体としてより共和党的である。これは特に非ヒスパニック系白人に当てはまるが、全人口においてもかなり強い相関関係がある。白人女性の結婚年数ランキング上位25州では、全体としてブッシュが勝利している。全人種の女性の結婚年数でランク付けすると、上位25州のうち22州でブッシュが勝利した」とセーラは報告している。「2002年の下院選挙では、既婚女性の56％（夫の58％と同様）が共和党に投票したのに対し、未婚女性は39％（未婚男性は44％）だった。子供のいる既婚女性（共和党支持58％）と子供のいる未婚女性（32％）の間には、例外的に大きな党派差がある。この数字は全人種についてである(7)」。

以上をまとめると、共和党の州はすでに子供の数が多い。共和党の郡は、規模の大小を問わず、青い郡よりも急速に増加している。これは、2008年と2012年の大統領選挙を左右する「激戦州」において当てはまる。そして、共和党の州と青の州は、女性の結婚期間と子供の数で最も完全に説明できる。

スティーブ・セーラは、結婚して子供を持つことと共和党の州との相関関係は、民主党の都市に住む若い独身者が、結婚して子供を持つと、高い住宅費、親よりも公務員という民主党の主要な有権者を喜ばせるために運営されている公立学校から逃れ、裏庭のある広い家を買える地域に引っ越すことに起因すると論じている。このような裏庭のある家を持ち、ブルーシティー以外の安い生活費と安い税金を享受している夫婦は、より多くの子供を持つ余裕があり、そしてそうしている。

これは、将来の選挙を見据えた民主党にとっての課題である。セーラは、家庭を持つことの経済性と、家庭を持つかどうかの決断との間のこの結びつきが、共和党の州経済保守主義と伝統的価値観の尊重との両立を説明していると指摘している。親たちは、税金を安くし、規制を緩和することで、住宅費を安くすることを望んでいる。子供たちへの脅威に過剰反応する社会的保守派に怯えているのではない。そうした懸念を完全に共有しているかどうかは別として、彼らは自分たちと対立する保守派よりもリベラルな左派に脅威を感じているのだ。現在、結婚して郊外や元郊外で子供を育てている彼らは、独身で都会に住んでいた若い頃と同じように、合法化された中絶や「同性愛者の権利」を支持し続けるかもしれないが、それはもはや票を動かす主要な争点となる有力な候補ではない。

共和党は、住宅コストを削減し、郊外や農村部での居住を容易にすることができれば、優位を強めることができる。民主党は賢明にも、都市部のスプロール（高税率・高犯罪の民主党都市を逃れ、かつて農地だった場所に新築された住宅に移り住む若い夫婦）に対する攻撃で対抗してきた。このような引っ越しをする若いカップルは皆、税金の支払いを持ち出し、大都市マシーンは現金を失う。さらに悪いことに、塀の外に出れば、州知事や州議会議員に投票するような小さな共和党員が生まれ、彼らは政治マシーンや機能しない〝学校制度〟に州税を使って資金を提供することを嫌がるようになる。これは「白人の逃亡」だけではない。大都市を離れるヒスパニック系、アジア系、アフリカ系アメリカ人、ヨーロッパ系民族もまた、レガシーな問題に投票し続けることのできるエスニックな飛び地から逃げていくのだ。民主党が「マイノリティ」から獲得したと信じている票の多くは、実際には都市部に住むマイノリティ・グループのメンバーによるものである。郊外やあるいは田舎に住む家族と話すときに、人種や民族の分断に迎合することはできない。郊外には、過疎化が進む都市のチャイナタウンやリトル・イタリーで見られるようなアルメニア票、イタリア票、その他の民族票は存在しない。

もちろん、民主党は自分たちの懸念を環境保護主義として隠蔽しなければならない。そうでなければ、郊外に逃げる「自分たち」の市民を論じるとき、彼らは見逃した東ドイツの国境警備隊のように聞こえすぎてしまうからだ。左派のエネルギーの多くは、都市郊外に新築する住宅のコストを上げ、都市から簡単に出入りできる道路を建設せず、人口の多い（民主党の）地域から別の地域へ人々を移動させるだけの大量輸送機関にガソリン税を振り向けることに費やされてきた。新しい住宅に何エーカーもの敷地を要求するゾーニング法は、かつては「俗物ゾーニング」として知られ、黒人を郊外から締め出すための人種差別的策略とみなされていた。今、リベラル派は、アジア人、ヒスパニック系、アフリカ系アメリカ人、実際にはあらゆる色の到着者を都市内に閉じ込めるために使われるのと同じ法律を望んでいる。俗物・ゾーニング法は緑色に染められ、リベラルの良心を癒すが、他の誰も騙すことはできない。

死にゆく民主党

「人が変わることは当てにならない。しかし、死ぬことは当てにできる。」

――ジョエル・ガロー『エッジ・シティ』

最も党派的な民主党の年齢層は、もちろん、1932年から1952年の間に21歳になり有権者となったグループである。このグループの年長者たちは、成人してからの20年間、ルーズベルトとトルーマンを大統領として育った。1930年から1994年までの64年間のうち、共和党議会を知っていたのは4年間だけである。この年齢層は、平時から徴兵制が敷かれ、第二次世界大戦終結後も25年間継続されたこと、社会保障制度を通じた国民皆年金と強制国民年金を見たこと、労働組合法が労働者を定年まで1つの仕事にとどまることを期待されるプロレタリアートとして扱ったことを経験している。賃金・物価統制や牛乳、バター、ゴムタイヤ、ガソリンの配給制を、ほとんど容認して生きてきた。第二次世界大戦の最盛期には、政府支出はGDPの42%に達した。アメリカ史上最も国家主義的な世代である。はっきりさせておきたいのは、こうした画一的な政府の規則、プログラム、命令はすべて、国内では進歩主義者たちから、海外ではあらゆる政党の社会主義者たちから国家主義的見解を吸収してきた前世代が彼らに押し付けたものだったということだ。ルーズベルト政権下で育った人々は、その前後のどの世代よりも、より多くの政府、より多くの政府の統制に慣れ親しんでいた。

彼らは、彼らの年上世代、年下世代よりも民主党に登録する傾向が強い。ギャラップ社の一連の世論調査によると、1935年から1938年の間に18歳になったアメリカ人は、民主党と共和党の間に21%の開きがあった。1939年から1942年の間に18歳になった人々は、民主党が10ポイント有利であった：1943－1946年と1947－1950年では、民主党が13パーセントと11パーセント有利であった。(8)

控えめに見積もっても、この75歳から95歳の年齢層では、民主党が共和党を10%上回っている。したがって、毎年240万人のアメリカ人が死亡すると、24万人の民主党議員が純減することになる。2000年から2008年にかけては、190万人の民主党議員が純減したことになる。シカゴで投票する死者について、好きなだけジョークを飛ばすことはできるが、これは民主党にとって深刻な課題である。南北戦争の影響で民主党に投票していた、あるいは移民でタマニー・ホールと親交があったという理由で民主党に投票していたレガシー有権者たちは、現場を去りつつある。

世論と選挙行動へのアネス・ガイド：回答者の年齢層1948－2004年

このグラフは、各選挙年における各世代の代表率を期間別にパーセンテージで示したものである。(9)

ルーズベルトとトルーマンが民主党を支配していた20年間に21歳になったアメリカ人は、2006年現在、75歳から95歳になっている。民主党が姿を消した10年間がまた始まった。

THE ANES GUIDE TO PUBLIC OPINION AND ELECTORAL BEHAVIOR
AGE COHORT OF RESPONDENT 1948-2004

YEAR	BORN BEFORE 1895	BORN 1895 TO 1910	BORN 1911 TO 1926	BORN 1927 TO 1942	BORN 1943 TO 1958	BORN 1959 TO 1974	BORN 1975 OR LATER	TOTAL SAMPLE SIZE
1948	24	46	22	9	-	-	-	654
1952	22	30	39	8	-	-	-	1,773
1954	13	33	48	7	-	-	-	1,132
1956	15	26	41	18	-	-	-	1,742
1958	15	26	39	21	-	-	-	1,822
1960	14	27	38	21	-	-	-	1,950
1962	13	25	34	28	-	-	-	1,290
1964	9	22	34	33	2	-	-	1,566
1966	8	22	32	31	7	-	-	1,280
1968	6	21	31	32	10	-	-	1,552
1970	5	21	27	31	17	-	-	1,476
1972	4	16	25	27	28	-	-	2,688
1974	3	16	24	23	34	-	-	2,487
1976	2	15	24	23	36	-	-	2,850
1978	1	10	21	25	39	3	-	2,294
1980	1	11	22	23	37	7	-	1,612
1982	1	8	24	21	37	10	-	1,416
1984	-	8	19	21	37	16	-	2,232
1986	-	5	17	20	38	19	-	2,173
1988	-	6	16	20	36	122	-	2,037
1990	-	3	16	19	32	30	-	1,980
1992	-	3	15	19	32	30	1	2,488
1994	-	1	12	18	31	33	5	1,795
1996	-	1	11	18	30	34	6	1,708
1998	-	1	10	17	30	31	12	1,267
2000	-	1	8	17	29	32	14	1,800
2002	-	0	6	13	27	36	17	1,503
2004	-	0	5	16	28	30	21	1,212

This chart shows how each generation is represented in each election year in percent, by time period.[9]

共和党は若い有権者を注視する必要がある。２０００年、ブッシュは18歳から29歳の有権者から46％の支持を得たのに対し、全有権者からは48％だった。２００４年、ブッシュの若者票のシェアは45％で、全有権者に占めるブッシュのシェア（ＳＩ％）を６ポイント下回った。２００６年、この傾向は続き、若者の民主党支持率は60％に達した。[10] これが戦争に対する一時的な反応であったとしても、イラク戦争が終結すれば解決する。あるいは、レーガン時代の有権者層が共和党を助けたように、共和党を悩ませながら年を経る年齢層かもしれない。

死神は超党派である。１９６０年から１９８０年にかけて不利な立場にあったのは共和党であった。死にゆく人々は１８８０年から１９００年の間に生まれ、１９００年から１９２０年にかけて、民主党がまだ根強い南部以外では共和党が優勢であった時代に成人していたからである。共和党は、もはや退職者の集落をあてにすることができないことに気づき、なぜ高齢の有権者が自分たちを敵視するのか不思議に思った。事実は、引退したばかりの民主党員が、かつて引退した共和党員に代わって、新たな高齢有権者層になっていたからだった。

選挙民が変われば、政党の相対的な強さ以上のものが変わる。新しい考えや新しいタブーは、古い犬に新しい芸を教えるのではなく、若い犬に新しい芸を教え、古い犬が死ぬのを待つことによって、しばしば大衆の想像力に入り込む。公民権運動がアメリカの公共圏から人種差別をほぼ消し去ったのは、60歳の人種差別主義者に個人的な偏見を捨てさせるためではなく、人種差別は間違っているとティーンエイジャーに教え、その新しいティーンエイジャーがやがて人口統計学的に偏見に満ちた年長者に取って代わるのを待つためだと指摘する人もいる。

すべての政治的見解が21歳で固定され、人生の紆余曲折に動じないわけではない。ある高名な「共和党」の世論調査担当者が、同じメカニズムで国はすぐに中絶賛成派になると説明するのを見たことがある。「ほら、年配のアメリカ人は中絶反対派が多く、若いアメリカ人は中絶容認派が多い。やがて反対派が死に、若い賛成派が老い、国全体がロー対ウェイド裁判を支持するようになる」。

そこで、結婚して子供ができる前は人々は中絶賛成派であり、子供ができた後も中絶賛成派になる傾向があるという考えを検証したのかと尋ねた。もし結婚や出産によって中絶に対する見方が変わるのであれば、政治的な集団は何年も変わらないまま推移しているわけではないだろう。このことは世論調査担当者には思いもよらなかったようだ。

「同性愛者の権利」に対する国民の見方は、人種差別の否定と同じように、より早い時期に自分の見方が定まれば変わるかもしれないし、自分の子供に対する文化的脅威に対する反応であればその見方は変わらないかもしれない。ゲイ・コミュニティへの共感は、結婚して子供もいる郊外の人々よりも、若く独身の都市部の人々のほうが持ちやすいかもしれない。

現在の失われた有権者

最高裁判決「ロー対ウェイド」によって50州での人工妊娠中絶が合法化されて以来、アメリカでは4千万件の人工妊娠中絶が行われてきた。中絶1件につき、18年後に投票年齢に達しない有権者がいる。その有権者は、その後60～70年間、2年ごとに選挙を欠席することになる。ラリー・イーストランドは2004年6月、American Spectator誌に「The Empty Cradle Will Rock（空っぽのゆりかごは揺れる）」と題する挑発的なエッセイを寄稿し、2000年の選挙では、投票年齢のアメリカ人2億581万5千人と、1973年から1982年の間に中絶された1227万4368人の行方不明者がいたと指摘した。2008年の選挙では、1973年から1990年の間に中絶された2440万8960人の有権者が失われたことになる。[11]

イーストランドは、ワースリン・ワールドワイドが行った世論調査に注目し、2000年の選挙で全有権者の4・48％が妊娠中絶のために選挙を欠席したという事実が党派に及ぼす影響を検証した。イーストランドによれば、2000年には、民主党の欠員が1974万8千人、共和党の欠員が1390万人、つまり民主党の欠員が584万8千人上回っていた。ワースリンの数字は、中立的な観察者が予想することを反映している：リベラルな民主党員は保守的な共和党員よりも中絶する傾向が強い。

家族計画連盟の創設者であり偏屈者のマーガレット・サンガーが、まさに望んでいたものを手に入れた。しかし、彼女は優生主義運動の政治的背景をよく考えていなかったのかもしれない。

この傾向は2つの修正案でも続くだろう。すでに今日、共和党の州は中絶制限の可決に積極的である。両親告知法や分娩中絶の制限は、共和党の州ではほぼ可決されている。これらにより、これらの赤い州では中絶率がわずかに減少している。

今後、ロー対ウェイドが将来の最高裁判決によって覆された場合、中絶の合法性は各州によって決定されることになる。ニューヨーク州、カリフォルニア州、マサチューセッツ州などの民主党の州は、きわめて自由な中絶法を維持する可能性が高い。中絶を抑制、制限、あるいは犯罪化するのは共和党の州である。女性が中絶を受けるために共和党の州から民主党の州へ移動することができ、共和党の制限的な法律を変更する圧力を減らすことができる一方で、共和党の州よりも民主党の州でより多くの中絶が行われる傾向がある。このことは、1993年に親の告知を義務付けただけで、未成年者の中絶が3％減少したミシシッピ州の経験から推測できる。

第6章　若者の政治的訓練

政治は、人口動態に全面的に左右されるものではない。投票年齢人口を増やしても、その人たちが選挙登録をせず、実際に投票しなければ何の成果もない。また、ある有権者は他の有権者よりも平等である。お金や時間、活動にも貢献する有権者は、選挙への影響力を倍増させる。レーガンのホワイトハウス職員だったモートン・ブラックウェル（現リーダーシップ・インスティテュート会長）は、「政治的な争いは、それぞれの側にいる献身的な活動家の激しさと才能によって決まる」と正しく強調している。

これまで共和党は、政治活動を生涯続けるための準備として、若い活動家の育成に力を入れ、成功を収めてきた。現在の傾向は、共和党のブランドを未来へと拡大するものであり、非常に重要である。

大学生共和党員

現在、共和党全国大学委員会（ＣＲＮＣ）のメンバーは20万人を超え、１８００のキャンパスに支部がある。大学生共和党員は共和党全国委員会とは別に独自の事務所を持ち、すべての資金を自分たちで調達している。２００６年、ＣＲＮＣの全国スタッフは50人以上、予算は２３０万ドルだった。大学生民主党員はＤＮＣ事務所内に作業スペースを持ち、会員数や支部数に関する質問は上級党員に照会しなければ分からない(1)。

２００７年３月の時点で、フェイスブックは１９００万人の大学生が自分の写真と略歴を大学サイトに掲載している。彼らの報告によると、最も頻繁に掲載されている識別名は「ライフガード」であり、３番目は「大学生共和党員」である（「大学生民主党員」は２番目ではない）。

ジェームズ・フランシス・バークは、１８９２年にミシガン大学の学生千人を集めて第１回共和党全国大学大会を組織した。彼はそれ以前にも、この地で全米初の大学生共和党員支部を組織していた(2)。

基調講演者は、隣州オハイオ州知事のウィリアム・マッキンリーであった。１９００年、大学生共和党員は、学生を家に送って投票させるなど、投票率向上運動を組織した。彼らは、ネブラスカ州リンカーンにある民主党の大統領候補ウィリアム・ジェニングス・ブライアンの選挙区をターゲットに、投票を呼びかけることに成功した。（まさに意地悪だった）(3)。

現代において、共和党は少なくとも１９７０年代までは、大学キャンパスでの組織化において大きな優位性を持っていた。1964年にバリー・ゴールドウォーターの代議員として最年少の24歳で選出されたモートン・ブラックウェルは、1965年から1970年まで共和党大学生組織の事務局長を務めた。1968年、ブラックウェルは最初の研修プログラムを開催し、210人の卒業生を集めた。その中には、ミッチ・マコーネルという若者も含まれていた。彼は後に、ケンタッキー州を民主党の州から一貫して共和党の州にするための努力を率い、同州の上院議員になる。テリー・ブランステッドは、後にアイオワ州知事を4期務めた若者の組織者だった。ユタ州のウォーレン・ウィリアムズは、1970年3月にイリノイ州で行われた研修プログラムに、将来有望な19歳の若者を送り込んだ。彼の名はカール・ローブといった。

CRNC：指導者の歴史

ローブは1973年に大学共和党全国委員会の委員長に選出され、1978年と1980年の上院選挙を揺さぶったことで知られる全国保守派PAC、NCPACを創設したテリー・ドーランを破った。ローブは1975年に無投票で再選された。（中略：カール・ローブは共和党の「リベラル」派を率いていた。）ハーバード大学の学生でローブの盟友、テキサス州出身のジョン・ブレイディが1977年に議長に選出された。ブレイディは、議会選挙の運営を支援する最初のコンピュータープログラムの1つを作成した。1979年、フランク・ラヴィンは、土壇場でペンシルバニアのスティーブ・ギブルに逆転負けを喫したが、その後、駐シンガポール米国大使を務めた。1981年、ジャック・アブラモフは正統派ユダヤ人として初めてCRNCの議長に選出され、1983年に再選された。現ペンシルベニア州下院議員のフィル・イングリッシュは、1977年から1981年までCRNCの副議長を務めた。1982年には、後にキリスト教連合を創設するラルフ・リードが専務理事を務めた。現在ニューヨークで開かれる中道右派連合の会合で共同議長を務めるジェームズ・ヒギンズは、2003年に共同議長に選出され、2004年に議長に就任した。

1980年、レーガン・キャンペーンに触発され、多くの学生が大学生の共和党組織を設立または強化した。1981年、新たに選出されたアブラモフ委員長が全国的な組織化キャンペーンを開始し、20人の現地組織員を500のキャンパスに派遣した結果、組織化されたキャンパス支部の数は千に増加し、1985年まで維持された。

1999年に選出されたスコット・スチュワート議長は、2002年12月までに、組織された大学の総数を1248クラブ、会員数12万人にまで増やした[4]。

2004年、新たに議長に選出されたエリック・ホプリンは、CNRCの予算を240万ドルに増やし、組織を1500支部、会員数15万人、キャンパスからキャンパスへと赴く56人の現地代表を擁するまでに成長させた。ホプリンはその後、27歳でミネソタ州の共和党副党首となった。

ポール・ゴーリーは2005年に議長に選出され、2006年までに全米の4年制大学2557校のうち1820校に支部を組織した。2006年秋には、60人の現場代表が11月の選挙に向けてキャンパスを組織するために奔走した。

モートン・ブラックウェルは、CRNCの黒幕を務めるかたわら、1979年に超党派の保守派学生研修組織リーダーシップ・インスティテュート（LI）を創設した。戦争が将軍に任せておくにはあまりに重要であるように、モートン・ブラックウェルは、大学生を組織化することが保守運動の将来にとってあまりに重要であり、大学生だけに任せておくことはできないと長年理解してきた。

長年にわたり、LIは5万1500人の学生を研修してきたが、毎年研修する学生の数は飛躍的に伸びている。最初の5年間（1981〜1985年）、LIは1256人の学生を研修した。2001年から2005年にかけては、2万11人を養成した。(5)

インスティテュートは、議会や州知事の選挙運動と並行して、またそれを支援するための若者向けキャンペーンをどのように運営するかについて、学生を訓練することから始めた。現在では、「外交官試験に合格する方法」から、「10年後、20年後に候補者となるための人生の歩み方」、「保守系学生新聞の創刊と運営方法」、さらには「カメラ映えする方法」まで、36の異なるスクールを運営している。

LIは、大学内の独立系保守クラブの組織化にも着手した。LIが64人の学生フィールド・オーガナイザーを配置した2006年秋までに、153の保守系学生新聞を含む1059の保守系グループを組織した。

ケン・クリブがキャプテンを務めるインターカレッジ研究所（ISI）もある。クリッブはレーガン政権でエド・ミースの首席補佐官を務めた。ISIは、5万人の会員（うち2万人は大学教員）に知的刺激を提供している。研修プログラムを運営し、保守系雑誌や書籍を配布し、95以上の保守系学生新聞を後援している。

なぜ保守派は民主党よりも大学キャンパスで共和党の将来のリーダーを組織するのが得意なのか？　そして、このことは将来に何を意味するのか？

モートン・ブラックウェルは一つの説明を提示している。1963年から1964年にかけてのゴールドウォーター運動と、1976年と1980年のレーガン・キャンペーンが、共和党内で活動する多くの積極的な保守派を惹きつけたと指摘する。若く、エネルギッシュで、反抗的で、反体制的な（つまり、反ロックフェラー、反フォード、反ブッシュの）大学生たちは、大学共和党員として魅力的で快適な居場所を見つけ、そこから簡単に全国の党組織に入ることができた。彼らは教授や共和党のニクソン派に反旗を翻しながらも、レーガン連合の中に安全に身を置くことができたのだ。

しかし、左派で最も意欲的だった活動家は、共産主義者出身の学生など、何よりもまずジョンソン大統領を憎む急進派の強硬左派だった（ジョンソンは、反ベトナム戦争決議案を可決した大学生民主党員をDNC本部から追放した）。リベラルな学生たちが大学に民主党の支部を立ち上げたとしても、その支部は左派強硬派の学生たちによって乗っ取られることが多く、その学生たちの発言は民主党の全国組織や候補者たちにとって恥ずべきものだった。全米の候補者や州の党組織は、学生団体を率いた学生を、正味のマイナスと見なした。機会よりも危険とマイナス面が大きかった。

1980年、1990年、2000年のキャンパスにおける大学生共和党員の存在感は、はるか2050年の選挙でも感じられるだろう。2006年に組織された20万人の大学共和党員全員が、共和党政治で活動を続けるだろうか？　いや、しかし、政治的リーダーシップを味わい、信任を得た大学支部長は1800人いる。今年は1800人。来年も1800人。10年間で1万8千人のキャンパス支部長がいる。彼らは、数年後に政治に関わる許可を得る必要がないことを知っている。彼らはすでに何かに選ばれている。それが彼らの血なのだ。

大学は、より熟練した共和党活動家を輩出しているだけでなく、よりタフで、より賢く、より優れた活動家も輩出している。なぜキャンパス内のリベラリズムの深い民主党地帯が保守派のリーダーを生み出すのか？　私の仮説は、「スーという名の少年」現象である。

ジョニー・キャッシュの歌の中で、青年は父親によって「スー」と名づけられた。父親が家族を捨てることを知りながら、息子に女の子らしい名前をつけたのは、彼が大人になるにつれてたくましくなるためだった。どのキャンパスでも、保守派の若者は教授たちから挑戦を受けている。リベラルになり、政治的に正しい決まり文句を口にするのは簡単だ。リベラルな決まり文句に対してフォローアップの質問をする教授はいない。しかし、所有権が重要であることを示唆すれば、20の質問が返ってくる。「もしあなたが飛行機を所有しているとしたら、上空2万フィートにいる乗客全員に『不法侵入だ、出て行け』と言えるか？　あるいは、「ある島のすべての水を一人の人間が所有しているとしたら？」

ハーバード大学のある夜、カンボジアのプノンペンで起きた死の行進は、実はクメール・ルージュが人々を「田舎の病院」に移動させたものだと左翼主義者が発表したのを覚えている。その場にいたリベラル派は皆うなずき、誰もその主張に疑問を投げかけなかった。ダートマス・レビュー誌の編集者たちは、18歳の討論相手ではなく、60歳の教授陣や管理者たち、そして自分たちをひっくり返そうとする大人のジャーナリストたちと一対一で戦わなければならなかった。ディネシュ・ドゥスーザ、ローラ・イングラハム、ピーター・ロビンソン（有名な「ゴルバチョフさん、この壁を取り壊しなさい」という演説を書いたレーガンのスピーチライター）といった保守派の大物たちは、このような環境で鍛えられた。

その10年前、新左翼は保守派に刺激を与え、1960年9月9日から11日にかけてウィリアム・F・バックリーの自宅で始まった「ヤング・アメリカンズ・フォー・フリーダム（YAF）」を組織した。象徴的な「シャロン声明」を作成した創設会議には、ハワード・フィリップス、アラン・マッケイ、デビッド・フランキー、キャロル・ドーソンが参加した。

1967年、R・エメット・タイレルはインディアナ大学でオルタナティヴ誌を創刊し、1977年にはアメリカン・スペクテイター誌となった。

右派を踏みつぶしたつもりが、左派の教授や管理職は、リベラルに抵抗する若い保守派をうっかり作り出してしまった。彼らが鍛え上げたアン・コールターの世代に驚く必要はない。彼らは鋭利な刃を磨いたのだ。

大学から流出する共和党の指導者たちが、今後数十年にわたって民主党の州議会議員や下院議員を悩ませることになるとすれば、1982年に設立されたリバタリアンや保守派のロースクールの学生で構成される「フェデラリスト・ソサエティ」は、すでに深刻な左派を夜も眠らせない状態にしている。フェデラリスト・ソサエティは現在、194の認定ロースクールすべてで組織されている。2006年には、6千人の学生会員がいた。また、フェデラリスト・ソサエティには60の弁護士グループがあり、60都市で2万人のロースクール卒業生が集まり、定期的に昼食会や夕食会を開いている。

フェデラリスト・ソサエティは、創設者のデイビッド・マッキントッシュ、スティーブン・カラブレシ教授、リー・リバーマン・オーティス、そしてE・スペンサー・エイブラハムによって設立された。最初の専務理事（現会長）は、有名なフュージョニスト指導者フランク・マイヤーの息子ユージン・マイヤーであった。

これは、保守的でリバタリアンな法曹界であり、連邦判事や州判事が来世紀のためにやって来る場所である。彼らはお互いを知っている。ロースクール時代からお互いを知っている。彼らは将来の裁判官の品質管理委員会である。ハリエット・ミアーズのような人物を見逃すことはないだろう。

第7章　バンビは安全になりつつあるが、強盗はそうでもない

「政治権力は銃口から生まれる。」

――毛沢東

銃の威力

ビル・クリントンは、1994年に下院を共和党に勝利させた理由を全米ライフル協会のせいにした。その6年後の2000年には、テネシー州、アーカンソー州、ウェストバージニア州をジョージ・W・ブッシュに勝利させたのは銃問題のおかげだとしている。このように、賢明な民主党議員の一人は、下院と大統領選の両方で共和党が勝利したのは銃問題のおかげだと考えている(1)。

1968年の銃規制法成立後、メリーランド州でジョセフ・タイディングス上院議員がまさか

の敗北を喫したことで、銃問題の選挙力が初めて認識された。

何年もの間、これは党派の問題というよりも、田舎と都会の衝突だった。共和党のジェラルド・フォード大統領（当時は基準が低かった）は、「サタデーナイトスペシャル」と呼ばれる安価な拳銃の全面禁止を支持した。ミシガン州のジョン・ディンゲルなど、猟師の多い選挙区を代表する民主党議員の多くは銃規制に反対していた。しかし、ビル・クリントンがいわゆるブレイディ法案を議会に押し通したとき、下院での投票は238対187、上院では63対36だった。(2)

ブレイディ法案に反対票を投じた下院民主党議員はわずか70人で、共和党議員は56人しか賛成しなかった。上院では、共和党15人が賛成し、民主党8人が反対した。(3)

クリントンはまた、いわゆるアサルト・ウェポン禁止令も押し通した。これは、銃剣ラグなど、見た目がかっこいい特定のアタッチメントが付いたライフルを10年間禁止するというものだった。オハイオ州選出のメッツェンバウム上院議員は、この禁止令を「醜い銃の禁止令」と呼んだ。それに対して、この禁止令に反対する人々はこれを「醜い銃禁止令」と呼び返した。これは、オハイオ州のメッツェンバウム上院議員がカタログを見て、「怖そう」なものを選んで禁止にしたと伝えられているからだ。（念のため言っておくが、これはマシンガンの禁止ではなく、マシンガンはすでに厳しく規制されている）。

ブレイディに投票した182人の下院民主党議員のうち、24人が1994年に敗れた。ブレイディに投票した民主党上院議員48人のうち、7人が1994年に敗れた。ブレイディに投票した共和党下院議員56人と共和党上院議員15人のうち、2006年にまだ職にあったのは下院議員25人と上院議員4人だけであった。(4)

全米ライフル協会の会員数は、銃の所有に対する脅威の高まりと衰えによって上下する。会員数は2000年の選挙時に450万人のピークに達した。世論調査のデータによれば、アメリカ人の20パーセントがNRAの支持者ではなく会員であると主張している。また、組合員の32%が、ゾグビーの世論調査によれば、NRAは常に、あるいはほとんどの場合、自分たちの代弁者であると答えている(5)。

父からよく聞かされたのは、大学のルームメイトが、金曜の夜に飲み過ぎ、土曜と日曜は金曜まで禁酒を誓い、その繰り返しをしていたという話だ。どういうわけか、民主党はプロメテウスと『グラウンドホッグ・デイ』のビル・マーレイを掛け合わせたような非難を浴び、間違った視点から銃問題に戻ってくる。度重なる過ちから学んだ形跡はない。

銃問題で民主党が何度も騙される理由のひとつは、好みと強さがしばしば分かれることだ。1988年の世論調査データによれば、アメリカ人の80%が、銃の購入に3日間の待機期間を義務づけるブレイディ法案に賛成と答えた。アサルトライフルを禁止する法案に賛成と答えたのは80%だった。選挙当日、銃規制に関する下院議員の投票を覚えているのは、銃規制を嫌う銃所有者だけである。

議会で民主党が多数を占めるようになり、下院の代表権をコロンビア特別区に与えようとしたとき(完全に違憲だが、ともかく)、共和党は同区の拳銃所持禁止を廃止する修正案を提出した。民主党はまたしても銃規制に反対票を投じ、ワシントンD.C.の選挙権法案を頓挫させた。(アフリカ系アメリカ人が多いこの地区が、民主党の序列の中で銃規制という自殺行為で負けた問題よりもずっと下に位置していることを思い知らされた)。

1994年や2000年の例でも明らかなように、有権者の2、3、4%という少数の有権者が、銃の問題だけで投票先を変えるということは、強力なグループを形成することになる。

3つの傾向

現在強力な銃投票だが、将来はもっと強力になるのか、それとも衰退するのか？　大きく分けて3つの傾向がある。
第一に、全米ライフル協会は1871年に設立された全米最古にして最大の公民権団体であるが、その実力とタフさはますます増しており、今もなお成長を続けている。自慢話ではなく、単なる事実である。NRAの総予算は1980年の3300万ドルから、1990年には8690万ドル、2000年には2億3180万ドル、2006年には1億9680万ドルに膨れ上がっている。
NRA会員が理事選挙に投票するには、750ドルの寄付を一度だけ行う終身会員であるか、5年間継続して会費を支払う会員でなければならない。理事選挙の投票資格者は、1963年には4万8091人、1970年には11万63人、1980年には27万1113人、1990年には137万7276人、2000年には129万9360人、2006年には154万7277人であった。[6]
このレベルの献身的な会員を擁する自主的な政治団体は、アメリカには他にない。

狩猟者の減少

第二の傾向は、銃運動にとって良くない兆候となる。それは狩猟をするアメリカ人の数が減少していることである。

The Fund for Animals（動物基金）は野心的な反狩猟団体で、２００4年に『The State of Hunting in America（アメリカにおける狩猟の現状）』という報告書を発表した。副題は「死にゆくスポーツ」。同基金は、コーネル大学のデッカー、エンク、ブラウンの研究を引用し、アメリカの12歳以上の人口に占める狩猟人口の割合は、１９５５年から１９８０年までの25年間は9%から11%で安定していたが、１９７５年には９・９%、１９８０年には９・１%、１９９1年には7・５%に減少したと論じている。コーネル大学の研究は、「一般的な社会的価値観と、アメリカの人口統計における最近の傾向および予測される傾向を考慮すると、狩猟の将来は暗い」と結論づけている。この研究では、合衆国魚類野生生物局の数字を引用し、米国の16歳以上のハンター数は、１９８５年には１６７０万人、１９９1年には１４００万人、２００1年には１３００万人であったと報告している。

同基金は、「狩猟者数の長期的な減少により、今世紀半ば（２０５０年）には狩猟の終焉が約束されている」と語っている。狩猟を支援する連合団体であるFamilies Afield（ファミリーズ・アフィールド）は、その調査「狩猟の未来に向けた取り組み」の中で、この減少傾向を確認している。彼らは「16歳以上のハンターのうち、16歳以下の若いハンターに取って代わられているのは69%に過ぎないと計算している」と報告している。[7]

トレンドはそうでなくなるまで続くものだ。

さまざまな動物愛護団体は、この減少を永久化し、ゼロにすることを望んでいる。「すべてのスポーツ・ハンティングを即座に停止できるのなら、そうしたい」と、現米国動物愛護協会会長のウェイン・パセルは言う。また、動物基金のクリーブランド・エイモリーは、「狩猟はマッチョな自己満足の時代遅れの表現であり、文明社会にはふさわしくない」と説明する。

全米ライフル協会をはじめとする狩猟保護団体は、まさにこの危険を察知し、反狩猟の流れを逆転させるための法案を動かしている。

2003年と2004年に全米ライフル協会の会長を務めたケイン・ロビンソン氏は、イギリスとオーストラリアの両国で反狩猟・反銃勢力が、狩猟や銃の保持をより困難に、より高価にしようと断固たる努力を行ったと指摘した。猟師が一人減るごとに、狩猟と銃の権利を主張する声が一人減るのだ。銃の権利に関心を持つイギリス人とオーストラリア人は少なく、学校での銃乱射事件をきっかけに、イギリスでは1997年に拳銃が全面禁止された。オーストラリアでは、1996年にすべての半自動センターファイア・ライフルと、多くの半自動およびポンプアクション式散弾銃が禁止された。

ロビンソンは、動物愛護活動家や銃規制擁護派がここでも同じ戦略をとっていると見ている。狩猟許可証はより高額になっている。狩猟が禁止される土地が増えている。父親が息子や娘を連れて狩りに行くのは難しく、狩猟許可証には長い訓練期間が必要で、狩猟をしない友人を新しいスポーツに紹介するために急に誘うこともできない。

NRAが支持し、4つの州で制定された法律では、州の法律や規制を変更し、1エーカーの国有地での狩猟を制限または禁止する場合、それに見合う1エーカーの国有地を狩猟のために開放しなければならない。(これは、1980年代に環境保護主義者たちが主導し、大成功を収めた「湿地帯の純然たる損失は許さない」キャンペーンと同じである)。

ライフル射撃場を「騒音公害」を理由に閉鎖しようとする激しい訴訟から守る法律が、46の州で可決されている。

NRAは、16歳未満のハンターが狩猟をする親に同伴することを認めるよう、法改正に取り組んでいる。これは20の州で禁止されており、その他の州では制限されている。

そしてNRAは、狩猟免許の取得条件を簡素化することに取り組んでいる。私がバージニア州の狩猟安全免許を取得したときは、16時間の講習が必要だった。4時間の夜間講習が2回、8時間の終日講習が3回で、狩猟安全指導に必要な時間はほとんどなかった。アフリカスイギュウが突進する昔の映画はかっこよかったが、七面鳥の季節にバージニア州で遭遇したことはほとんどない。

NRAは、猟友会を妨害する動物愛護団体の努力を犯罪とする法律を50の州で制定するキャンペーンを成功させてきた。

狩猟の減少が加速するのか、それとも反転するのかを決める戦いが続く一方で、銃の所有に影響を与えるもうひとつの傾向がある。それは、護身のために合法的に武器を携帯するアメリカ人の増加である。

隠し携行法

１９８７年、フロリダ州は、21歳以上で、気が狂っておらず、犯罪者でもなく、安全講習に合格した市民であれば、誰でも武器の携帯許可を与えるよう、州および地方当局に指示する「shall issue」携帯禁止法を可決し、全米の注目を集めた。

２００６年12月現在、36の州で「shall issue」携帯法が制定され、市民が銃を携帯したり、車内に隠したりする権利が与えられている。

アラバマ州、コネチカット州、アイオワ州では、「公正に管理された」規則のもとで隠し携行許可証が与えられているが、それでも政府の裁量に委ねられている。すべての携行を禁止しているのは、イリノイ州とウィスコンシン州の2州だけである。マサチューセッツやニューヨークのような他の州では、法律は「may issue」となっている。つまり、携帯許可証を与えるかどうかは、地元の法執行官、保安官、警察署長に任されている。つまりボストンとニューヨークでは、市長の友人が銃を手にすることになる。共和党が多い郊外や地方では、地元の警察署長が許可申請を許可する可能性が高い。これを仕掛けたリベラル派は、民主党の都市を武装解除し、共和党の郊外や準郊外を武装化した。彼らの戦略的思考は興味深い。アラスカ州やバーモント州では、憲法で認められている以外の許可なしに市民が銃を携帯することを認めている。他州との相互承認を得るために、希望すれば政府発行の許可証を取得することはできるが、アラスカ州やバーモント州の市民には許可証は必要ない。

１９８７年にフロリダ州の法律が自由化されて以来、フロリダ州では１１０万件もの許可証が発行されている。（転居したり、時間の経過とともに許可証が失効する市民もいる）。許可証保持者は非常に責任感が強い。許可証の０・01％にあたる１５８件が、何らかの銃刀法違反で剝奪されている。そのほとんどが、空港のような制限区域に誤って銃を持ち込んだというような、脅威を伴わない事故によるものだ。[8]

テキサス州の有効な携帯許可証は24万７３４５件、ノースカロライナ州は成人の１パーセントに当たる５万９５９７件、バージニア州は成人人口の２・３パーセントに当たる29万６７２８件である。[9] これは成人人口の２・９パーセントに相当する。[10] 組合の規則に従って働く怠惰な強盗が、１日に１人のフロリダ市民を襲うだけであれば、37日に１回は拳銃を向けられることになる。[11]

このような犯罪を冒す際に撃たれる危険性が高くなることは、強盗、強姦、殺人犯にとって測定可能な抑止力となっている。ジョン・ロットの有名な研究によれば、全米のすべての郡を網羅した結果、銃を携帯する法律を制定した州では、銃を携帯する法律がなかった場合に比べ、レイプが５％、殺人が８・５％、暴行が７％減少している。[12]

市民が自分の身を守るために合法的に銃器を携帯することを容易にしたことで、犯罪は減少した。より多くの州で銃の携帯を許可し、許可証を生涯有効なものとし、州の結婚許可証や運転免許証のように全国で認められ、許可証の費用を引き下げることで、犯罪をさらに減らすことができる。現在17の州で、攻撃から身を守るために殺傷力を行使する市民を法的に保護する「城

NRAI for Legislative Action から図表利用許諾

の原則」法が成立している。裁判所はこれまで、たとえ自分の家であっても、攻撃者に直面したら退却する必要があり、強盗や強姦犯、あるいは殺人志願者を撃つことができるのは、自分が追い詰められた場合だけであるとの判決を下してきた。城の原則が制定されている州では、攻撃者があなたやあなたの子供を脅かした瞬間、あなた自身と家族を守るために、ショットガンや拳銃、野球のバットといった殺傷力を行使する法的権利が与えられる。(13)

より明確な法的保護があれば、アメリカ人は家族を守るために銃を購入することに安心感を覚えるだろう。

クリントン政権時代、アンドリュー・クオモHUD長官と民主党の市長たちが、スミス・アンド・ウェ

ッソンは拳銃の犯罪的誤用に責任を負うべきであると主張し、銃メーカーを訴えた。タバコ訴訟は民主党のトライアル・ロイヤーを大金持ちにした。銃訴訟では、左派が法的手続きでは決して勝ち取れない政策を実現することを目指した。

このような法的攻撃に対して、ＮＲＡは35の州議会にこのような訴訟を禁止する法律を可決させることに成功した。すでに３つの州では１９８０年代半ばに同様の法律が可決されていた。議会は２００５年10月、全国的な禁止法を可決した。これには、上院で民主党の議事妨害（フィリバスター）を打ち破り、60票の超多数を必要とした。（民主党はまだ銃規制問題を避けることを学んでいないようだ）。

それに比べれば、社会保障制度改革、死亡税廃止、アラスカでの石油掘削など、大統領の積極的な支援があったにもかかわらず、60票を獲得することはできなかった。商工会議所は折に触れ、社会問題を軽視し、企業のロビイストこそがワシントンD.C.の実権を握っていると指摘する。ビジネス界全体が、何百億ドルもの金を企業から略奪してきたトライアル・ロイヤーと闘っても、ほとんど成功しなかったことと、憲法修正第2条コミュニティがトライアル・ロイヤーを打ち負かしたことを比べてみよう。アメリカで権力を握っているのは誰か？

クリントン政権は銃の有権者の数を減らしたいと考え、官僚機構に対する支配力を積極的に行使し、合法的に銃の販売を許可された者の数を減らした。1993年には28万1千人の連邦銃器ライセンス保持者（FFL）がいた。これが意図的な嫌がらせキャンペーンの結果、1996年には8万9千人にまで減少した。FFLの取得費用は90ドルから200ドルに引き上げられ、クリントンBATFはFFLや市当局に、ライセンシーが自宅で商売をしているのは区画法に違反していると脅迫状を送った。[14]

ブッシュ政権下で、この嫌がらせはいくらか減少したが、驚くことに終息したわけではない。FFLの数は減り続け、2005年9月には6万6651になった。[15] 全体として、その影響は劇的である。Kマートでは銃の販売が中止され、ウォルマートではつい最近3分の1の店舗で銃の販売が中止された。

銃反対派による攻撃は、政治的洞察力に優れているが、勝利するための政治的力強さに欠けていた。ジョン・マケインは、キーティング・ファイブ・スキャンダルへの関与を過去のものにしようとマケインが名を連ねたファインゴールド選挙資金改革法案にNRAが反対したことを恨んでいた。その報復として、マケインは銃の所有者を罰したいと考えた。彼は「ガンショーの抜け穴をふさぐ」闘いを主導した。その「抜け穴」とは、銃砲店で銃を購入する際に即座に検査を義務づけている法律が、隣人や友人、知人、あるいはガンショーで誰かに自分の個人所有の銃を売る市民には適用されないというものだった。いわゆる「インスタント」チェックの結果が出るのが頻繁に遅れるため、ほとんどのガンショーでは市民が自分の銃を展示・販売することが不可能になる。こうした規制のある州では、規制のない他の州に比べて、銃の展示会の数が最大で25％減少している。(16)

しかし、マケインと反銃勢力にとって、ガンショーにダメージを与えることは、単に自分の所有物を売ることができない少数の銃所有者を困らせることよりも、もっと大きな報酬だった。ガンショーは銃文化のメガチャーチなのだ。マケインは、銃の所有者が集まり、組織化し、例えばジョン・マケイン上院議員のような政治家の反銃の立場について議論する能力を標的にしたのである。

修正第2条に対するアメリカの支持を説明しようとするヨーロッパ人は、アメリカ人が2億5千万丁以上の銃を所有していること、約半数の家庭が銃を持っていること、何百万人ものアメリカ人が狩猟をしていることをしばしば指摘する。(17)

しかし、今日、そして25年後に重要なのは、憲法修正第2条の権利を守るために投票するアメリカ人の数である。そのためには、携帯許可証を持つアメリカ人の数が増えていることは、「銃所持賛成派」の力が強まっていることを示唆している。猟師は毎年一度、お気に入りの猟期にショットガンやライフルを持ち出すかもしれない。しかし、銃器を車や財布に入れて持ち歩く安心感に慣れた人が、それを手放すことはまずないだろう。銃の携帯を認める州が増え、その権利を利用する市民が増えれば増えるほど、銃に関する投票の激しさは増すだろう。

第8章　ヨーロッパへ戻るか、アメリカとして進むか

依存の罠

現代の民主党の目標は、老後の収入、子供の教育、医療、親の医療、住宅、フードスタンプ、あるいは雇用など、人生の重要な場面で政治に全面的に依存していると考えるアメリカ人の数を最大化することである。依存するアメリカ人の数が多ければ多いほど、左派は強くなる。共和党の目標は、このような援助を必要とし、政府を親とみなすアメリカ人の数を減らすことである。ここでも両者は完全に対立している。同じことを異なる方法で行おうとしているのではない。正反対の、相反する目標を掲げているのだ。

1993年と1994年にビルとヒラリーが行なった医療の国営化をめぐる争いがそれだ。クリントン夫妻は、すでに政府によって運営されていない医療費の半分を引き受けようとしていた。クリントン夫妻の目的は、医療費を削減することでも、医療をより広く利用できるようにす

ることでもなかった。それは超党派の努力で簡単にできたはずだ。共和党は長年にわたり、トライアル・ロイヤーによる医療費高騰を食い止めるため、医療過誤改革を成立させるべきだと主張してきた。保守派は、消費者に薬物リハビリや性転換など多くの強制的な「サービス」を含む「金メッキ」保険への加入を強制する州法を廃止することで、健康保険料を下げることを主張してきた。共和党は以前から、貧困層が自分で医療費を支払うための税額控除や、医療貯蓄口座を支持してきた。

民主党は、すべてのアメリカ人をより自立させ、自分の医療とその費用をよりコントロールできるようにする自由市場的な対応で、医療保険の費用を削減しようとはしなかった。彼らが望んだのは、より多くのアメリカ人の医療を政府に依存させることだった。政府が医療を管理し、それを配給することを望んだのだ。

彼らのモデルはヨーロッパの福祉国家であり、今もそうである。そこでは政府が医療、教育、年金、そして労働者の多くにとっては仕事も管理している。そんな政府に立ち向かいたいと思うだろうか？　だからヨーロッパには自由市場政党がないのだ。保守政党はあるが、アメリカ型のレーガン保守政党はない。もしヨーロッパ人が制限された政府を得るために戦おうとすれば、政治家たちは静かにこう説明するだろう。「俺たちにもっと金をよこして、あなたの生活をもっと管理させてくれよ。さもなければ、俺たちはお前の仕事、お母さんの医療費、お父さんの年金、あるいは住宅補助、子供の教育費を取り上げる。CATスキャンのためにさらに長く待ちたいのか？」そんな政府に誰が立ち向かえるだろうか？　ヨーロッパでは立ち向かわない。1990年にマーガレット・サッチャーがダウニング街10番を去って以来、政府の規模と範囲を縮小し、市民が自分のことは自分でできるようにすることを目指す主要政党は、ヨーロッパ諸国には存在しない。ヨーロッパのいわゆる「保守」政党は、現在の官僚機構をより効率的に運営できると主張することに終始している。あるいは、自分たちの素晴らしい福祉国家から不潔そうな外国人を締め出すことを主張するナショナリスト政党に成り下がった。彼らは、全員が金髪であれば福祉国家は問題ないと考えているようだ。

アメリカの左派が描く未来は、今日のヨーロッパにも垣間見ることができる。ほぼ保障された雇用保障と、労働に対する税引き後給与とほぼ同額の失業手当。これは、アメリカの一人当たりGDPのわずか74%という低い生活水準と引き換えのものである。誰もがより平等になる。より貧しくなるが、より平等に貧しくなる。莫大な富を生み出すチャンスは少ないが、あなたがパブにいる間に隣人が次のマイクロソフトを生み出し、あなたを嫌な気分にさせるチャンスも少ない。

自由を安全保障と交換することの代償は明らかだ。すなわち、機会社会から福祉国家への移行である。1960年当時、EU加盟15カ国の政府支出はGDPの26%だった。米国は25%を支出し、欧州の防衛と自国の防衛を担っていた。ヨーロッパが福祉国家を建設し、国防費を削減するにつれて、EU15カ国の平均政府支出は45%になったが、アメリカは33%に上昇した。(1)

大きな政府と金融緩和的な福祉国家は、アメリカに比べてEU15カ国の成長を鈍化させた。1994年から2004年までのアメリカの成長率は年平均3・3%、EU15カ国は2・2%であった。成長が鈍化したことで、EU15カ国の1人当たりGDPは2万8700ドルになった。アメリカの平均は3万9700ドルで、40%も高い。2006年8月のEUの失業率は8%だったが、アメリカでは4・7%だった。失業者のうち、12ヶ月間仕事がなかったのはアメリカでは12・7%だけだった。ヨーロッパでは42・6%だった。これは、生活のために働くのではなく、投票する下層階級を作り出すための餌である。(2)

現在の傾向を考えると、仮にアメリカで経済成長がなかったとしても、ヨーロッパがアメリカの所得水準に追いつくには18年、アメリカの生産性水準に達するには14年、アメリカの雇用水準に達するには26年かかることになる。(3)

しかしもちろん、アメリカは立ち止まってはいない。ヨーロッパとの間に距離を置き続けるだろう。「もっと寄こせ連合」が権力を掌握することで、われわれをヨーロッパの依存と停滞への道に引きずり込まない限り。「もっと寄こせ連合」のゴールこそがヨーロッパモデルなのだ。

政府の便宜を図ってくれる人たちに票を投じ、権力を維持する依存的で静的な社会。ある世論調査によると、医療を待つカナダ人の45%が「苦痛を感じている」と回答している。(4)

政府が医療を掌握し、配給し、もはや市民ではない臣民が配給を求める。私たちは、アメリカンドリームを、医療を受けるための待ち時間を短縮するというカナディアンドリームに置き換えたいのだろうか?

リベラルな福祉国家の未来を見るためにヨーロッパに飛ぶ必要はない。ヨーロッパの福祉国家の国民は、高校を卒業しなかったアメリカ人のような生活を送っている。中学校の同じ日を何度も何度も繰り返す。卒業は来ない。先生や学校の管理者はあなたにほとんど何も求めない。ママとパパは食事と家を与えてくれる。たくさんのアクティビティで退屈しない。前進のない動き。出席を取ることが多く、くだらない規則がたくさんあるようだ。個人の成果に対する誇りは、校風に対する偽りの誇りに取って代わられる。

我々のチームは彼らのチームより優れている。人は決して成長せず、巣から出ることはない。しかし、巣は暖かく快適で、厳しいものではない。そして外はとても恐ろしく見える。『ゴーストバスターズ』のダン・エイクロイドが、民間企業での生活について警告しているように「彼らは結果を求める」。

ヨーロッパは、よく管理された高校に見られるような、ある種の自由を謳歌している。結果が伴わないセックス。エッチな言葉を非難されることなく使うことができる。自分の突拍子もない希望や願望を長々と語り合っても、「それを実現するために何をしているの？」と聞かれることはない。他人を批判することが賢さとみなされる。愚痴は仕事に取って代わる。

では、アメリカは福祉への依存を強めるのか、それとも弱めるのか。民主党寄りか共和党寄りか？　1996年以前、共和党員の多くは、アメリカはより依存的な方向に永久に傾斜していると考えていた。民主党はアメリカを変え、有権者をより政府に依存させることで変えようとしていた。

左派は、アメリカ人の大多数が政府に依存していると考えるように仕向けようとしている。かつては自立していた男女を狙うハエトリグサ、瞬間接着剤で覆われた魅力的な寝椅子、独立を安全と引き換えにし、自分の仕事や才能で、市場で競争するのではなく、国家と票を交換するファウスト的な取引を構築するには、多大な時間と労力が必要だった。

旧AFDCプログラムを通じて生活保護を受給するアメリカ人の数は、1960年の300万

人から、１９７０年には８５０万人、１９８０年には１０５０万人、１９９０年には１１５０万人に増加した。(5)

１９６５年に始まったメディケイドは、当初は50万人の低所得のアメリカ人に税金で医療費を補助していた。これが１９７０年には１７３０万人、１９８０年には２１６０万人、１９９５年には３６３０万人、２０００年には４４５０万人、２００４年には５４６０万人に急増した。(6)

フードスタンプは１９３９年に始まり、１９７０年には４３０万人、１９８０年には２１００万人、１９９０年には２千万人、２０００年には１７２０万人、２００６年には２５５０万人のアメリカ人に補助金を支給している。(7)

経済学者ゲーリー・シリングが２００７年に行った調査によると、アメリカ人の52・6パーセントが政府のプログラムから「かなりの」収入を得ている。シリングによれば、扶養家族も含めると、アメリカ人の20パーセントが政府のために働き、20％が政府の年金で暮らし、１９００万人がフードスタンプを、２００万人が住宅補助を、５００万人が教育補助金を受け取っている。「政府に依存している」アメリカ人の割合は、１９５０年の23・8％から１９８０年には55％になり、２００６年には52・6％にまで減少した。(8)

リバタリアンの中には、政府からの小切手を受け取っているアメリカ人の数を数え、彼らがすべて国家主義者チームに奪われてしまったと予想する者もいる。しかし、生涯働き続け、毎月社会保障小切手を受け取っているアメリカ人は、政府が自分たちに何かを与えているとは思っていない。確かに、彼らが手にしているお金は彼らが払った税金とは直接関係なく、毎月間接的に彼らの子供や孫たちから略奪しているのだ。しかし、彼らはずっと、社会保障税は政府が自分たちのために蓄えてくれているのだと聞かされてきた。メディケアも同様だ。

これが、民主党がメディケアや社会保障の受給者に不満を抱く理由だ。彼らは十分に感謝していない。自分たちが政治家からものを与えられているとは思っていないのだ。彼らは、メディケアと社会保障のＦＩＣＡ税金が老後の退職金と医療費をカバーすると聞かされていた。だから民主党は、クリントン政権時代に「削減と投資」を呼びかけたのだ。社会保障やメディケアの受給者への給付をカットし、まるで生活保護を受けているかのように投票をせず、その代わりに票を集められるような、より生産的な政府プログラムに「投資」するのだ。生活保護、フードスタンプ、住宅補助、メディケイドは、納税者が「稼いだ」ものでも「支払った」ものでもない。政治家が、期待される政治的支援の見返りとして与えるものなのだ。

ジャック・ケンプは、社会の思いやりは生活保護を受けている人の数ではなく、生活保護を必要とする人がどれだけ少ないかでわかると説明している。[9]

また、共和党がどれだけ票を獲得できるかを測る良い指標でもある。仕事を持っている男、もっと言えば、自分で仕事を作り出した自営業の男や女には、政府の「助け」は必要ない。彼は強く、自立している。私に投票しろ、さもなければ貧乏になり、食べるものも家もなくなるぞ、と言った政治家は唾棄されるだろう。

１９９６年に可決された福祉改革は、福祉プログラムは改革可能であり、依存のレベルを戻すことができることを示している。それはどのようにして達成されたのか？　レーガンは１９７０年に福祉改革を呼びかけ、50人の知事の中でただ一人、その改革を支持した。彼の福祉局長であったロバート・B・カールソンによってカリフォルニア州で最初に推し進められた彼のアイデアが法律となるまでには、26年の歳月を要した。

作家で政治アナリストのマイケル・バローンは、ニュート・ギングリッチを民主党から下院過半数を奪う前から嫌っていた理由のひとつは、彼が〝自分たちに道徳的優位性を認めようとしなかった〟ことだと筆者に語った。

旧共和党の主張は「民主党は貧しい人々を助けようとしているが、この福祉支出は非常に高くつく。したがって、われわれ共和党は、支出を減らして貧しい人々を助けることを提案する」と認めることから議論を始めていた。民主党はこれに対し、共和党が民主党の道徳的優位性を認めてくれたことに感謝した。そして生活保護は大幅に引き上げられるだろうが、最初に提案したほどではない。そうすることで生活保護受給者に「あなた方は共和党の反対を押し切って、我々の好意でこのお金を得ているのです。選挙の日には、このことを忘れないでください」と説明するのだ。

ニュート・ギングリッチは、『Losing Ground』の著者であるチャールズ・マーレイなどの学者による、福祉の影響に関する本格的な研究の蓄積を武器に、ルールを破った。ギングリッチは、福祉プログラムが、本来助けるべき個人や家族にダメージを与えていることを指摘した。ウォルター・ウィリアムズ教授は、納税者がアメリカの貧困層に多額の税金を費やしているにもかかわらず、実際には貧困層にはほとんどお金が回っていないことを明らかにした。それは実際には「諸経費」、つまり福祉を管理することを仕事とする大勢の民主党の選挙区職員や献金者の資金源として使われていたのだ。本当の福祉の女王たちは福祉を受けていたのではなく、福祉を運営し、何百万人もの人々の生活をどん底に突き落としたのだ。

今の共和党の主張はこうだ：「民主党は毎年毎年、組合に所属する公務員を潤す一方で、貧困層の家族にダメージを与え、何世代にもわたって生活保護に依存させている。我々はそれを阻止する。」民主党はもはや高価な博愛主義者とは見なされなかった。悪人であり、他人の金で貧しい人々に悪いことをしていることを知りながら、軽蔑していたのだ。

ギングリッチはスピーチの中で、ある思考実験を用いてこのことをドラマチックに表現した。二人の韓国人のいとこがロサンゼルスに到着したとする。一人は政府の福祉職員に出迎えられ、この新しいアメリカ人のために存在する、住宅補助、職業訓練、フードスタンプなど、あらゆる素晴らしい恩恵を説明される。もう一人の従兄弟は親戚に出迎えられ、最低賃金も払えず、店の裏で寝泊まりし、2つの仕事を掛け持ちする必要があると説明される。

それから25年。政府の福祉制度に助けられた兄弟と、政府の援助をすべて避けた兄弟、どちらがマイホームを持っているだろうか？　大学に通う子供がいるのはどちらか？　どちらが裕福だろうか？　健康なのは？　そして、なぜ私たち納税者は、人々をより悪くするとわかっている一連の政府プログラムに資金を提供しているのだろうか？

1996年の福祉制度改革は2度可決され、ビル・クリントンによって2度拒否権が発動されたが、彼のアドバイザーであったディック・モリスが犠牲を払う価値があると説得し、クリントンは1996年8月22日に3度目の可決に署名した。

未成年扶養世帯給付金（AFDC）は、貧困家庭一時扶助（TANF）と改称され、その世帯数は430万世帯から189万世帯に減少した。[10]

福祉改革に反対し、反対票を投じた「穏健派」が予測した、飢餓に苦しむ貧困層で埋め尽くされた街は実現しなかった。

ブッシュ政権の大きな失敗のひとつは、政策的にも政治的にも、2001年に5年間の認可が切れた福祉制度改革を5年間延長しなかったことである。もし2002年か2004年の選挙が、「福祉改革2」をめぐる熾烈な議論の中で行われていたら、上下両院には共和党議員が増え、大統領ももっと人気者になっていただろう。福祉改革に関する国民的議論は、ブッシュがバグダッド市長のモノマネをするよりも票を動かしただろう。結局、国民的な議論もないまま、福祉改革は強化され、2006年1月からさらに5年間延長された。この改革について読んだ人はほとんどいなかったし、気づいた人はさらに少なかった。

民主党は、依存が強力な政治的手段となりうることを十分に認識している。2005年、ある大学共和党員が大学民主党の大会に出席した。そこで彼は、民主党員を投票に登録する最善の方法は、特定の地域に生活保護受給者の小切手が届いた直後の日に食料品店に行き、潜在的な有権者を登録することだと説教された。

ジョン・マケイン上院議員は1993年、投票するためにお金をもらっているという考えをなくすため、政府からお金をもらっている場所で投票登録をすることを禁じる修正案を自動車投票法に提出した。これは賢明な民主党上院議員によって全会一致で否決された。

このまま何も変えなければ、さまざまな福祉制度はさらに拡大し、より多くの依存者と民主党議員を生み出すだけだろう。

しかし、福祉改革モデルは、このような手段試験的な福祉プログラムすべてに適用できる。自由市場経済学者のピーター・フェラーラは、エンタープライズ・ゾーン、健康貯蓄口座、社会保障の民営化といったアイデアを率先して推進したが、共和党改革派の次の波は、1996年の改革をモデルとしてすべての福祉プログラムを改革することだと指摘している。

手段を選ばない連邦プログラムは何十種類もある。メディケイド、フードスタンプ、住宅補助は単に最大のものである。もしこれらの制度が、インフレ率に応じて総合補助金を増加させるというコミットメントとともに各州に総合補助金にするのであれば、経済に占める割合が増加することはないだろう。各州は、福祉制度改革で行ったような実験が許されるだろう。総合補助金を導入し、これらのプログラムの伸びをインフレ率に制限すれば、10年間で1兆ドル以上の節約になる。民主党はもはや、このような改革が世界の終わりになるとは主張できない。彼らは福祉改革で大敗を喫したが、今では連邦政府の数少ない成功例として認められている。

第9章「あの子はホームスクーリングを受けていた」

ホームスクーリングの成長

マイケル・ファリスは1983年にホームスクール法律擁護協会（HSDLA）を設立し、2000年まで会長を務めた。現在は同会の会長を務めている。彼は、HSLDAを8万組の親からなる団体に育て上げた。彼の推定によれば、アメリカには、学齢期の子供の4パーセントに当たる200万人の生徒をホームスクールしている親が60万組いることになる[1]。

オレゴン州セーラムにある全米家庭教育研究機関のブライアン・D・レイ会長は、「この傾向が年率7%という緩やかな成長率で続くとすれば、2010年秋には約300万人の生徒が家庭教育を受けることになる」と述べた。

ファリスは、パトリック・ヘンリー・カレッジの創設者であり、現理事長である。この大学は、ホームスクーリング家庭の卒業生を中心に大学教育を提供している。パトリック・ヘンリー・カレッジは、初年度に92人の学生でスタートし、２００６年の入学生は２６０人であった。

ファリスは、１９５０年代、ホームスクーリングは、国旗を掲揚し、公の祈りを捧げる官立学校を不快に思う左派の反体制的な親たちによって頻繁に追及されていたと指摘する。今日、ホームスクールを選ぶのは、主にプロテスタントを信仰する親たちだが、ローマ・カトリック、ユダヤ教、イスラム教の親たちもいる。このような家庭は一般に二人親家庭であり、片方の親が家にいて子供たちを教育する。50州すべてにおいて、ホームスクーリング運動は、ホームスクーリングを自分たちの組合費を脅かす脅威とみなす教職員組合に真っ先に立ち向かい、打ち勝たなければならなかったという指摘を聞けば、ホームスクーリングに見られる個人的・政治的コミットメントの高さを理解できるだろう(2)。

１９７９年、最大の教職員組合である全米教育協会は、連邦政府による教育省の設立を望んでいた。AFL-CIOは小規模なアメリカ教職員連盟と同盟を結び、新しい教育省に反対した。全米教育協会はAFL-CIOを破り、伝統的な産業別組合に対する政府系労働組合の支配が到来することを予感させた。だが、ホームスクーラーたちは、AFL-CIOを打ち負かした連中を打ち負かしたのだ。

１９９３年までさかのぼると、ホームスクール運動は、政府による規制の脅威を察知し、自己防衛のためにその力を発揮した。あるホームスクーラーがディック・アーミー下院議員に、ある法案がホームスクーリングに対する連邦政府の規制の扉を開くかもしれないと知らせたとき、現代議会史上最大の大炎上となった。当時はまだ、組織化された有権者との連絡手段として、電子メールやファックスがまだ一般的になる前のことだった。ファックスがホームスクール・ネットワークに送られたのは月曜日で、翌日には首都の電話回線が大混雑し、各事務所から他の事務所に筆談が送られたほどだった。議会は3日以内に、違反の可能性のある条項を削除することを全会一致で決議した。これが政治力なのだ。

ホームスクーラーの数は年々増えており、彼らは公立学校の生徒よりも賢く、勤勉で、真面目である。ホームスクーリングの子供たちは、政府の教育の神聖さを信じるように社会化されていない。彼らは、政府の能力や必要性に懐疑的である。彼らの両親は、誰も拒否できないはずの申し出を拒否し、12年間「無料」で子供たちを教育し、ベビーシッターをするという政府の提案を拒否した。

2005年、公立学校は生徒一人当たり平均9千ドルを費やしているため、自宅で学校教育を受ける200万人の子供たちは、幼稚園から12年生までの間にそれぞれ10万8千ドルの税金を節約している。(3)

200万人の生徒と60万組の親は、年率7%と推定される成長率で、「放っておいてくれ連合」を大いに強化する政治力となっている。(4)

民主党がホームスクーリングを違法化できるとは考えにくい。この運動はあまりにも大きく、つぶすことはできない。そして、国家に「助けられる」ことを避けるために、そのような犠牲を払うことを厭わない家庭に対して、左派が提供できるものは何もない。

数年前、保守活動家のモートン・ブラックウェルが、ある若い活動家と会うべきだと筆者に言った。しかしモートンは、「彼はホームスクーリングを受けている」と警告した。これは、彼が完全に「社会化」されていないかもしれないという考えを私に警告するためだった。その懸念は、ホームスクーリングがより速く成長するための障害となっている。

5歳、10歳、15歳の子供たちが、大人の数より子供が圧倒的に多い場所で一緒にたむろすることで、ポジティブな社会性を身につけられるという考えがどこから出てきたのか、不思議に思うかもしれない。たぶん、公立学校ではもう『蝿の王』は読まれていないのだろう。人生において、年齢層別に組織化されているところは他にはない。公立学校では、このような分離がどのように役立つのだろうか？　何のための準備なのだろうか？

社会化が少なすぎることを心配する親は、すぐに「同調圧力」を恐れる。「同調圧力」とは、基本的に同年齢集団による社会化のことである。

しかし、データがある。ブライアン・レイがホームスクーリングを受けた若者を調査した結果、ホームスクーリングを受けた市民はより積極的に市民活動に参加していることが明らかになった。18歳から24歳までのホームスクーラーの14％が政治家候補のために働いた経験があるのに対し、ホームスクーリングを受けていない人では1％だった。おわかりのように、この14対1の比率は、「私たちを放っておいて」連合にとって朗報である。ホームスクーリングを受けた若い男女の76％が選挙で投票するのに対し、その他の若者の投票率はわずか29％である。ホームスクーリングは、非常に長期的な投票率向上キャンペーンである。現在18歳から24歳のホームスクーラーのうち、候補者や政党に寄付をしたことがある人は10％で、それ以外の人はわずか3％である。(3)

今日のホームスクーラーの多くが社会的に保守的な背景を持っていることを考えると、驚くべきことかもしれないが、「教会や宗教に反対する言論をすることは許されるべきか」という質問に対して、ホームスクーラーの約91・5％が「はい」と答えているのに対し、その他の人々は88％に過ぎない。[6] また、ホームスクーリングをしている家庭の平均子供数は３・９人で、全国平均の２倍である。[7]

第10章　裏切り者：政府の友人たち

公務員の数は増加の一途をたどっており、公務員が民間労働者よりも給与や福利厚生で優遇されることも増えている。これは「もっと寄こせ連合」にとって朗報である。「放っておいてくれ連合」にとって朗報なのは、納税者がこれを許す可能性が低いことだ。

2004年、連邦政府職員の平均賃金と手当は10万1778ドルであった。この年、民間部門の平均労働者の賃金と手当は5万1876ドルであった。(1)

1990年から2004年にかけて、連邦政府の職員一人当たりの報酬は115%増加したが、民間部門の報酬は69%の増加にとどまった。

2006年8月30日付のワシントン・ポスト紙の見出し、「D.C.郊外が最も裕福な郡リストのトップに」がそれである。

肥大した政府は国際的な現象である。イスラエルのベンヤミン・ネタニヤフ元首相は、今では有名な「太った男と痩せた男の話」をした。イスラエルの新兵訓練所で、各兵士が自分の右隣の兵士を背中に乗せて100ヤード走る訓練がある。この話では、小柄なイエメン人を背負った兵士が勝った。太った男の隣に立ち、彼を担ごうとした兵士は完走できなかった。

ネタニヤフ首相が言いたかったのは、イスラエル政府が太っちょになり、民間経済がそれを担ってレースを走り続けることができなくなったということだ。米国では、2つの肥満問題がある。子供たちはドリトスを食べ過ぎ、公務員は金をもらい過ぎている。

州・地方政府職員は、1994年の1390万人から2004年には1578万8千人に増加した。(2)

2005年、税金で給料をもらっている労働者の賃金と手当は1時間当たり36ドルだった。同じ時間、民間部門で税金を支払っている人々の収入は24ドルだった。

1950年当時、平均的な納税者の総報酬は、平均的な州・地方公務員より222ドル多かった。1960年には、民間労働者の方が350ドル多くなっていた。1969年には、州・地方公務員の方が50ドル多くなった。1981年には政府雇用者の年間収入は1533ドル、1983年には1032ドル、2002年には3924ドルとなった。(3)

政府年金は通常インフレに連動する。連邦労働者の「非自発的離職」率（解雇）は、民間部門の4分の1である。

ウェンデル・コックスによるアラバマ政策研究所の調査によると、公務員と民間人の報酬を比較したところ、フルタイムの州職員は民間職員に比べて、給与の割に仕事に費やす時間が10％少なかった。また、病欠日数も2倍多かった。州職員のために税金を支払っているアラバマ州の民間労働者は、助成を受けている州職員よりも年間平均1カ月多く働いていた。アラバマ州の州職員は、民間企業で同じ時間働く同程度の学歴と技能を持つ職員よりも、キャリア全体で推定35万ドル多く賃金と手当を受け取っている。[4]

理性的な国家公務員は、慣れ親しんだスタイルで自分を維持している農奴に対して、この優位性を維持するためにどれだけの時間と労力を政治に費やすだろうか？　フランスの貴族たちは、特権的な存在を維持するためにどれほど懸命に戦っただろうか？

州職員の報酬の「超過コスト」は、アラバマ州の納税者に毎年2億９５００万ドルから3億6千万ドルの負担を強いている。[5]

公務員の給与と手当の増加の多くは、約束された年金と医療給付に隠されてきた。州および地方政府は、7千億ドル以上の未積立年金債務と、退職した公務員のための1兆4千億ドルの未積立医療債務を抱えている。[6]

２００７年に完全施行される新しい会計規則は、州および地方政府に対し、これらの高コストでこれまで秘密にされてきた政治的約束を透明化することを求めている。納税者にとっての目標は、この給与と年金の格差をゼロにすることだ。納税者から、より多くの給料をもらい、より少ない労働時間で、納税者が負担する前代未聞の手当と年金で引退する保護された階級の公務員に富を移転するために政府が使われるのは公平ではない。

現在の賃金や福利厚生、そして退職後の年金や医療費など、公務員一人一人にかかるコストは膨大で、新規雇用者を市場から排除し始めている。全米自動車労組が労働者を市場から締め出したとき、人々はアメリカ製の車を買わなくなり、自動車労働者の数は減少した。

州と地方自治体は独占企業だ。これが何十年もの間、彼らを守ってきた。しかし、その独占力にも限界がある。他の州よりも負担が小さい州もある。ニューハンプシャー州では政府職員の9・8％しか負担させられないのに、労働人口の14・6％が州・地方政府のために働くルイジアナ州で誰が一生暮らすのだろうか？　納税者は、政府職員の13・4％が税金で支えられているニューヨーク州や、16・2％が税金で支えられているコロンビア特別区を離れる。

公務員の金ピカ契約も、民間部門との競争にさらされている。市や州、連邦政府は、さまざまな仕事をどんどん民間部門にアウトソーシングしている。市役所でゴミ拾いや草刈りをしたり、学校のカフェテリアで給仕をしたりする人々が、なぜ解雇されることもなく、同じような仕事をした隣人よりも高い給料をもらい、無限の福利厚生と増え続ける年金を持つ公務員でなければならないのだろうか？

高給取りの政府職員が大量に定年退職を迎えるため、政府を痛みを伴わずに縮小する機会もある。人事管理局（OPM）は、2010年までに連邦政府職員の16・2％にあたる30万人が定年退職すると予測している。[7]

1980年代、フォーチュン500社は中間管理職を削減し、終身雇用を期待していた50歳のホワイトカラーを大量に解雇した。痛みを伴うものだったが、アメリカ企業の世界的な競争力を高めた。同じように政府の中間管理職を改革するチャンスがある。レイオフは必要ない。ミネソタ州のティム・ポーレンティ知事は、定年退職者を2人おきに1人入れ替えるだけで、州政府をより効率的にすることに取り組んだ。

もちろん、ヒラリー・クリントンはこの傾向を、税金を貪る民主党の選挙区労働者の数を減らすことだと考えており、反対の方向に突き進んでいる。２００７年初頭の大統領選挙キャンペーンで彼女は、連邦政府が民間部門に委託していた50万件の仕事を、政府給与、政府年金、政府手当、そして「もっと寄こせ連合」が本拠地とする繭の中に戻すよう要求した。

【1994年と2004年の州・地方政府雇用[8]】

	1994	2004	増減
米国全体	13,912,227	15,788,184	13%
教育	7,098,807	8,538,180	20%
K-12学校間	5,310,339	6,473,425	22%
高等教育	1,586,663	1,848,997	17%
その他	201,805	215,758	7%
治安部門	1,925,986	2,323,323	21%
警察	749,308	892,426	19%
刑務官	584,387	701,905	20%
司法	321,168	409,944	28%
消防	271,123	319,048	18%
福祉	2,123,500	2,038,534	-4%
病院	1,053,356	912,496	-13%
公共福祉	492,387	498,092	1%
健康	360,694	424,158	18%
住宅・開発	123,173	114,281	-7%
社会保険管理	93,890	89,557	-5%
サービス	1,701,548	1,766,101	4%
高速道路	544,233	542,642	0%
公園・レクリエーション	239,605	262,815	10%
交通	205,994	231,897	13%
天然資源	187,432	186,006	-1%
水道	153,143	162,251	6%
下水道	121,594	126,136	4%
固形廃棄物	110,156	108,882	-1%
その他	139,156	145,172	5%
その他	1,062,386	1,122,596	6%

第11章　有権者を増やす：投票率の向上、刑務所での投票、不正投票

2000年には、18歳以上で選挙権を持つアメリカ人は2億912万8094人であった[1]。しかし、そのうち選挙登録をしたのは1億5907万6685人、投票したのは1億691万3005人であった。2002年には、有権者の70％が登録し、37％が投票した。2004年には、有権者の77％が登録し、登録有権者の72％にあたる1億2228万6610人が実際に投票した。

既存メディアは、2002年と2004年が、共和党と民主党が、無党派層や中間層の有権者を動かすことではなく、これまで投票に行かなかったイデオロギー的な同胞を、選挙当日に何らかの形で投票に行かせることに集中した「基盤」選挙であったことを、大々的に報道した。

2000年、ブッシュ陣営は終盤の世論調査を見て、自分たちが5ポイントリードしており、フロリダはブッシュに投票するのは確実だと考えていた。選挙当日、民主党は投票促進活動をより効果的に行い、ゴアは54万3816票差で一般投票に勝利したが、フロリダでは5ポイント差ではなく、537票差で敗北した。

2002年、カール・ローブ、ケン・メールマン、そして全米共和党は、二度と出し抜かれることはないと決意し、共和党の潜在有権者を特定し、登録させ、投票に行かせることに焦点を当てた「72時間」プログラムに資源と焦点を移した。

2004年、両党は投票率アップを強力に推し進めた。共和党は、2000年に民主党が自分たち以上に選挙運動に力を注いだと考えていた。民主党は、共和党の2000年への反動が2002年の投票率を押し上げ、伝統的には敗北が予想される閑散期の選挙で共和党の上下両院の議席を獲得するのに十分であったことに気づいた。2004年、ブッシュ票の合計は22・96％増加した（2000年の5046万110票から2004年の6204万610票へ）。ケリー票は、2000年のアル・ゴアのいわゆる「勝利」票（5902万8444票、ゴアの5100万3926票）を15・74％上回った[2]。

ニューヨーク・タイムズ・マガジンは、ケリー陣営の主要な投票促進リーダーのスティーブ・ブシャードを紹介する長い記事を依頼した。新聞ではなく雑誌の記事であるため、「デューイ、トルーマンを破る」という風な見出しは避けられた。しかし、NYTが共和党の投票促進リーダーではなく、スティーブ・ブシャードに焦点を当てたということは、民主党の投票率が高ければオハイオ州を制することができ、ひいては大統領選も制することができると考えたのだろう。そして、そう思ったのは彼らだけではなかった。

選挙当日、オハイオ州の民主党がシンシナティとクリーブランドの両市で目標とした投票率を達成したという報告がケリー本部に入ったとき、彼らは選挙が勝利したと思い込んでいた。

しかし、オハイオ州では共和党の得票数が2000年の235万1209票から2004年には２８５万９７６８票に急増し、２０００年に２１８万６１９０票、２００４年に２７４万１１６７票を投じた民主党を破った[3]。

他の主要州では、フロリダ州の共和党が36％増（２９１万２７９０票から３９６万４５２２票へ）、フロリダ州の民主党が23％増（２９１万２２５３票から３５８万３５４４票へ）であった。ウェストバージニア州の共和党の得票率は26％増（33万６４７５から42万３７７８へ）、民主党の得票率は10・５％増（29万５４９７から32万６５４１へ）であった[4]。

ロサンゼルス・タイムズ紙の政治記者、トム・ハンバーガーとピーター・ウォールステンの二人は、『One Party Country（一党独裁）』という堅実な本を書き、共和党が有権者の身元確認において強力なリードを持ち、したがって当面の間、投票率向上活動において優位に立つと主張している。彼らは、共和党の「有権者保管庫」について一章を捧げている[5]。

２００６年５月に行われた民主党指導者会議（ＤＬＣ）の調査でも、同じ結論に達した。エド・キルゴアが執筆したこの研究では、民主党が政権与党としての多数党の地位を回復する方法について、２つの理論が検討されている。第一の説は、ヒスパニック系住民の増加と「共和党政治がマイノリティ有権者、未婚女性、社会的に穏健な職業人を不釣り合いに民主党に引き留め続ける」という仮定とを併せ考えれば、今後民主党が勝利するのに十分だというものだ。第二の説は、「最先端の有権者動員技術を完成させ、支持層の投票率を最大化するためのインフラに多額の投資を行う」ことで、民主党の票を十分に押し上げ、全国的な多数派を形成することができるというものだ。「この理論は、２００２年と２００４年の共和党の勝利は、主に共和党の優れた動員努力に起因するという信念に典型的に関連している」とキルゴアは指摘する[6]。

ＤＬＣは、民主党が黒人票、労働組合、フェミニスト、現在の左派にとどまらず、「地理的・人口統計的なリーチを広げる」ことを望んでいる。しかし、この第3の選択肢を主張する彼らの研究は、民主党がより大きな投票率向上の努力を実際の政策の変更に置き換えることができるかどうかについて、実際に疑問を投げかけている。

２００４年、全国の民主党寄りの大きな郡では、投票年齢人口が２０００年より１３０万人増加した。これらの民主党寄りの郡での投票者数は４１０万人増加し、民主党は民主党傾向の大きな郡で89万人差を広げた。悪くない。

共和党は、全国の共和党寄りの大きな郡でこれに応え、投票年齢人口が５６０万人増加し、総投票数も５７０万票増加した。共和党寄りの大郡における共和党の差は２９０万票増加した。

17の激戦州において、民主党が多数を占める郡は、投票年齢人口を31万6千人増やしたが、投票率を上げることによって、民主党は総投票数を１６０万票、民主党の勝ち幅を57万票伸ばした。17の激戦州の共和党が優勢な郡では、投票年齢人口が１６０万人増加し、総投票数が２００万票増加し、共和党の勝ち幅が84万6千票上昇した。84万6千票は、５７０万票よりもはるかに多い。[7]

民主党が多数を占める大県でも小県でも、民主党の投票率は投票年齢人口の増加の3倍であった。言い換えれば、民主党は投票可能な票のうち、より多くの票を絞り出しているのである。共和党は、共和党の大きな郡では投票率が投票年齢人口の増加率を上回らず、小さな郡では１５０％しか上がらなかった。共和党には、投票率を上げることで得票数を増やす余地があるのだ。

DLCの調査では、「共和党の差は人口増加によるところが相対的に大きく、民主党の差は投票率によるところが相対的に大きいことは明らかである」と結論づけている。調査によれば、「全米の大都市、特に激戦州の大都市を見ると、2004年の民主党の英雄的な投票率向上活動のパターンがより顕著に表れている」という。

カイヤホガ郡、つまりオハイオ州クリーブランド市は、2000年から2004年にかけて投票年齢人口が2万2千人減少した。しかし、民主党は総投票数を10万5千票増やし、民主党の得票差は5万5千票拡大した。(8)

コロラド州デンバー郡は、投票年齢人口で1万1千人減少したが、ケリー陣営は4万3千人得票を伸ばし、その差は3万2千人であった。ペンシルベニア州フィラデルフィアは投票年齢人口で3万6千人減少。総投票数は11万6千票増加し、民主党の得票差は6万1千票増加。ミシガン州デトロイトは投票年齢人口で2万6千人減。総投票数は9万6千票増加し、民主党の得票差は3万2千票拡大。

この先を考えると、民主党は問題を抱えているようだ。投票率上昇の壁にぶつかったのだろうか？　仮に投票率を上げ続けることができたとしても、共和党が優勢な地域の州では人口の増加によって相殺されてしまうのだろうか？

2004年の4つの例を見てみよう。オハイオ州では、カイヤホガ郡が民主党票を5万5千票伸ばした。コロンバスは、投票年齢人口が1万3千人しか増加しなかったにもかかわらず、4万1千票の民主党票を押し上げた。しかし、この2都市が民主党票を10万票増やした一方で、共和党寄りの郡では共和党票を13万7千票増やし、投票年齢人口が19万人増加した。

ペンシルバニア州では、フィラデルフィアとピッツバーグが、投票年齢人口で5万3千人減少したにもかかわらず、民主党に6万1千人の勝ち幅だった。ペンシルベニア州の他の地域では、共和党寄りの郡で投票年齢人口が15万1千人増加し、共和党は12万7千人の勝ち幅だった。同州ではケリー氏が勝利したものの、その勝率は4年前のゴア氏から8万6千票減少した。しかも、2000年には共和党の知事が大統領の座を狙って選挙運動を行い、2004年には民主党の知事が副大統領の座を狙って選挙運動を行ったのにも関わらずだ。(9)

ミネソタ州ミネアポリス（ヘネピン郡）は、投票年齢人口が9千人未満しか増加しなかったにもかかわらず、民主党の得票率を3万7千人増加させた。共和党の郡は同期間に11万6千票増加し、共和党票は4万4千票純増した。

コロラド州では、民主党寄りの2つの大きな郡で投票年齢人口が2万人減少したが、2004年のケリー陣営は6万3千人の票差拡大を実現した。共和党が急成長している3つの郡では、共和党が人口を8万1千人増やし、民主党の増加分の4万2千人を相殺した。

DLCの調査によると、「民主党は、民主党支持者が多い市や郡では、どんなに有権者を動員しても、人口が減少しているため、これ以上高い得票率を維持することができなくなりつつある」という。

この研究の逆は、増加する有権者数のうち、より多くの割合の投票率を獲得することで、共和党が民主党に追いつく余地は大いにあるということである。ハンバーガーとウォルステン、そしてDLCの研究が正しいとしよう。その場合、共和党は投票率を上げ始めており、相対的に大き

く、相対的に成長の速い新領域を開拓していることになる。(10)

そして重罪犯票もある。もし民主党が、現在の有権者層からの相対的な投票率をさらに上げることによって十分な数の有権者を絞り出すことができないのであれば、その層を増やすためのアイデアを持っている。選挙結果に反映されるまでに時間がかかる子供を増やす必要もなければ、選挙区職員が服役するリスクのある死んだ有権者や引っ越した有権者の票を集める必要もない。納税者が税金を楽しむように説得する必要もない。

民主党の活動家が狙っている有権者の金庫は、700万人もの有権者を抱える、まさに金の壺である。しかし、彼らに近づくことは、政治的なパンドラの箱を開けることになるかもしれない。

司法統計局によれば、2004年には、刑務所に142万1911人、刑務所に71万3990人、仮釈放に76万5355人、保護観察に415万1125人のアメリカ人がいた。若干の二重カウントを考慮すると、合計699万6500人のアメリカ人が「矯正人口」に含まれることになる。全員ではないが、彼らの多くは投票が禁止されている。48の州では、重罪で服役中のアメリカ人は服役中に投票することができない。重罪で有罪判決を受けた受刑者に投票を認めているのは、メイン州とバーモント州の2州である。マサチューセッツ州とユタ州では、最近まで受刑者の投票が認められていた。(11)

しかし、1988年の大統領選挙キャンペーンでは、デュカキスの矯正哲学に焦点が当てられた。誰も刑務所で死ぬことはなく、仮釈放なしの終身刑を宣告された者でさえも、全員が釈放されるというものだった。

釈放に備え、囚人たちは週末を利用した一時帰宅が許された。ガソリンスタンドで働いていたティーンエイジャーのジョーイ・フルニエを惨殺した殺人犯の一人、ウィリアム・ホートンは仮釈放の可能性なしの終身刑を言い渡された。デュカキスは1987年に彼を一時外出させたが、彼はメリーランド州に行き、民家を襲って女性をレイプした。彼はメリーランド州で捕まり、逮捕され、有罪判決を受けた。マサチューセッツ州はメリーランド州にホートンの出頭を求め続けたが、マサチューセッツ州に服役中の殺人犯がなぜメリーランド州で市民を強姦し、強盗したのか説明しようとしなかった。ウィリアム・ホートンにメリーランド州での実刑を宣告した裁判官は、「マサチューセッツの人々に、君はもう戻れないと伝えてくれ」と言った。

ウィリアム・ホートンの一時帰宅ネタは、既存メディアによって共和党の選挙上の詭弁として扱われたが、民主党をかばうこの努力には小さな問題があった。ホートン殺人・一時帰宅問題を最初に取り上げた候補は、テネシー州のアル・ゴア上院議員だった。第二に、この問題はリー・アトウォーターの策略によって世間に知られるようになったのではなく、1988年に調査報道部門でピューリッツァー賞を受賞したイーグル・トリビューン紙による一連の新聞記事によってもたらされた。『ボストン・グローブ』紙や『ニューヨーク・タイムズ』紙、『ワシントン・ポスト』紙が見て見ぬふりをするなか、「リーダーズ・ダイジェスト」誌はホートン殺人・強姦事件の顛末を親切にもまとめた。マイク・デュカキスと彼のマサチューセッツ州の犯罪と刑罰に対する考え方は、アメリカ中央部のそれとは大きく食い違うものであることが示された。ブッシュ陣営は、ロバート・ビディノットが書いた7月の「リーダーズ・ダイジェスト」誌の記事を、喜んで何百万部も印刷し配布した。

1988年、犯罪と刑罰の問題が急浮上する中、ウィリアム・ホートンがマサチューセッツ刑務所に収監されている間に選挙権を得ていたことが指摘された。実際、終身刑を宣告された受刑者に投票権を与えるよう組織したライファーズPACがあり、政治家たちは彼らの支持を募った。

マサチューセッツ州の悪評が長引いたため、2000年に国民の投票によって可決された憲法改正案では、重罪で服役中の者は選挙権を剝奪されることになった。

ユタ州でも同じ法律があることに気づいた人がいて、1998年、有権者は服役中の重罪犯の投票を禁止する修正案を承認した。

重罪犯の服役中の投票を認めていない48州に加え、仮釈放中の重罪犯の投票を禁止している州が36州、保護観察中の重罪犯の投票を除外している州が31州ある。バージニア州、アイオワ州、ケンタッキー州の3州は、連邦政府とともに、犯罪者に一生選挙権を与えないことにしている。[12]

注目すべき傾向のひとつは、犯罪者の投票ルールを自由化しようとする左派の努力である。彼らは、実際に服役している重罪犯に投票を認めるという闘いに敗れてきた。しかし、ジョージ・ソロスのオープン・ソサエティ財団は、マンザ、ウッゲン、ブリタンの研究『The Truly Disfranchised: The Truly Disfranchised: Felon Voting Rights and American Politics（真の権利剝奪者：重罪犯の選挙権とアメリカ政治）』と題する調査結果を発表した。彼らは未完成のこの研究を2001年1月3日に発表し、より多くの犯罪者を投票に参加させることによってもたらされるチャンスについて、民主党議員に明るい話題を提供した。[13]

もし重罪犯の投票が認められていたら、アル・ゴアはフロリダで勝利し、2000年に当選していただろう、というのが彼らの研究である。著者らはこう書いている：「我々の結果は、重罪人の選挙権剝奪がいくつかのアメリカ上院選挙で決定的な役割を果たし、1980年代初頭と1990年代半ばの共和党上院多数派に貢献したことを示唆している。」民主党の感情をさらに煽るために、この研究は、1960年の選挙で重罪犯に対する現在の規定が有効であったなら、リチャード・ニクソンはまさに勝利していただろうと主張している。

民主党は近年、いくつかの成功を収めている。野心的な民主党のアイオワ州知事トム・ヴィルサック（民主党の大統領候補としてスタッフに推挙されていた）は執行命令を出し、保護観察や仮釈放が終われば、すべての犯罪者に投票権を与えることにした。アイオワ州の法律では、犯罪者の投票は生涯禁止されている。このことは、民主党で全国的なリーダーシップをとろうとしている者たちが、いかにこの問題の重要性を理解しておらず、法の支配をまったく無視しているかを示している。(14)

メリーランド州選出の代議員ジル・P・カーター（民主党）は2006年、共和党のロバート・L・エーリッヒ州知事を倒すため、民主党が推定15万人の重罪犯にメリーランド州での投票を認める法案を進めていると率直に説明した。(15)

2002年、メリーランド州で重罪犯の投票が一歩前進したのは、2度の重罪犯に対する終身投票禁止が廃止されたことである（2度とも凶悪犯である場合を除く）。

ソロスの調査は、民主党にターゲットを思い出させる。マクガバンが重罪犯票の71・6％を獲得したのに対し、ビル・クリントンは1992年には85・9％、1996年には92・8％を獲得したと主張している。さらに、重罪犯の3分の1は、もし投票率が下がっても投票するだろうと見積もっている。中道左派の団体 Sentencing Project（量刑プロジェクト）は、犯罪者であることを理由に選挙権を持たないアメリカ人が530万人いると推定している。アフリカ系アメリカ人男性400万人、つまり黒人男性の13パーセントが選挙権を剝奪されており、これは全米平均の7倍にあたる。また、67万6730人の女性が同様に重罪により選挙権を失っている。(16)

犯罪者の投票を容易にするための全国的なキャンペーンは、民主党にとって、犯罪に甘いことが選挙での死刑宣告であった古き悪しき時代を呼び戻すかもしれない。しかし、民主党は前進している。民主党支持者が重罪犯の投票問題を正当な公民権・人種問題と混同すれば、共和党はさらに困惑するかもしれない。これはジョージ・W・ブッシュが知事だったときに起こったことだ。1997年、有罪判決を受けた犯罪者が再び投票できるようになるまでの刑期終了後2年間の待機期間を撤廃する法案に署名した。そして2007年、新たに共和党に選出されたクリスト知事は、重罪犯の終身投票禁止を撤廃する法案に署名した。

ソロスは重罪犯の投票を促進する活動に資金を提供しており、おそらく偶然ではないだろうが、彼は麻薬禁止に反対する活動にも積極的である。1933年に「酒戦争」を終結させたように、アメリカも「麻薬戦争」を終結させるべきだという議論にソロスが勝利すれば、投票人口に大きな影響を与えるだろう。2003年の連邦受刑者の55%は薬物犯罪で占められており、2002年には州刑務所で服役している成人の21・4%を占めている。(17)

「投票する者は何も決定できない。投票を集計する者がすべてを決定する。」
――ヨシフ・スターリン

不正投票

不正投票は、「もっと寄こせ連合」にとってますます重要な要素となっている。組合員の数は減少しているが、不正投票の数は増加している。共和党は、1960年の大統領選挙を奪ったかもしれないイリノイ州とテキサス州の不正投票を覚えている。最近では、ジョン・チューンが2002年の上院選でティム・ジョンソン上院議員に僅差で敗れた。これは、取り締まりのない数少ない投票所のひとつで追加票が出たために起きたことだ。ルイジアナ州の上院選は、不正を予想した票差で勝利することが常であった。米国上院の調査によると、1996年のルイジアナ州上院選では、2人の有権者が同じ社会保障番号を使用していたケースが1500件以上あったという[18]。

不在者投票や郵便投票を自由化・拡大し、身分証明書なしで簡単に登録できるようにすれば、将来的に有権者の不正が増える可能性が高まる。

ワシントン州で民主党のクリスティン・グレゴワールが「勝利」した2004年の州知事選は、今日のアメリカにおける不正投票の危険性を示唆するものである。当初、共和党の対立候補ディノ・ロッシよりグレゴワールも133票多く得票していた。これは280万票のうちである。強制的な再集計によって、ロッシの得票差は42票に縮まった。その後、Moveon.orgやジョン・ケリー上院議員を含む左翼が、さらに再集計のための資金を集めた。今度は133票差でグレゴワールが勝利した。ワシントン州民は、シカゴやニュージャージー州ではなく、自分たちが住んでいる誠実なはずの州で、不正投票がどのように行われているかを知ることができた。

ワシントン州のシンクタンク、エバーグリーン・フリーダム財団のボブ・ウィリアムズ会長は、民主党が支配する都心部キング郡19の選挙不正について、次のような調査結果を発表した：

・選挙日後、キング郡職員は少なくとも10回、安全が確保されていない新しい投票用紙を「発見」し、そのうち9回は州法に違反して集計された。(19)
・348枚の暫定投票用紙が、州法に違反して直接開票機に挿入された。
・不在者投票として記録された人数より、少なくとも875人多い不在者投票が集計された。
・推定1500通の不在者投票用紙が有権者に郵送された。このミスが発覚した後、キング郡当局は有権者に対し、1枚は投票し、もう1枚は破棄するよう勧告した。
・共和党によると、754人の重罪犯が違法投票。民主党はその後、さらに647人の重罪犯の投票を確認した。
・少なくとも47人の死者がワシントン州キング郡で投票した。

他の郡では、少なくとも1つの州立精神病院とアルツハイマー病患者が治療を受けている長期療養施設で、組織的な有権者登録活動が行われていたことが判明した。12月に州務長官が手作業による再集計を認定したところ、5つの郡で少なくとも8500票が、正式に投票した登録有権者の数を上回っていた。（この数字は133票という「勝ち幅」の43倍である）。そのうち875票が投票者数を超えて公式に集計された。この875票は、133票という「勝ち幅」の6倍である。[20]

この大失敗から数年後、世論調査によれば、有権者の大多数はディノ・ロッシが本当に当選し、クリスティン・グレゴワールは不正に当選したと考えている。

有権者の不正問題に直面しているのはワシントン州だけではない。アメリカ合衆国選挙支援委員会は、2002年米国投票支援法（HAVA）により、「有権者詐欺」と「有権者脅迫」を調査するよう求められた。2006年12月、同委員会は「これらのテーマについて、全国規模で包括的な調査が行われたことはない」と報告した。[21]

有権者の不正行為に対する両政党の見解は大きく異なる。『ウォール・ストリート・ジャーナル』誌の編集者ジョン・ファンドの著書『Stealing Elections：How Voter Fraud Threatens Our Democracy（選挙を盗む有権者の不正はいかに民主主義を脅かしているか）』では、「ドライバー投票者法」として知られる全国有権者登録法が、1993年にビル・クリントン大統領が署名した最初の法律であり、上下両院で民主党の多数派によって可決されたことを指摘している。この法律は運転免許局に対し、免許を申請する者は誰でも登録すること、身分証明書不要の郵送登録を提供すること、政府職員が新規登録者に異議を申し立てることを禁じる一方で、死亡したり転居したりした有権者を根絶することを困難にすることで、不正に有利な規則を各州に課した。その結果、2001年、アメリカの多くの都市の有権者名簿には、米国国勢調査が18歳以上の住民総数として記載した数よりも多くの名前が含まれていた。[22]
民主党は、運転免許証のような有権者の身分証明書の提示を義務づけたり、死者の選挙人名簿からの抹消を容易にしたりするすべての試みを意図的に打ち破った。
自由主義的な民主党員のラリー・サバタ教授は、有権者詐欺の悲しい歴史を浮き彫りにした『Dirty Little Secrets（汚れた小さな秘密）』を共著で出版した。彼は、有権者詐欺は今日、主として民主党の手段であるというジョン・ファンドの発見に同意した。サバタ氏は、共和党の支持層は中流階級に固まっており、このような不正行為に参加する可能性は低いが、「不正投票に参加する可能性があり、誘われやすい人々の層は民主党に傾いている」と指摘している。[23]
さらに、メリーランド大学アメリカ政治センターのポール・ハーンソン所長は、「大規模な不正投票事件のほとんどは、マイノリティ・グループが多く住むインナー・シティで起きていると言われている」と指摘し、不正投票における民主党の優位性を説明している。

ミズーリ州の不正投票

ミズーリ州では、リベラル派の団体「今こそ改革を求める住民組織の会（ACORN）」が、投票名簿に名前を載せるために2万通ものニセの有権者登録用紙を提出したとして、最近連邦政府から起訴された。ある人は7回も登録した。他の「有権者」には「ジャイブ・ターキー」や「ディック・トレイシー」がいた。ミズーリ州の新聞が、有権者名簿に1万人の死者を発見した。その多くは投票していた。存在しない人や死んだ人を投票者名簿に登録し、保管しておく意味は、後でその人として投票させることができるようにするためである。有権者詐欺のために必要な準備なのだ。[24]

不正投票を阻止する5つの改革

ワシントン州での不正選挙を目撃したボブ・ウィリアムズは、不正選挙を最小限に抑えるために5つの改革を訴えている：

第一に、不正投票を重大な犯罪として扱い、起訴する必要がある。票を盗んで刑務所に入る人が少なすぎる。

第二に、有権者名簿を一掃し、死者、非市民、転居者を排除する必要がある。

第三に、すべての有権者に写真付き身分証明書と署名を義務づけるべきである。2006年末までに、5つの議会が有権者IDの要件を可決した。ジョージア州とインディアナ州では共和党の知事が法案に署名した。ニュージャージー州、アリゾナ州、ウィスコンシン州では、民主党の知事が法案に拒否権を発動した。民主党の政治家はしばしば写真付き身分証明書に反対し、アフリカ系アメリカ人はなぜか運転免許証を持っていないと主張するが、彼らは有権者詐欺を助長するという自分たちの利益のために発言しているのであって、マイノリティのために発言しているわけではない。NBC／ウォール・ストリート・ジャーナル紙の世論調査によると、ヒスパニック系の80％、アフリカ系アメリカ人の67％、白人の83％、共和党員の89％、民主党員の72％、無党派層の81％が、投票に写真付き身分証明書の提示を求めることに賛成している。[25]

第四に、郵送による投票を制限すべきである。テキサス州のように、有権者が「選挙日」の1カ月前から実際の投票所に直接出向くことができるようにすれば、期日前投票をしやすくなる。そうすれば、旅行者や選挙当日に留守にする人は、盗んだり、紛失したり、存在しない有権者に代わって請求したりすることが容易な不在者投票を必要としない。

第五に、軍人の不在者投票は適時に発送され、適切に集計されるべきである。有権者詐欺から利益を得ている人々は、有権者IDに反対し、郵便投票を広範に利用するために戦い続けるだろう。もしあなたの州が有権者IDを導入すれば、不正投票が減り、接戦の選挙では民主党議員の数が減るだろう。もしあなたの州が郵便投票を拡大すれば、不正は増え、接戦の選挙では民主党議員の当選が増えるだろう。

不正投票が意味を持つのは、票が拮抗している場合だけだ。しかし、そのような場合には、下院、上院、多くの知事職、そして時には大統領職を支配することになる。

第12章　エキュメニカルな右派

「放っておいてくれ連合」のメンバー全員が宗教的信仰を持っているわけではないし、信仰を持っている人々も他の人々と同様に多様である。しかし、増え続けるアメリカ人に当てはまるように、政治と交わる信仰が票を動かす問題になるのであれば、あなたは「放っておいてくれ連合」のメンバーである可能性が高い。このような数の増加は、共和党にとって良い兆候となるいくつかの傾向から見て取ることができる。

末日聖徒イエス・キリスト教会の成長

末日聖徒イエス・キリスト教会の会員であるモルモンは、現在アメリカに570万人おり、人口の2%弱である。興味深いことに、VNSがユタ州とアイダホ州のモルモンを調査したところ、彼らは2000年に75対20と86対13でブッシュに投票した。彼らは最も共和党的な宗教票田である。下院議員には11人、上院議員には5人のモルモン教徒がいる。1990年から2000

年にかけては19・3％増、2000年から2005年にかけては9・3％増と、米国で最も急速に成長している宗教である。1997年8月のタイム誌の記事によると、教会の年間成長率は4・7％であった。このままいけば、2050年までにモルモンは5千万人、つまり4億5千万人のアメリカ人の9パーセントになると予測されている。（2008年にミット・ロムニーがうまくいかなかったら、2052年に出馬することを考えるべきだ。(1)）

モルモンはもはやユタ州だけに住んでいるわけではない。ユタ州には148万3千人のモルモンがいる。2004年にはブッシュに71・54パーセント、2000年には66・83パーセント、1996年にはクリントンに敗れたボブ・ドールに54・37パーセントの票を投じたユタ州では、これらの票のほとんどが無駄になっている。(2)

カリフォルニア州には52万9千人のモルモンがおり、アイダホ州には31万1千人がいる。大きな数字だが、カリフォルニア州を救う可能性は低く、共和党が強いアイダホ州ではあまり役に立たない。しかし、スイング・ステートをいくつか見てみよう。ブッシュは2004年にオレゴン州で5千票差で敗れた。オレゴン州には10万4312人のモルモンがいる。ワシントン州は2004年にケリーが1万票差で勝利したが、そこには17万8千人のモルモンがいる。2000年に僅差で勝利したフロリダ州には7万5620人のモルモンがいる。(3)

モルモンは興味深い党派的遺産を克服しつつある。1896年にユタ州が州になる前、ユタ州にはモルモン人民党という一つの政党しか存在しないのではないかという懸念（まあ、恐れかも）があった。そこで議会は、一夫多妻制の廃止に加えて、2つの政党を設立するよう主張した。教会の長は一夫多妻制は過去の慣行となるというビジョンを持っていた。（現代の一夫多妻制は教会の認可外で行われている）教会員は、ほぼ同数で共和党と民主党に入党するよう奨励された。州は共和党寄りに整理されたが、民主党に入るよう指示された曾祖父母の跡を継ぐ家族もまだ存在している。

若い男性モルモンは皆、2年間布教に励み、他の人々をモルモンに誘う。モルモンは結婚率も高く、子供は平均2・5人である。また、カフェイン禁止は迷惑かもしれないが、モルモン教ではタバコとアルコールが禁止されているため、モルモンは健康で、放蕩リベラルよりも長く投票することができる。

ユダヤ人票

ユダヤ人はモルモン教徒とは党派的な隔たりがある。2004年、ユダヤ人は75対25でケリーに投票し、2000年には80対20でゴアに投票した。(4) ユダヤ人票は1996年には78パーセントがクリントンに、1992年には80パーセントがクリントンに投票した。2006年、ユダヤ人による下院議員への投票率は民主党が87%、共和党はわずか12%であった。(5)

これは共和党員にとって長年の悩みの種である。ユダヤ人は「司教のように稼ぎ、プエルトリコ人のように投票する」と言われる。しかしこれは、ルンペンプロレタリアートの一員として想定される利益階級ではなく、銃問題で共和党に投票する組合員がいるという民主党の戦略家の怒りの裏返しでもある。マイケル・バローンやグラント・ウジフサは、アメリカのユダヤ人は「いまだに皇帝に反対票を投じている」と指摘し、共和党におけるキリスト教右派の台頭を恐れている。また、ユダヤ人は民主党が支配する都市に住む傾向がある。

両党はイスラエル支持を競ってきた。共和党は、国防面での強みがユダヤ人票を獲得できると期待した。共和党は個々のユダヤ系知識人からの支持を得たが、投票パターンが大きく変化したわけではない。（2004年8月16日のグリーンバーグ・クインラン・ロズナー・リサーチの世論調査では、ユダヤ人有権者はイスラエル問題に関してケリーを好んでおり、ケリー66％対ブッシュ34％、イスラエルに関してはケリーよりブッシュに近いと答えたユダヤ人は24％に過ぎなかった。(6)）

民主党は、ブッシュがイスラエルを支援するために何をしようとも、民主党の大統領ならそれもやっただろうと主張する。共和党は、イスラエルの安全保障の問題でかなりの数のユダヤ人有権者を引き離すことを期待していたが、それは実現しなかった。

しかし、2つの傾向が民主党を悩ませている。第一に、ユダヤ人人口全体が増加しておらず、減少している可能性がある。全米ユダヤ人人口調査（NJPS）は、10年ごとに5万人の成人アメリカ人にインタビューを行うアメリカ宗教的な同定調査（ARIS）に便乗したものである。ARIS調査の回答者のうち、「ユダヤ人である、あるいはまたは家族にユダヤ人がいる」と答えた人には、1990年の全米ユダヤ人人口調査で行われたのと同じような20の質問がなされた。(7)

2000年の調査結果は、2001年11月2日付のニューヨーク・ジューイッシュ・ウィーク紙に要約されている。宗教または生い立ちによってユダヤ人であると答えたアメリカ人の総数は、この10年以上550万人で安定している。その550万人のうち、140万人のユダヤ人は、親や民族的な理由でユダヤ人であるが、他の信仰共同体に属していると言う。1990年には、62万5千人のユダヤ人がそのように自認していた。さらに人口の4分の1に当たる140万人のユダヤ人が、自分は世俗的である、あるいはまったく宗教を持っていないと答えている。つまり、アメリカのユダヤ人のうち、自分が宗教的にユダヤ人であるという人は、わずか51%にすぎない。

2000年と1990年の調査では、ユダヤ人人口は他のアメリカ人人口よりも高齢であり、結婚が遅く、子供の数が少なく、婚姻した半数の次の世代の約3分の1がユダヤ人として育てられていることがわかった。

1997年、全国的なユダヤ人組織のリーダーは、人口統計に関する私的な説明会で、ユダヤ系アメリカ人の数は550万人で、2012年までに400万人に減少すると述べた。これは改宗や婚姻によるものではなく、高齢化が進み、死亡者数が出生者数を上回るためである。

他にもユダヤ人人口の大幅な減少を予言する者もいる。ハーバード大学の助教のアリフ・バーグマンが1977年に記した「Midstream」によると、アメリカが第三四半世紀を祝う2076年になる頃、アメリカのユダヤ人は94万4千人になっており、アメリカの人口は5億人に到達しているという(8)。

民主党にとってはこれらの老いゆくユダヤ人は最も継続的な投票者であり、資金調達先である。非常に重要だ。ニュースペーパー「Forward」によると、民主党候補者の資金調達額の半分

はアメリカのユダヤ人から調達しているとされている。(9)

民主党にとって2つ目の悪いニュースは、ユダヤ教正統派の人口増加である。NJPSの調査によると、全ユダヤ人の半数はどのシナゴーグにも所属しておらず、所属している人のうち50%が改革派、30%が保守派、20%が正統派に属している。(10)

しかし、正統派ユダヤ教徒は早く結婚し、平均4人以上の子供をもうけ、異教徒との婚姻率はわずか3%である。1996年にユダヤ人スペクテイター誌に掲載されたアントニー・ゴードンとリチャード・ホロウィッツのエッセイ「あなたの孫はユダヤ人になるのか?」は、正統派、保守派、改革派、世俗派の人口の相対的な増加を予測している（記事は www.simpletoremember.com に掲載されている）。この分析を見て、ユダヤ人価値観連合の会長であるジェフ・バラボンは、2000年にはアメリカのユダヤ人の15%未満しか正統派ではなかったが、その割合は2025年には45%、2050年には80%、2075年には95%になると指摘している。(11)

共和党に最も心を開いているのは、ジェリー・ファルウェルが少しリベラルに見えるほど社会保守的見解を持つ正統派コミュニティである。そして、正統派ユダヤ教徒はアーミッシュと同様、公立学校との同化を避けることで子供たちに信仰を伝えることができると考えているため、授業料税額控除、バウチャー制度、ホームスクーリングを最も強く支持している。

さて、共和党はどうすればユダヤ人票を獲得できるのか?　まず、さまざまなオーソドックスなコミュニティのリーダーと話をする必要がある。これは、伝統的に左派であった有名な世俗団体の多くとはまったく異なる指導者たちである。第二に、信仰の共同体として、保守的なカトリック教徒、モルモン教徒、イスラム教徒、福音派プロテスタントと同じ懸念を抱いていることを認識する必要がある。彼らは、積極的な世俗的左翼、現在の文化の粗雑さ、親としての管理について心配している。

また、総人口がさらに減少するとの予測もある。1977年、当時ハーバード大学人口研究センターの副所長であったエリフ・バーグマンは、1977年のミッドストリーム誌に、「2076年に米国が建国三百周年を迎えるとき、……米国のユダヤ人社会は94万4千人を下回るだろう」と書いている。その年のアメリカの総人口は5億人である。(8)

民主党にとって、最も安定した有権者と経済的支持者を提供しているのは、まさにこの高齢のユダヤ人である。フォワード紙の推計によると、民主党の連邦議員候補者は、選挙資金の半分をユダヤ系アメリカ人から集めている。(9) あと25年もすれば、共和党はユダヤ人票を定期的に獲得するようになるだろう。

カトリック票の維持

ローマ・カトリック教徒は、1790年にはアメリカ合衆国の人口の1%であった。これが1820年には2%、1840年には5%に増加した。移民により、1861年の南北戦争開始時には人口の12%、1880年には14%、1900年には19%、1920年には21%にまでカトリック教徒が増加した。1921年の移民に対する法的規制により、カトリック人口は1950年には15・1%に減少したが、1990年には21・9%に増加した。(12)

ヒスパニック系住民が市民権を得て投票するようになり、若いヒスパニック系住民が定期的に投票できる年齢になるにつれて、米国のカトリック有権者の数は増え続けるはずである。2002年の公式カトリック名簿によると、アメリカには6530万人のカトリック信者がおり、人口の23%を占めている。ジョージ・J・マーリンの著書『The American Catholic Voter: 200 Years of Political Impact（アメリカのカトリック有権者：政治的影響の200年）』には、マイケル・バローンによる序文があり、「1896年から1930年までの数年間は、ほとんどの選挙で共和党が優勢だった」と論じている。その理由のひとつは、「当時の民主党がカトリック有権者にほとんどアピールできなかったからである。主に都市部に住む彼らは、ウィリアム・ジェニングス・ブライアンの農民政治とプロテスタント的信心深さに不信感を抱き、ウィリアム・マッキンリー、セオドア・ルーズベルト、ウィリアム・ハワード・タフトに大勢流れた。アイルランドのカトリック教徒は、ウッドロー・ウィルソンのイギリスへの偏愛を嫌い、ドイツのカトリック教徒の多くは、彼のドイツとの戦争への決断に反対した。」大統領選で共和党に投票しながらも、カトリック教徒は「ほとんどすべての北部の大都市で育った民主党の政治組織マシンの主役でもあり、たいていアイルランド系カトリック教徒がトップで、その大部分を占めていた」とマーリンは指摘する。アル・スミスは1928年にハーバート・フーバーに敗れた。そして彼は「ニューディールを拒否し、1936年と1940年にルーズベルトと対立したが（1944年にスミスが亡くなる前に和解した）、スミスはルーズベルトのニューディール連合の一部を確立した：大都市のカトリック大衆である。(13)」

1960年、ローマ・カトリック教徒として初めて大統領に当選したジョン・F・ケネディは、カトリック票の83％を獲得した。それから44年後の２００４年、同じくマサチューセッツ州選出の上院議員で、同じくローマ・カトリック教徒であったジョン・フォーブス・ケリーは、カトリック票の47パーセントしか獲得できず、全有権者の26パーセントのうち52パーセントをカトリック教徒であったテキサス出身のソジストに奪われた。その4年前、ブッシュはテネシー州のプロテスタント、アル・ゴアに47パーセント対50パーセントで敗れていた。[14]

１９９６年、クライシス誌の編集者ディール・ハドソンは、ＱＥＶアナリティクスのスティーブ・ワグナーにアメリカのカトリック票に関する調査を依頼した。この研究は、２０００年の大統領選挙に向けて、カール・ローブとブッシュ・チームによって大いに研究された。この研究の主な見解は、「カトリック票は一枚岩ではない」というものだった。活動的なカトリック信者は首尾一貫した政治的有権者を構成している。非活動的なカトリック信者はそうではない。積極的なカトリック信者とは、毎週ミサに参加するカトリック信者と定義された。[15]

１９９６年の全米選挙調査では、有権者の29パーセントがカトリック信者であると自認している。つまり、積極的なカトリック信者であるアメリカ人の15パーセントは、有権者の18パーセントを占める、生まれながらの福音派プロテスタントの白人集団と、その規模や行動においてほぼ類似していることになる。

クライシスの調査によると、１９６０年から１９９６年にかけて、カトリック教徒全体が民主党支持を減らし、「保守的」になりつつあった。１９６０年にはカトリック信者の64％が民主党支持者であったが、１９８０年には42％、１９９６年には41％であった。１９７２年には、カトリック信者の35％しか自らを「保守的」と答えていなかったが、１９９６年には51％に増加した。[16]

カトリック票は、1960年の83%から1964年のリンドン・ジョンソンの79%へと、わずか4%しか減少しなかった。1968年、ヒューバート・ハンフリーは、実践的なカトリック信者の58パーセント、非実践的なカトリック信者の52パーセントの票を獲得した。1972年には、ジョージ・マクガヴァンが全カトリック信者の39%を獲得。この年は、カトリック信者が他の国民よりも民主党に投票しなかった最初の年であった。[17]

1980年、実践的なカトリック信者のレーガン支持率は54%、非実践的なカトリック信者のレーガン支持率は44%だった。1984年、レーガンは、実践的と非実践的なカトリック信者の59%、全米の60%の票を獲得した。

この数字の重要性について、サミュエル・G・フリードマンが1996年に出版した『The Inheritance : How Three Families and the American Political Majority Moved from Left to Right（継承：3つの家族とアメリカの政治的大勢が左派から右派に移った物語）』では、3世代にわたって3つのカトリック一家が組合民主党から政治的に活発な共和党へと変貌を遂げた様子が描かれている。アイルランド系カトリックのキャリー一家は、ベトナム戦争中に民主党が反共産主義から遠ざかったために右傾化した。ポーランドのカトリック一家、メービー／オブリーキス家は、民主党がアファーマティブ・アクションを支持し、妬みと階級対立の政治を行ったことに反発した。イタリアのカトリック一家トロッタ家は、民主党の社会的自由主義と道徳的相対主義に反発した。[18]

わずか3世代前までは、移民のカトリック票をほぼ当然のものとして受け止めていた民主党が、今では正統派のカトリック信者をあざ笑うことも度を越している。宗教と市民の権利のためのカトリック連盟の会長であるウィリアム・A・ドノヒューは、反カトリック偏見を監視し、民主党全国委員会が意図的にカトリック教徒を敵対させるのを見て驚いた。2002年、マーク・シールズはCNNの番組『ザ・キャピタル・ギャング』で、民主党のテリー・マコーリフ議長が「自由な選択のためのカトリック」をウェブサイトに掲載し、「カトリック」という見出しの下にある唯一のリンクであったことを「今週の暴挙」として取り上げた。ドノヒューは、フランシス・キスリングが率いる「自由な選択のためのカトリック」が、バチカンのプロライフの立場を攻撃する中絶推進団体であることを、マコーリフに宛てた手紙や最終的にはプレスリリースで指摘した。(19)

キスリングのグループは、バチカンを国連のオブザーバーから追放しようとする活動を主導しており、彼女の目標はカトリック教会の「転覆」であるとの発言が引用されている。「ボブ・ジョーンズは、キスリングのヘイト・グループに比べれば小さな存在だ」とウィリアム・ドノヒューは言う。DNCはリンクの削除を拒否し、その後2004年4月8日に新しいウェブサイトを公開したが、「自由な選択のためのカトリック」は「リンク」のセクションから削除され、「宗教関連」のセクションに再び掲載された。

ローマ・カトリック、神権、教皇、そして活動的な信者に対する左派の反感の高まりは、活動的なプロテスタント信者とカトリック信者を、ほんの数十年前には想像もできなかったような協力関係に追いやった。パット・ロバートソンのキリスト教連盟は、ローマ・カトリック信者のフィリス・シュラフライやビル・ベネットを定期的に全国大会で招いていた。カンザス州選出の上院議員サム・ブラウンバックは、プロテスタントからローマ・カトリックに改宗し、上院における社会的保守のアジェンダを組織する「バリューズ・アクション・チーム」を率いている。ブラウンバックのカトリシズムも改宗も、彼の指導的役割や2008年の大統領選共和党候補指名選挙運動において問題視されたことはない。

現代の民主党は、納税者による中絶助成を譲れない要求の筆頭に据えている。中絶を「黒人大量虐殺」とみなしていたジェシー・ジャクソン牧師は、1984年に民主党の候補者となる可能性を考慮するために、税金で賄われるオンデマンドの中絶へと立場を180度変えざるを得なかった。[20]

アメリカのカトリック共同体の課題の一つは、その指導者に対する人口統計学的な挑戦である。1920年、アメリカには2万1019人の司祭がいた。この数は年々増加し、1960年には5万3796人となった。2002年には4万5千人まで減少した。2020年までには、司祭の数は約3万1千人になり、70歳未満の司祭は1万5千人になると予想されている。1920年には8904人の神学生が司祭になるための訓練を受けていた。これが1960年には3万9896人に増えた。1965年には4万9千人であったが、2002年には4700人に減少した。1945年には13万8079人、1965年には18万人の修道女がいた。2002年には7万5千人（平均年齢68歳）まで減少した。2020年には、シスターの数は4万人となり、70歳以下はわずか2万1千人となる。[21]

実践的なカトリック共同体と私立学校運動の両方にとって有害なのは、教区の高校の数が19

65年から2002年の間に1566校から786校に減少し、高校生の数が70万人から38万6千人に減少したことである。教区内の高等学校は、1965年の1万503校から2002年には6623校に減少した。生徒数は450万人から190万人に減少した。1960年には、アメリカの生徒の12％がローマ・カトリックの教区学校に通っていた。2006年には、6％にまで減少した。[22]

カトリック票全体の特徴は薄れつつある。2006年6月27日に発表されたピュー・リサーチ・センターの世論調査によると、「カトリック信者と全アメリカ人の投票率は、19の争点のうち15において、わずか5％以内であった。[23]」

しかし、ローマ・カトリック信者を実践的な投票ブロックと非実践的な投票ブロックに分けてみると、実践的な投票ブロックはますます保守的、共和党的な傾向を強めており、ラルフ・リードのキリスト教連盟の有権者のような様相を呈している。

福音派 vs.主流派プロテスタント

数字の上では、アメリカは依然としてプロテスタントが多数を占める国だが、それは僅差に過ぎない。過去200年間の移民によって、ローマ・カトリックの人口は約24％になった。ユダヤ教徒、イスラム教徒、ヒンズー教徒はすべてアメリカに溶け込み、世俗主義は現在、自分の宗教を「なし」とする10パーセントを占めている。[24]

フランクリン・デラノ・ルーズベルトはかつてレオ・クロウリーに言った：「レオ、ここはプロテスタントの国であり、カトリックとユダヤ人を容認しているだけだ。君たち二人（クロウリーと財務長官でユダヤ人のヘンリー・モーゲンソー）は、私が今望むことには何でも従え。[25]」それ以来、アメリカは人数も態度も変化してきた。

2004年の選挙では、プロテスタントからの投票が54%を占めた。そして彼らは59%をブッシュに、40%をケリーに投票した。しかし、実践的なカトリック教徒と非実践的なカトリック教徒、世俗的なユダヤ教徒と正統的なユダヤ教徒の違いと同様に、プロテスタント内の宗教の違いも、党派政治やイデオロギー観に現れている。

毎週教会に通うプロテスタント（人口の16%）は70%をブッシュに投票した。あまり教会に行かないプロテスタント（人口の15パーセント）は、56パーセントをブッシュに投票した。白人で福音主義的な生まれながらの信仰を持つ有権者（人口の23%）は、78%をブッシュに投票した。[26]

正統派ユダヤ教徒がより共和党寄りになり、ユダヤ教徒人口に占める割合が大きくなっているのと同様に、プロテスタント内でも福音主義的な宗派へのシフトが進んでいる。

クリスチャニティ・トゥデイによると、1960年当時、プロテスタントの主要7教派（統一メソジスト、長老派、アメリカン・バプテスト、キリスト弟子教会、ルーテル教会、エピスコパル、キリスト合同教会）の会員数は合計2900万人だった。2000年には2200万人に減少し、24%減となったが、プロテスタント教会の会員数は33%増加している。[27]

1965年から2005年の間に、メソジストの数は1100万人から800万人強に減少した。長老教会の会員数は320万人から240万人に減少した。エピスコパル教会の会員数は360万人から230万人に減少した。

同じ期間に、より保守的なプロテスタント教会も成長した。南部バプテスト派は、1960年の870万人から2003年には1640万人に増加した。アッセンブリーズ・オブ・ゴッドは1960年の5万8千から2003年には270万に増加した。

福音主義プロテスタント教会が、教区民の政治においてより明確に保守的になった一方で、「主流派」教会は、少なくともエリートのレベルでは、よりリベラルになった。福音派教会と保守派教会の会員数が増加し、伝統的／リベラルなプロテスタント教派が相対的に減少していることは、「放っておいてくれ連合」に有利な傾向である。

福音派プロテスタントは、何百もの独立系ラジオ局やテレビ局のネットワークを発展させてきた。アメリカ人は、パット・ロバートソンが運営するクリスチャン・ブロードキャスティング・ネットワーク（CBN）をよく知っている。セーラム・コミュニケーションズは、105のラジオ局を所有または運営し、2千の系列局にリーチしているラジオネットワークで、ヒュー・ヒューイット、ビル・ベネット、マイケル・メドベド、マイケル・ギャラガーといったトークショーの大物が出演している。

宗教関連のテレビやラジオは、推定2千万人のアメリカ人に放送されている。キリスト教関連小売業の業界団体であるキリスト教小売協会（Christian Booksellers Association）は、約2300の加盟店があり、2002年には42億ドル相当の商品を販売し、2000年の40億ドルから増加した。[28]

プロテスタントの「主流派」は、宗教関係のテレビやラジオでは見かけない。そして最後に、増え続ける福音派の教会や会員は、「放っておいてくれ連合」に引き入れられなかった場合、左派が彼らを社会的亡者として扱うようになり、「もっと寄こせ連合」から押しやられる。彼らは公私の会話で馬鹿にされ、嘲笑される。洗練された左派の人々（自分たちには偏見がないと思っている人々）は、福音派プロテスタントや保守的なカトリック教徒について信じられないような敵意を向けて話す。彼らはジョージ・ウォレスやブル・コナー保安官に似ているようには見えないかもしれないが、彼らのように話しているのだ。

第13章　新しいメディア：中間業者の排除

保守派ラジオ・トークショーの司会者、G・ゴードン・リディは、毎日3時間のラジオ放送を、まるで放送が妨害されているかのようなパチパチというイントロダクションで始める。プロデューサーのフランクリン・ラフによるロシア、中国、フランスからの短波放送のミックスチューアは、「警告、警告。あなたはアメリカン・セクターに入ろうとしています」。そしてリディは、既存のメディアを打ち破る「ラジオ・フリー・アメリカ」であることを宣言する。

少し大げさだが、1980年代から技術や法律が変わり、ボイス・オブ・アメリカやラジオ・フリー・ヨーロッパが東欧で獲得した視聴者数よりも、オルタナティブ・メディアの声の方が多くなった。

インターネットが登場する前、Cスパンが登場する前、政治トークラジオが登場する前は、ABC、CBS、NBCの3つのネットワークがあった。3つのネットワークのトーキング・ヘッドはニューヨーク・タイムズを読み、ニューヨークとワシントンD.C.に住んでいた。

「公正性の原則」は、反対意見に対しても「平等な時間」を要求する政府の規制だった。そのため、体制側のコンセンサス意識から外れた考えのほとんどは放送されないか、即座に反論を求められることになった。

1980年の毎夜、国民2億2200万人しかいないアメリカで、3つのネットワークは5200万人の視聴者に見られていた。2006年までに全米の人口が3億人に増加するにつれ、ビッグスリーの夜の視聴者数は1988年には4200万人、1992年には4070万人、2000年には3190万人、2004年には2880万人に減少した。[1] テレビのニュースを見ている人のうち、ABCの視聴者は1993年の20%から2005年には12%に、CBSは18%から11%に、NBCは19%から14%に減少した。[2] 何が起こったのか見てみよう。

台頭する保守派：メディア年表

1972：規制緩和により、ケーブルテレビは爆発的な成長期を迎える。
1979：C-Span が設立される。
1987：レーガン大統領率のFCCは、反対意見にも平等に時間を割くことを義務づけていた公正の原則を撤廃。これにより、ラジオのトーク番組の司会者は、政府の規制を受けることなく、既成概念にとらわれない意見を述べることができるようになった。
1988：ラッシュ・リンボーが全米にシンジケートされる。
1992：G・ゴードン・リディが放送開始。
1994：インターネットが公開される。
1995：Salon.com がオンライン化。

1996：ナショナル・レビュー・オンラインとSlate.comが稼動。議会が電気通信法を可決し、ラジオ局の所有権規制を撤廃。
1997：マシュー・ドラッジがドラッジ・レポートをオンライン化。ドラッジ・レポートは1994年頃、週1回の購読者ベースの電子メール配信として始まった。
1998：モニカ・ルインスキー事件が調査されるが、ニューズウィーク誌は報道せず。ドラッジ・レポートが報道。
2003：『レーガンズ』の脚本がインターネット上に流出したため、CBSはこのコミカルで辛辣な反レーガン映画をケーブルネットワークのショータイムに移し、完全に創作されたシーンの一部を削除せざるを得なくなった。
2004：インターネットが大きな役割を果たす最初の選挙。ブロゴスフィアが主流派を何度も貶める。まずCBSでは、明らかに偽造された国家警備隊のメモを流そうとする動きがあり、最終的に旧メディアの象徴ダン・ラザーの崩壊につながる。ベトナム戦争中、クリスマスにカンボジアに入国したというケリーの選挙運動の主張は、既存のマスコミによってではなく、インターネットメディアによって挑戦された。スウィフトボート・ベテランズ・フォー・トゥルース（真実を求めるベテランたち）は、既存のマスコミから無視されたが、インターネット、そしてやがて他のメディアでブレークスルーした。

「公正性の原則」が廃止される前は、ラジオのトーク番組は200局だった。今では2千以上のトークラジオ局がある。インターネットが普及する以前には、少数の読者に向けて郵便でニュースレターを送る「主流派を超えた」自称ジャーナリストがいた。小さなニュースレターでさえ、印刷と郵送にコストがかかり、「参入コスト」は高かった。

ウォルター・クロンカイトやダン・ラザーらがアメリカの一般家庭と一方的に会話していたとき、アメリカ人は、アメリカ国民の多くが体制側左派の思い込みや主張を否定していることを知る由もなかった。

不自由なヨーロッパ社会では、政府は電話回線を盗聴することで国民の会話を監視していた。アメリカでは、全国的なテレビとラジオのネットワークが発明されたことで、政府が私たちに代わって会話をするようになった。アメリカ人の意見は、ウォルター・クロンカイトやダン・ラザーやロジャー・マッドが決めることだった。ウィリアム・F・バックリーの『ファイアリング・ライン』のような声は、中道左派の、しかもあまり視聴されない公共テレビにおける孤独な保守派の声だった。（バックリーを毎週30分だけでも全国ネットのテレビに出演させたのは、体制側左派の傲慢が生んだ過ちだった。その結果、左派は大きな損害を被った）。

1950年代、1960年代、そして1980年代にかけても、テレビニュースにおけるアメリカの寡占の力は誇張しすぎることはない。ニクソン政権で保守派と呼ばれた人々は、これがリベラルなコンセンサスに反対する人々にとってとてつもないハンディキャップであることを認識していた。スピロ・アグニュー副大統領はこのことについて一連の演説を行い、メディアはテレビの社説を「ニュース」とは区別して表示することで対応した。ローカルなレベルで保守的な声が現れると、それはリベラル派を不安にさせ、場合によっては有権者にとってさわやかな風のようなもので、ジェシー・ヘルムズのような保守派をノースカロライナ州の地元テレビ局から合衆国上院議員に選出した。

ロナルド・レーガンのような候補者は、敵対的な全国紙にメッセージをぶつけることでしか、自分たちのメッセージを発信することができなかった。レーガンは、減税し、支出を減らし、政府を制限し、ソ連帝国主義と対決したいと言った。レーガンの選挙戦にダメージを与えると考えた体制側マスコミが大声で叫ぶまで、これを耳にする者はほとんどいなかった。「レーガンは減税し、歳出を削減し、ソビエト帝国主義に立ち向かおうとしている。有権者はそれを聞き、支持した。

技術が変わり、法律が変わった。ケーブルテレビは、テッド・ターナーのCNNのように視聴者に多くの選択肢を与えた。C-Spanは、議会が実際に今何をしているのかを自分の目で見ようとするアメリカ人なら誰でも、既存の報道機関のフィルターを取り除いた。ペンシルベニア州選出の下院議員ロバート・ウォーカーは、Cスパンというフィルターも編集もされていないメディアを通して定期的に発言することで、最も有名な下院議員の一人となった。

Cスパンにファックスが導入されたことで、トークラジオの司会者は、その朝のニューヨーク・タイムズ紙の記事についてコメントを求めるようなことはしなくなった。今、議会が何をしているかを話すことができたのだ。

1986年の公正性の原則廃止によって、トークラジオはリベラルな既存概念にとらわれないホストを持つことができるようになった。これは革命的だった。今やトークラジオは視点を持つことができる。ラッシュ・リンボーは合法化された。

公正性の原則の終わり

今やラッシュ・リンボーは全米の耳目を集めるようになった。法律はもはやリベラル派に有利なものではなくなった。リベラル派も自由にラジオ・トークショーを運営できるようになった、本当に彼らの市場があるのならば。現在、保守派がトークラジオという参加型メディアを支配していることは、アメリカにおける中道右派と左派の相対的な大きさを物語っている。

次のグラフは、トップ15の政治トークラジオ司会者のうち、12人が保守派、2人が穏健派、1人がリベラル派であることを示している。保守派の上位12人の合計最低視聴者数は週6800万人以上である。唯一のリベラル派は10位タイで、聴取者数は325万人である。(3)

トーカーズ誌がトークラジオのリスナーを対象に行った世論調査によると、74%が2004年に投票したと答え、38%が自らを保守または超保守的と認識している。リベラルまたは超リベラルと回答したのは14%であった。

インターネットもまた、より保守的なアメリカを反映している。NewsMax.com には毎週およそ50万人の訪問者があり、ナショナル・レビュー・オンラインには毎週およそ31万2500人の訪問者がある。Little Green Footballs、Instapundit、RedState はいずれも中道右派のブロガーで、1日の訪問者数は13万9603人、11万2617人、2万3125人。リベラル系ブロガーとして有名なのは、49万9153人の Daily Kos、7万3237人の America Blog、3万4682人の

司会者	累積視聴者数（週間最低、単位：百万人）	政治的見解
ラッシュ・リンボー	13.5	保守
ショーン・ハニティ	12.5	保守
マイケル・サヴェージ	8.0	保守
グレン・ベック	5.0	保守
ローラ・イングラハム	5.0	保守
ニール・ブーツ	4.0	保守
マーク・レヴィン	4.0	保守
マイク・ギャラガー	3.75	保守
マイケル・メドベド	3.75	保守
ジム・ボハノン	3.25	穏健
ビル・オライリー	3.25	保守
エド・シュルツ	3.25	リベラル
ダグ・ステファン	3.25	穏健
ビル・ベネット	3.0	保守
ジェリー・ドイル	3.0	保守

出典：トーカーズ誌

MyDD.comである。(5)

左派から右派まで、実にさまざまなブログやウェブサイトが存在し、かつてウォルター・クロンカイトがそうであったように、リベラル派のエスタブリッシュメントが国民的な話題を独占することができなくなっている。

政治キャンペーンにおけるコミュニケーションは変わった。2004年のブッシュ陣営の電子メールアドレスは750万で、2000年の100万から増加した。ケリー陣営は270万人以上だった。(6)

放送メディアの左傾化は、新聞ビジネスにも見られる。リベラルな放送局がケーブルやインターネットにシェアを奪われているのと同様に、大都市の有料新聞読者も減少している。アメリカの若年層は現在、無料の地方紙やインターネット、ケーブルテレビからニュースを入手している。アメリカ新聞協会の報告によると、新聞業界で働く人の数は1990年から2004年の間に18％減少した。[7]

ニューヨーク・タイムズ社の株価は、2002年4月24日時点の47・67ドルから2007年4月24日には23・77ドルまで下落した。[8]

全国で280万部の発行部数を誇るUSAトゥデイは、リベラルな社説とともに保守的な論調も掲載することを認めている。112万420部のニューヨーク・タイムズ紙では、このようなバランスはとれない。また、リベラルな報道スタッフと保守的な社説・論説ページを持つウォール・ストリート・ジャーナル紙の発行部数は206万2312部である。[9]

エグザミナーは現在、ワシントンD.C.、ボルチモア、サンフランシスコの無料のペーパーだが、1都市あたりの発行部数60万部をさらに20都市に拡大する計画だ。マーク・タプスコット、ビル・サモン、クイン・ヒリヤーといった保守系ライターを擁するエグザミナーは、USA Todayに対抗する全国的な保守系新聞になると期待されている。[10]

二つの研究が、既成マスコミのリベラルバイアスを示している。ひとつは1981年のもので、もうひとつは1995年のものだが、この偏向が続いていることが示されている。保守派にとっての進歩は、この偏向が終わったことではなく、競合するニュースや情報源によって、この偏向が中道右派の問題や候補者に与えるダメージが軽減されたことである。

1981年、ジョージ・ワシントン大学のS・ロバート・リヒターとスミス・カレッジのスタンリー・ロスマンは、ニューヨーク・タイムズ、ワシントン・ポスト、ウォール・ストリート・

ジャーナル、タイム、ニューズウィーク、U.S.ニュース&ワールド・レポート、ABC、CBS、NBC、PBSなど、最も影響力のある全国メディアの記者240人を対象に、政治意識と投票パターンに関する画期的な調査を発表した。そのデータは、ジャーナリストや放送関係者が、社会的・政治的なさまざまな問題についてリベラルな立場をとっていることを実証した。この研究は、リヒターとロスマンの著書『メディア・エリート』でより詳しく紹介され、1980年代に最も広く引用されたメディア研究となり、今日でも画期的な研究となっている。[11]

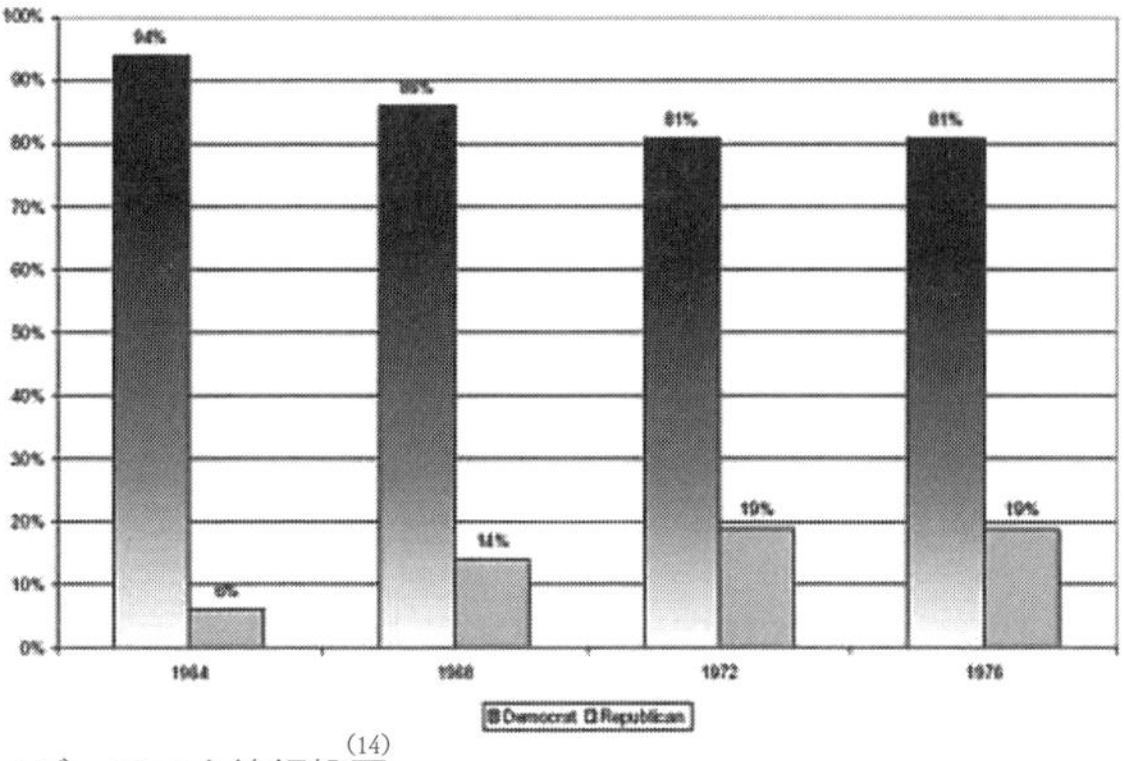

メディアの大統領投票[14]

　調査によると、1964年から1976年まで、エリート・ジャーナリストは80%以上を民主党の大統領候補に投票していた。[12]エリート・ジャーナリストの54%が自らを「中道より左」、19%が「中道より右」と答えた。同僚については、56%が「ほとんど左派」と答え、「ほとんど右派」と答えたのはわずか8%だった。[13]

　ソビエト連邦は崩壊した。レジャースーツはなくなった。しかし、マスコミの左寄りバイアスは残っている。2005年5月、300人のテレビ・新聞記者を対象に行われた調査によると、彼らは2004年、68%をケリーに、25%をブッシュに投票した。（5%は投票しな

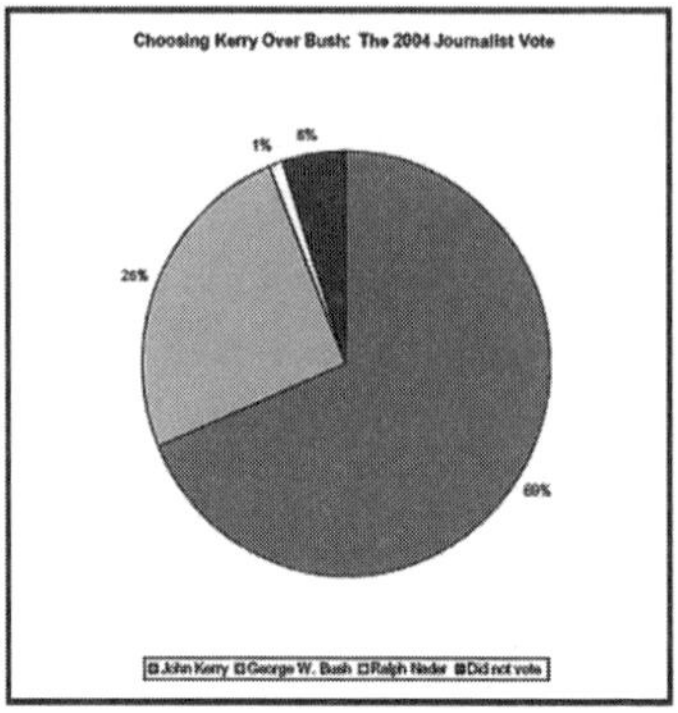

ブッシュよりケリーを選ぶ2004年のジャーナリスト投票

かったか、誰に投票したかわからないと答えた）。

この調査では、33パーセントが自分を民主党支持者、10パーセントが共和党支持者であることもわかった。また、18パーセントがリベラル派、10パーセントが保守派と回答した。「宗教の自由は不可欠」と考える人は96％、「言論の自由」は95％であった(15)。

縮小する巨人は依然として巨人である。1953年から現在に至るまで、その数を容赦なく減らしてきた組織労働者のように、3つのネットワークの政治力はもはや圧倒的なものではない。衰退はしているが、まだ残っている。フォックスの力を自慢したがる人は、いつでも950万人のアメリカ人がCBSニュースを見ており、フォックス・ニュースの最も視聴率の高い番組の視聴者は210万人であることを思い出すべきである(16)。

マケイン／フェインゴールドの「選挙資金改革」法は、選挙から30日以内に候補者を名指しで批判したり賞賛したりする広告をテレビで買うことを犯罪とした。3つのネットワークにはそのような制限はない。好きな候補者に好きなだけ、好きな時期に、好きなだけ無料で好意的な宣伝をすることができるのだ。

マケインは法案を作るにあたって賢明な選択をした。彼は、感謝し媚びる業界、つまり免除されたテレビネットワークからの数百万ドルの選挙献金で報われた。２０００年、ＡＢＣの『グッド・モーニング・アメリカ』での1分間の広告料は8万ドルだった。同ネットワークは、マケインに選挙資金制度改革について話す「無料」の時間を何分も与えた。ニューヨーク・タイムズ紙の論説面に掲載された4分の1ページ広告の費用は2万８１７０ドルだった。現行の選挙法では、個人が１つの選挙運動に２３００ドル以上、あるいはすべての政党や選挙運動に合計5万ドル以上を寄付することは違法である。タイムズ紙の社説1本は、一個人が1年間に寄付できる金額よりも価値がある。アン・コールターは、マケインがタイムズの社説で受けた好意的な報道は、１９９９年には２２０万ドルの価値があったと計算している。[17]

この年、マケインは『フェイス・ザ・ネイション』に5回、『ミート・ザ・プレス』に6回、『This Week』に6回出演した。ミート・ザ・プレス』での1分間の広告料は22万ドル。番組あたり平均10分で、ＮＢＣはマック・カインに１３２０万ドルの無料広告を提供した。ＮＢＣニュースでの選挙資金制度改革を支持するちょうちん記事の1分あたりの価値は17万ドル（約１８００万円）である。[18]

マケインは共和党員として、このような選挙献金（ゼネラルモーターズのような企業が献金するのは違法である）を受けている。民主党は依然として、3つのネットワークを含む既存の報道機関の支援を受けている。しかしその世界は、インターネット、トークラジオ、Ｃスパン、ケーブルの競合他社など、競合する情報源によって繰り返し揺さぶられている。

何十年もの間、大衆の議論に体制左派のスモッグを垂れ流してきた一枚岩のメディアから、より競争の激しい思想市場への移行は、左派にとってトラウマとなった。自分たちの偏見を強化し、それに異議を唱えることのない世界に慣れていた。今日、Moveon.orgやデビッド・ブロックのMediamatters.orgのレトリックは、1970年代のパット・ブキャナンやスピロ・アグニューのようだ。彼らは夢の世界に生きているのだ。(19)

2006年のプライムタイムにおけるフォックス・ニュースの平均視聴者数は140万人だった。これはMSNBC（37万8千人）の3倍以上、CNN（37万9千人）の3倍以上の視聴者数である。2006年にプライムタイムのケーブルニュースを見た視聴者の半数以上（55%）がフォックス・ニュースを見ていた。

一方、瀕死の恐竜たち（CBS、ABC、NBC）の夕方のニュース番組の視聴者は、合わせて2500万人を超えている。(20) 左派が支配する主流メディアの制約から国民的対話が大きく解放されたことは、「放っておいてくれ連合」にとって素晴らしいニュースである。

左派はトークラジオの威力に気づき、議会を通過させるか、あるいは民主党が大統領に当選した場合、連邦通信委員会（FCC）の単純な投票によって「公正性の原則」を復活させようとしている。民主党の大統領は、5人の委員のうち3人を任命することができる。法律が彼らを止めない限り、彼らは公正性の原則を課すことができ、それは、放送局がリベラル派に同様の時間を与えない限り、ラッシュ・リンボーが毎日3時間話すことを禁止するものである。リンボーと同等のリベラルな番組を放送する市場がないため、ラジオ局は、ラッシュの広告販売能力の3時間を得るために6時間の放送時間を使わなければならないという損失を受けそうにない。

トークラジオ局の多くは、音楽やスポーツに移るだろう。この取り組みが「ラッシュを沈黙させろ」イニシアティブと呼ばれるのも無理はない。

この脅威が、数千万人の聴衆を持つ数百人の保守派トークショーの司会者の頭上に垂れ下がる限り、新しいメディアは、「放っておいてくれ連合」に味方する議員、上院議員、大統領を選出することに利害関係を持つことになる。

第3部

戦場

今後50年間の政治闘争は、戦場で起こるだろう。この戦場は、アメリカにおける現在および将来の人種や宗教による分断、メディアやビジネス界の力、そして下院、上院、大統領、50州の権限と制限を定めたルールブックである合衆国憲法によって作り出される。

第14章 ビジネス・オブ・ビジネス：ゼネラルモーターズの利害

左翼の神話のもう一つの基盤は、共和党と保守運動は大企業によって、大企業のために運営されているというものだ。20世紀の変わり目、1896年と1900年に、アメリカの企業はマッキンリーと共和党を強く支持した。民主党のウィリアム・ジェニングス・ブライアンのインフレ金融政策を恐れたからだ。このことは、現実をはるかに凌駕する印象を与えた。

ビジネスリーダーは、自由貿易、制限された政府、低い税金、自由な労働市場、財産権などを求める政治運動の原動力となりうるし、そうなるべきである。しかし、そうはなっていない。経済界の多くは、自分たちの利益に積極的に反対する候補者に資金を提供している。なぜこのようなことが起きているのか。今後も続くのだろうか？　また、彼らにとって政府のコストがいかに大きいかを考えると、なぜ経済界は政治にほとんどお金を使わないのだろうか？　要するに、なぜ経済界は政治に関して、明白な自己利益のために行動しないのだろうか？

例えば、小売業界は2006年に2兆6千億ドル相当の商品を販売した。万引きや従業員の窃盗による損失は416億ドルで、売上の1・6％にあたる。このような損失に対しては、100

億ドルを盗難対策に費やしている。

小売業界は、他の業界と同様、盗難を深刻に受け止めている。株主、消費者、従業員の収入と富の損失を最小限に抑えるため、多額の資金を費やしている。しかし、お金を持って店から出て行くのが政府であった場合、どのように対応すればいいのだろうか？　連邦政府は利益の35％を法人税として徴収している。同じ政府が、社会保障費を支払うために従業員の給与の6・2％を企業に要求する。（これは従業員から直接徴収する6・2％に加えてだ）。

州政府は州法人税と州売上税で金を得る。地方自治体からは固定資産税が課せられる。それなのに、小売業者やその他の企業は、万引き犯と戦うよりも、行政のコストに起因する「掠め取り」と戦うことに費やす時間や費用のほうがはるかに少ない。万引き犯の方が少ない金額で済むのだ。万引き犯が店から出て行けば、その企業の株主を困らせることもなくなる。他方、政治家は彼らの金を巻き上げ、保護主義的な関税や規制を制定し、小売業者が売るものすべてのコストを引き上げる。アメリカでは、トライアル・ロイヤーとカジノを除いたすべてのビジネスが、政治への投資を、政府に課されるコストに比べて少なすぎる。（そしてカジノやトライアル・ロイヤーにとっては、略奪を止めるためではなく、地域独占を維持するため、トライアル・ロイヤーにとっては他人の契約の自由を侵害する能力を維持するために支出するのが普通である）。

ハーバード・ビジネス・スクールやウォール街の人々は、企業が投資を行う前に行うべき投資収益率（ＲＯＩ）テストがあると言うだろう。企業は一般的に、20％以上の投資収益率を求めている。つまり、毎年20万ドルの利益をもたらすことが約束されていれば、新しい機械に１００万ドルを投資するということだ。投資をするのは、収入を得るためかもしれないし、損失を減らすためかもしれない。

ある企業がフェンスのない場所からの窃盗で年間100万ドルの損失を出しているとしたら、年間100万ドルの損失を食い止めるために500万ドルを投じてフェンスを建設することをいとわないだろう。これも20％のリターンである。議会や州議会、あるいは市が、ある企業に対して年間100万ドルの増税を行なうと脅した場合、その増税を阻止するために投資すべき合理的な水準は500万ドルである。そんな大金を投じたことのある企業や産業は、ほとんどないだろう。投資額が少なすぎて、損したときに驚いてしまうのだ。2年に1度、全州で増税のための実際の投票が行われる。経済界は、ROIが20％になるほどの増税を阻止するために十分な投資をしたことはない。彼らは安上がりに減税を勝ち取ろうとするが、しばしば失敗する。

アメリカ企業に課せられた不合理な恒久的コストを挙げてみよう。どのケースでも、その脅威を阻止するために5倍の金額を政治活動に費やしていれば、勝っていただろう。実際、経済界が収益率100％を主張したとしても、政治的な戦いにはすべて勝利していただろう。収益率100％とは、企業や産業界が年間1ドルのコスト賦課を阻止するために1ドルを費やすことを意味する。

2007年2月17日、米下院で13年ぶりの増税が可決された。10年間で80億ドルの国内石油生産への増税である。上院で可決され、大統領が署名すれば、石油業界には毎年8億ドルの税金が課されることになる。

石油業界が増税を阻止するために年間コストの5倍を費やしていたとしたら、テレビ広告、公教育、郵便、電子メール、ラジオ・スポットに40億ドルを投じることになる。もしその金額が10人の下院議員を打ち負かすために投じられたとしたら、その増税が最後の増税となることは確実だっただろう。

ここに、政治的方程式に影響を与えるであろう、将来起こりうる最大の変化がある。もし経済界が政治活動を活発化させ、通常の事業活動に投資するように、単に合理的に政治に投資するようになれば、他のすべての政治支出を凌駕し、すべての政敵を一掃するだろう。

アメリカのパワーバランスを根本的に変える可能性のある第二の革命がある。それは、企業が政治に投資する際に、自らの合理的な利己心を考慮することである。そうなれば、現在の行動とは大きく変わるだろう。

2006年、フォーチュン500社は数千万ドルを費やして左翼環境保護団体を支援し、その結果、アメリカ経済に年間数十億ドルの損失をもたらした。キャピタル・リサーチ・センターが2004年にフォーチュン100社の寄付パターンを調査したところ、左翼団体への寄付は5892万8303ドルにのぼり、保守的と考えられる財団や団体への寄付はわずか404万9405ドルにすぎなかった。[1]もし保守的なトライアル・ロイヤーがいれば、株主の富を悪用した企業経営者を訴えることもできるだろう。

財界は2006年の民主党下院議員候補に数百万ドルを献金した。これらの民主党議員は、企業の税金を引き上げ、労働者に組合費の支払いを強制し、自由貿易の拡大を阻止し、規制のコストを劇的に拡大し、トライアル・ロイヤーに権限を与えようとするだろう。

1980年、減税と石油・ガス価格、鉄道、航空、トラック、そしてメディアの規制緩和を監督することになるロナルド・レーガンが大統領選に出馬したとき、フォーチュン500社のCEOはほとんど全員、他の誰かを支持していた。

経済界が政治への投資を控え、しばしば自らの掲げた目標に反して投資を行う現在の状態に至った歴史とは？

19世紀から20世紀前半にかけて、経済界の大半は保護主義、つまりイギリスやヨーロッパの製造品を締め出す高関税から恩恵を受けていると考えていた。製造業は主に北部にあり、関税は農業と輸出を営む南部（そして後に征服された南部）に、オールド・イングランドではなくニューイングランドから高価格の商品を買わせるものだった。ビジネスマンは、政府が海外の競争相手をこてんぱんに打ちのめし、進歩的な共和党や後のFDRの下では、経済をカルテル化し、賃金や価格統制を使って国内の競争相手を統制していると考えた。制限された政府、自由を求める運動にとって、味方にはなりそうもない政党だったのだ。テディ・ルーズベルトとハーバート・フーバーのレーガン以前の共和党は、徹底した国家主義だった。

大恐慌は、フランクリン・ルーズベルトと左派によって、財界を悪者扱いし、財界のリーダーたちを表舞台から追い出すために利用された。それ以前は、ヘンリー・フォード、アンドリュー・カーネギー、トーマス・エジソンといった人物は称賛される有名人だった。アメリカ人は産業界の巨人を尊敬し、公共政策に対する彼らの見解は歓迎された。

大恐慌とFDR民主党によるビジネス・バッシングの後、経済界とビジネス・リーダーは公の場から身を引き、企業、産業、労働力のニーズを直接語るのではなく、自分たちを代表するロビイストをワシントンに送り込んだ。

3つの可能な戦略

ビジネスリーダーには3つのアプローチがある。第一に、経済全体に利益をもたらし、それを通じてビジネスマンの会社、従業員、株主にも利益をもたらすような、一般的な公共政策を推し進めることができる。すべての消費者のための低税率、すべての企業のための低税率、財産権、法の支配。これは、チャールズ・アーウィン・ウィルソンがアイゼンハワーから国防長官に指名されたときにとったアプローチである。上院での承認公聴会では、ゼネラル・モーターズの元社長として政府の権限をどのように任せられるか、またゼネラル・モーターズの利益に反するような決定を下すことができるかと問われた。

ここで彼は、政治に携わるすべてのビジネスマンを突き動かすべき真理を明言したのである。ほとんどのアメリカ人は、左派が「ゼネラル・モーターズにとって良いことはアメリカにとっても良いことだ」と言ったと誤引用したこの言葉を覚えている。(2)

このような一般的な善政のアプローチに従う経済界は、レーガン共和党の自然で心地よい味方である。もし経済界が毎年数千万ドルを費やして、すべてのアメリカ人に自由貿易の利点を説明していたら、何が達成できたか想像してみよう。NAFTAとCAFTAはハードな売り込みだった。もし企業が、自由貿易によってアメリカが得られる利益の1パーセントでも実際に自由貿易のメリットを宣伝することに費やしたなら、将来の貿易戦争は限りなく違ったものになるだろう。

議会は数年ごとに最低賃金の引き上げを決議し、企業や消費者に何十億ドルもの負担を強いている。しかしこれは、労働力になろうとしている最も訓練を受けていない若者たちの入門レベルの仕事を奪うだけである。もしビジネスマンが最低賃金法にかかる費用の何分の一かを、現実の経済学に関する定期的な会話の維持に費やせば、議会でこうした票を獲得できるだろう。しかし、政治がお粗末であれば、議員たちは優れた経済学に票を投じることはない。定期的な宣伝活動がなければ、最低賃金の引き上げに反対する票は敗者と見なされる。

だが、それ以外にも2つのビジネスモデルがある。

レントシーカー

レントシーカーとは、国家の権力を利用して、他者を犠牲にして自分たちを富ませようとする企業のことである。経済的レントとは、政府による競争の障壁の結果として「獲得」されるドルのことである。例えば、輸入砂糖に高い関税をかけると、アメリカ製の砂糖の価格が上がる。また、コーンシロップのような砂糖の代替品の価格も上昇させる。このような企業は、市場価格を上回る価格で支払われる政府との契約からも利益を得ることができる。

もしあなたがウォルマートに売るのと同じ価格で政府に何かを売るなら、経済的な賃貸料は発生せず、政府は優先的な買い手ではない。そうなると、自分のものを買ってもらうためにお金をかけて政府に働きかける意味はない、つまり利益もない。しかし、ある経営学の教授が言っていたように、アメリカで金持ちになる方法は2つある。ひとつは政府から何かを買うこと、もうひとつは政府に何かを売ることだ。政府による関税措置、業界への参入規制、あるいは政府による商品やサービスの購入によってもたらされる独占的利益を受け取るために支払われる金銭は、単なる賄賂である。

多くのアメリカ人は、企業によるロビー活動はすべて賄賂の一種であると考えている。だからこそ、一般市民はロビー活動を厳しく制限することを支持するのである。彼らは賄賂を阻止していると思い込んでいるのだ。しかし、政府が賄賂を贈るのを止める最善の方法は、選挙で選ばれた役人の周りに柵を設置することではない。政府の支出や権力を削減し、何も与えることができないようにすることだ。もし下院議員にイヤーマークや利益誘導を渡す権限がなければ、議員をスリーマティーニ・ランチに連れ出したり、タヒチに飛ばしたりすることを禁止する法律は必要ないだろう。近親者以外の誰も彼にランチをおごることはないだろう。意味がないのだ。ここが重要なので繰り返すが、正直で限定された政府を推進したいと願う正直なビジネスマンは、ビジネスマンの仮面をかぶった泥棒を引き寄せるような、イヤーマークや利益誘導、規制や関税の障壁を阻止するために戦うべきである。

見かじめ料の支払い

最後に、保護費を支払うというモデルがある。ギャング映画では、黒いシャツに白いネクタイの強面の男が店主を訪ね、窓ガラスが割られないように毎週マフィアに金を払うよう勧める。ロビイストが民主党の政治家に支払う献金の多くも、これと同じである。下院歳入委員会の委員長やその友人たちに献金しなければ、もしかしたら彼らはあなたの税金を上げるかもしれない。あるいは、他の委員長があなたの会社に規制の負担を加えるかもしれない。

カリフォルニア州議会では、特定の産業に害を及ぼす恐れのある法案は、献金を誘導するために提出されるため、「ジュース法案」と呼ばれている。十分な政治献金があれば、「ジュース法案」は撤回される。ブルックス・ジャクソンの著書『Honest Graft（正直な接待）』は、トニー・コエーリョ下院議員が、単に減税と不法行為改革を望む企業から、増税と不法行為改革を望まない政治家への選挙献金を組織的に集めていた事実を綴ったものだ。

これらの企業は、すべてのアメリカ人や特定の企業に利益をもたらす政策や政治家を支持するために献金を求められていたわけではない。献金を強要されたからである。(3)

誠実なビジネスマンの中には、見かじめ料の支払いを余儀なくされる者もいる。賄賂を支払って優位に立とうとするレントシーカーを阻止し、自分たちが恐喝されるのを阻止するためには、経済界全体が善良な政府と法の支配に投資する必要がある。

アクセス権の購入

ビジネス・ロビイストは、しばしば「アクセス権の購入」について語る。この種のアクセスは、政府から独占的な賃料や補助金、契約を得るために利用することができる。ペイ・トゥ・プレイということである。あるいは、防衛的なものであることもある。つまり、自分たちに損害を与えないよう議員に嘆願する能力である。その支払いは、選挙献金であったり、議員の家族やスタッフを当該企業や業界団体のために雇うことであったりする。

フォーチュン500に名を連ねる企業や業界団体の政治支出を、彼らや彼らのスタッフが書く2千ドルの個人小切手や5千ドルのPAC小切手の集まりで測るのは大きな間違いである。それは、業界団体や企業が雇用慣行を通じてどちらかのチームに貢献しているリソースに比べれば、はした金にすぎない。

業界団体の保守的で自由市場主義的なリーダーたちが、民主党の元職員や民主党の議員や上院議員の妻や子供を雇っているのをよく見かける。この行為によって、彼らは左派に数百ドルや千ドルではなく、年俸20万ドルを寄付しているのだ。ブッシュは「レンジャー」と呼ばれる、大統領選挙のために1回20万ドルを集めた共和党員にピンバッジを配った。民主党議員をロビイストとして雇う自由市場の実業家は、民主党左派の「レンジャー」となる。しかも1回だけでなく、毎年給料が支払われる。企業やその株主に損害を与えようとするトライアル・ロイヤー、徴税人の努力を支援する民主党左派には、監視団体が調査するPAC献金よりも多くの資金が流れている。実業界に雇われた民主党議員は高額の給与を得ており、しばしば、彼らが法的に代表するよう契約しているアメリカ人に賛同する政治指導者ではなく、かつての雇用主やその家族のために、ビジネス・キャンペーンへの献金を運んでいる。

今後25年間、経済界の政治献金、さらに重要なのは業界団体の代表やワシントンの企業事務所の雇用はどのように流れていくのかである。経済界が全国レベルでレーガン派共和党をますます支持するようになると考える理由は2つある。

第一に、国家レベルでは両党の歴史的立場が入れ替わり、経済界もグローバリゼーションの結果として変化した。かつて自由貿易の党であった民主党は、組織労働者の要請により保護主義の党となった。共和党はほとんどが自由貿易支持に回った。NAFTAの中米への拡大（CAFTA）をめぐる最近の投票では、自由貿易に賛成したのは民主党の15議席のみで、共和党は229議席中202議席だった（共和党の2議席は投票しなかった）。また、以前は保護主義的だった経済界も、世界的に自由貿易に傾倒しつつある。

トライアル・ロイヤーは民主党と癒着し、民主党はトライアル・ロイヤーの資金と強固に結びついている。この同盟によって、「親ビジネス」民主党を語ることは不可能になった。トライアル・ロイヤーと実業家はハンニバルとスキピオである。つまり、致命的で永遠の敵同士なのだ。どちらかを選ばなければならない。両方の友人にはなれない。そして民主党はトライアル・ロイヤーを選び、実業界全体に背を向けた。

第二の理由は、1994年に民主党が上下両院を失ったことで、増税や規制の脅しによって経済界から資金や雇用を脅し取る手段を失ったことだ。1994年の選挙後、Kストリートの大半、つまり業界団体や企業で働く男女は、『オズの魔法使い』で西の悪い魔女が水をかけられて溶けてしまったときの銀色の顔をした衛兵のような反応を示した。

「共和党の諸君、我々はいつも君たちの味方だった。」その後12年間、経済界は、自由貿易、不法行為改革、低税率、規制緩和というビジョンを共有する候補者や現職議員に対して、より合理的な献金を行うようになった。しかし、議会でロビイストとして働いていた民主党の元職員の多くが、実際には民主党の元雇用主に忠誠を誓っていたため、進展は遅々として進まなかった。１９９４年の選挙まで、そしてそれ以降も、増税を行った民主党議員に定期的に見かじめ料を送っていた企業は、恐怖心ではなく、真の利害に基づいて献金することができるようになった。

アグリビジネスＰＡＣは１９８０年から１９９０年まで、共和党と民主党の候補者にほぼ同額を献金していた。１９９０年から１９９４年までは共和党と民主党の比率が60対40になり、１９９４年以降は70対30を超える比率になった。(4)

国防ＰＡＣは、１９９０年と１９９２年にはロナルド・レーガンとテッド・ケネディの政党にほぼ均等に献金していたが、１９９４年には民主党に60対40の割合で献金するようになった。政治家がいかに企業を脅して自分たちの利益に反する献金をさせることができるかを知るには、そのタイミングに注目してほしい。国防産業は共和党議会を阻止するために献金を大幅に増やした。こうした脅しから解放された防衛産業は、１９９６年から２００６年まで、共和党に対する比率が60対40を超えるようになった。(5)

金融、保険、不動産のＰＡＣは、不法行為改革、固定資産税の引き下げ、規制緩和のために戦うべきであったが、その代わりに１９９０年には資金の大半を民主党に注ぎ込み、１９９２年と１９９４年には半々で寄付した。トニー・コエーリョ党が彼らを脅かすことができなくなった後、１９９６年から２００６年まで共和党への寄付が60対40になった。(5)

ブルームバーグが２００７年１月に報じたところによると、２００６年11月７日の選挙で民主党が上下両院で過半数を制した後、上位25の企業ＰＡＣの献金先がすべて民主党にややシフトしたという。これは、民主党が12年間少数派だったにもかかわらず、反自由貿易、親弁護士、増税支持をさらに強めたという事実にもかかわらず、起こったことである。変わったのは、彼らがより大きな力を持つようになったことだ。この変化は、原則に基づく寄付ではなく、見かじめ料を支払うか、耳寄り情報や有利な法案と引き換えにペイ・ツー・プレーを望んでいた企業を反映している。(6)

1994年以降、一般的な原則に基づいて貢献することに慣れた企業は、今後も継続する可能性が高い。1932年から1994年までの民主党の多数派の力の多くは、それが避けられないという確信であり、賢明なビジネスマンはこの現実に対処するだろうという確信であった。今や、多数派が再び入れ替わる可能性があることを誰もが知っている。一方、労働組合のPACは1994年以前も以後も、民主党支持率が85%を下回ることはなく、共和党支持率が15%を超えることもなかった。彼らの関心は変わっていないのに、なぜ献金が変わるのか？　弁護士とロビイストは、1994年以前は民主党支持が70対30であったが、1994年以降は民主党支持が65対35を下回ることはなかった。(7)

繰り返しになるが、弁護士やロビイストたちは、脅しに応じるのではなく、自分たちの利益を促進するために献金していたのである。

経済界はどちらにも転ぶ可能性がある。その活動や献金は、自由市場、自由貿易、不法行為改革、法の支配を支持する問題や候補者に流れる可能性がある。そうなれば、経済界全体が「放っておいてくれ連合」に参加することになるだろう。あるいは、一部の企業や業界は、高関税、増税、政府の規制や補助金によって利益を得ていると考える業界である「もっと寄こせ連合」にとどまるか、そちらに移るかもしれない。

　民主党は、可能な限り多くの企業や産業を州に依存させるよう努力する。グリーンエネルギーへの補助金。ジミー・カーターの合成燃料、アル・ゴアのハイテク補助金。炭素規制「キャップ・アンド・トレード」のような政治的財産権の創出。優遇された産業、工場、地域に対する補助金。企業福祉が、「AFDC」が多くの貧困家庭にとってそうであったように、ビジネスマンを国家に依存させることを望んでいる。企業福祉は納税者の負担を増やすが、政治家への見返りは大きい。単に2年に1度の投票だけでなく、本当に多額の、そして頻繁な選挙献金である。

　ビジネス界は、理念のために戦う人々と、見かじめ料を恐る恐る支払う人々、あるいはビジネス戦略として競争よりも献金することを貪欲に好む人々に分かれるだろう。「放っておいてくれ連合」は、すべての企業福祉、すべての関税障壁、イヤーマーク、利益誘導、つまりすべての経済的レントを追い詰め、削減または撤廃しなければならない。「もっと寄こせ連合」は、新たな形態の企業福祉のための新たな理由を発明するよう努力する。競争は始まった。

第15章 人種と政治

ヒスパニック系とアフリカ系アメリカ人の票は、両党にとって魅力的で重要なターゲットである。両グループの人口統計と、彼らにとって重要な問題や関心事を見れば、両グループの意外な数が、ごく自然に「放っておいてくれ連合」に引き寄せられるかもしれないことがわかる。しかし、そう単純ではない。共和党はやるべきことが多いが、その見返りは大きいかもしれない。

ヒスパニック票には多くの国籍が含まれる

アメリカに住むヒスパニック系住民の数は増加しており、選挙権を持ち、実際に投票するヒスパニック系住民の数も増加しているが、それほど急速ではない。ヒスパニック票は、どちらの政党のものでもなく、「勝負中」なのである。

ヒスパニック系住民は、1970年には950万人、人口の4・7%であったが、2006年には4270万人、人口の14%に増加している(1)。

ヒスパニック系は1988年の大統領選では5％、2004年では8％で、ケリーに53％、ブッシュに44％投票した。1994年の下院選挙では、共和党はヒスパニック系票の39％を獲得した。しかし、それから12年後、移民排斥の暴言が飛び交った翌年の2006年のヒスパニック票は、民主党へと劇的にシフトし、ヒスパニック票の69％を民主党が獲得した。[2]

人口動態の将来は予測できる。2004年、米国では411万5590人の出生があった。そのうち94万4993人、ほぼ23パーセントがヒスパニック系である。[3] したがって2022年には、初めて投票権を持つ18歳の23％がヒスパニック系となる。米国で生まれた人はすべて市民である。その子供たちも市民である。問題は、アメリカがヒスパニック系になるべきかどうかではない。2つの連合がこの事実にどう反応するかである。

民主党が好むシナリオは、ヒスパニック系がアフリカ系アメリカ人のようになるというものだ。彼らはますます民主党に投票する傾向が強まり、共和党が何をしてもこの傾向は変わらない。ヒスパニック系住民が増えれば、民主党が多数派になることは避けられない。しかし、将来的にはいくつかの要因がそれを変えるかもしれない。

第一に、未来はゆっくりとやってくる。アメリカにおけるヒスパニック系住民の増加は、投票人口に占めるヒスパニック系住民の投票数の急速な増加とは一致しない。これは、ヒスパニック系住民の中には合法的に米国に居住しておらず、投票権を持たない者がいるためである。合法的な新規移民は、たとえ合法的に入国していても、登録や投票に時間がかかることが多い。また、多くのヒスパニック系住民は18歳未満である。「放っておいてくれ連合」は、ヒスパニック系アメリカ人と良好な関係を築く時間がある。

第二に、「ヒスパニック票」というものは存在しない。キューバ系アメリカ人、プエルトリコ系アメリカ人、メキシコ系アメリカ人、中南米出身のラテンアメリカ人がいる。ヒスパニック系は数百年の間にさまざまな場所からアメリカにやってきた。ひとつの宗教や文化を共有しているわけではない。

現代の民主党の希望と努力にもかかわらず、ヒスパニック系アメリカ人は新しい黒人にはなっていない。共和党はまだ彼らの票を獲得できる。理由はいくつかある。第一に、約100万人のキューバ系アメリカ人は共和党に投票する傾向がある。彼らの国を共産主義者に与えたのは弱腰の民主党大統領であり、アメリカのリベラル派は、多くのキューバ人を殺害し、島国を奴隷にした共産主義者の独裁者フィデル・カストロを称賛したがる。国内左派層に向けて発言する民主党は、キューバ系アメリカ人の苦しみを軽視し、かつての祖国を破壊した独裁者を応援することで、キューバ系アメリカ人を侮辱してきた。

同じことがニカラグア人とエルサルバドル人にも言える。サンディニスタの共産主義政権とFNLA（アンゴラ民族解放戦線）の共産主義ゲリラは、民主党の指導者たちによって賞賛され、擁護され、謝罪された。

共和党員の中には、ヒスパニック系住民の多くが宗教的・社会的保守派であることを正しく指摘する者もいる。したがって、国境を越えれば、宗教的で伝統的な生粋のアメリカ人（共和党員）と同じように投票するはずだ、と彼らは理屈をこねる。

一つ注意点がある。もし、メキシコ人にとっての投票の決め手が、ローマ・カトリックの信仰を実践し、その信仰で子供を育てられるかどうかだとしたら、彼が北へ千マイルも旅して敵対的な国境を越え、世俗的かせいぜいプロテスタントの国に入国するとは思えない。ヒスパニック系移民は、ローマ・カトリックを信仰しているかもしれないが、経済的な向上が彼の人生の原動力となっている（キューバ、ニカラグア、エルサルバドルの共産主義から逃れてきた移民もいる）。ここでは共和党が有利だ。過去50年間アメリカの政治論争に注目してきた人なら、まず最初に学んだことは、民主党は金持ちが嫌いだということだ。共和党は金持ちになることを望んでいる。

ヒスパニックの多くは敬虔なキリスト教徒である。彼らは、福祉や平準化よりも経済的発展の党としての共和党に魅力を感じていることに加え、現代の民主党の積極的な世俗主義や、宗教的なカトリック教徒や福音派プロテスタントに対する敵対心に反発している可能性が高い。アメリカ福音派協会は、毎年60万人のヒスパニックが福音派プロテスタントになると推定している。[4]

この傾向は、構造的な理由から続くかもしれない。クライシス誌によれば、ラテン系司祭の数はわずか2500人であり、現在司祭になるために勉強しているラテン系司祭はわずか500人である。[5]

プロテスタントのヒスパニック系はローマ・カトリックのヒスパニック系よりも共和党に投票するため、これは政治的な意味を持つ。2004年のピュー・センターの出口調査によると、有権者のうち少なくとも55％がローマ・カトリック、32％がプロテスタント／その他のキリスト教、8％が無宗教、1％がユダヤ教、4％がその他の宗教であった。プロテスタントは32％で、4年前の25％から上昇した。[6]

ヒスパニック系は、2000年の35％から2004年には44％に上昇したが、ヒスパニック系プロテスタントは、2000年の44％から上昇し、2004年には56％をブッシュに投票した。ピューは、「ヒスパニック系プロテスタント」は、この2回の選挙で増加し、ますます共和党支持を強めている、と書いている。ラテン系プロテスタントは、ラテン系カトリックよりもブッシュ支持率が23％高かった。（これは2004年の白人プロテスタントとカトリックの党派間格差12％の2倍である）。[7]

賢明な共和党は、国境警備隊よりもプロテスタントの宣教師を南部国境に派遣すべきだ。

政治理念について、ピュー世論調査はヒスパニック系有権者の自己申告がリベラル26％、穏健45％、保守30％であることを明らかにした。党派別では、2004年のヒスパニック系有権者の自己申告は、民主党49％、共和党27％、無所属24％であった。[8]

左派は、民主党がヒスパニック票を獲得するために、2つの力によって助けられることを期待している。第一に、無料医療、福祉、政府雇用といった政府給付の魅惑的な魅力、第二に、奇妙なことに、移民バッシングや反ヒスパニックとみなされるトム・タンクレッドのような人々のレトリックへの反発である。

なぜ共和党は、カリフォルニアやニューヨークよりもテキサスやフロリダのヒスパニック票を獲得しやすいのか？　まず、テキサスとフロリダの福祉給付金が低い。テキサスやフロリダに来た移民で、タダで何かもらえると思っている者はほとんどいない。カリフォルニアやニューヨークでは、生活保護の給付額が高く規則が緩い。どれほど勤勉な移民であっても、無料の誘惑には弱いものだ。（ニューヨークやカリフォルニアで生活保護に頼るようになる人のほとんどは、そこで生まれた人であることに留意してほしい）。

テキサス州とフロリダ州には、移民推進派の共和党指導者がいる：ブッシュ大統領、ジェブ・ブッシュ・フロリダ州知事、リック・ペリー・テキサス州知事、メル・マルティネス上院議員である。カリフォルニア州共和党は、移民への生活保護を打ち切るイニシアチブ187を投票にかける手助けをした。このイニシアチブのキャンペーンと、同年の再選を目指したピート・ウィルソンは、多くの人々から反移民とみなされた。これは反福祉を意図したものだったが、民主党は移民排斥だと国民に信じ込ませた。

2006年の連邦議会選挙の教訓は、反移民的なレトリックや南部国境を壁で囲うことに賛成することでは、共和党の票を得られなかったということだ。右派のトークラジオで盛んに語られていたようなことは、2006年の選挙日には票を獲得することはできなかった。移民問題に焦点を当てたことによる白人票やアフリカ系アメリカ人票の「上積み」がなかっただけでなく、ヒスパニック系の共和党票が30％にまで落ち込んだというマイナス面もあった。主に反移民を掲げて出馬したアリゾナ州のランディ・グラフ、J・D・ヘイワース、インディアナ州のジョン・ホステトラーといった共和党議員は、いずれも敗れた。制限主義という銀の弾丸は裏目に出た。ジョン・マケインとは対照的に制限主義的な政策を掲げて出馬したアリゾナ州選出のジョン・キル上院議員は、2004年のマケインの勝率55％に対し、2006年は9％の差で勝利した。(9)

移民排斥を主張する人々は、2006年の選挙で彼らの政策が共和党を助けたと指摘することはできない。犠牲者はすべて彼らの側にいた。ヒスパニック票が1つの政党に流れるという考えに対する1つの挑戦は、ラテン系のジェシー・ジャクソンが存在しないということである。一人の人間も、あるいは寡頭制でさえも、すべてのヒスパニック系住民の代弁者だとは主張していない。誰がヒスパニック系住民に民主党に投票するよう「指示」するのだろうか？

そもそもヒスパニックとは何なのか？　ベン・ワッテンバーグが指摘するように、ヒスパニック系住民の37パーセントが他民族と結婚しているのに、ヒスパニック系住民の得票予測に何の意味があるのだろうか？　この数字は第一世代では13％、第二世代では34％、第三世代では54％である。これに比べ、アジア系アメリカ人の婚姻率は64％、非正統派ユダヤ人の婚姻率は50％、アフリカ系アメリカ人の婚姻率は9％である。[10]

共和党がヒスパニック票の40％以上を維持できれば、今後25年間、国を運営することができる。25％を下回れば、そうはならない。共和党が「ラム酒、ロマニズム、反乱」という美辞麗句でヨーロッパのカトリック信者を追い払ったように、ヒスパニックを追い払うことを避けることができれば、増え続けるヒスパニック票を獲得することができる。そうなれば、他の成功したアメリカ人と同じように、投資家、自営業者、納税意識の高い人、福祉に依存しない人、政府から雇用されない人を増やすように働きかけることができる。彼らを真の共和党員にすることができるのだ。

黒人票は動かせるのか？

1790年、アメリカには75万7208人の黒人がおり、5万9527人が自由人、残りは奴隷であった。これはアメリカ人口の19％にあたる。南北戦争直前の1860年には、黒人は444万1830人で、人口の14パーセントを占め、うち48万8070人が自由奴隷であった。1990年の国勢調査では、アフリカ系アメリカ人は3千万人で、人口の12％を占めていた。[11]

2004年、黒人はブッシュに11％の票を投じた。この年の得票率は11％で、2000年の9％から上昇した。過去9回の大統領選挙で、共和党の大統領候補は平均11・9％のアフリカ系アメリカ人票を獲得している。1972年のリチャード・ニクソンの18％が最高であった。

私はマサチューセッツ州の公立学校に通っていたが、当時ヒストリーチャンネルを見ていて、アメリカ史上初の共和党大統領であるエイブラハム・リンカーンが奴隷制を廃止するために内戦を戦い、民主党はこの取り組みに非協力的だったことを知った。ではなぜ、アメリカの黒人は50州すべてで圧倒的に民主党に投票しているのだろうか？

『Back to Basics for the Republican Party（基本に立ち返る共和党）』の著者であるマイケル・ザックは、共和党をはじめとするすべてのアメリカ人に、共和党と公民権に関する正確な歴史を思い出させようと、一人で聖戦を繰り広げてきた。ブルース・バートレットは、『Wrong on Race: The Democratic Party's Forgotten Racist Past（誤った立場：民主党の忘れ去られた人種差別主義者の過去）』という辛辣な本で、知的弾薬を追加した。

共和党は1856年、自由労働と自由な土地を支持して結成された。共和党は奴隷制の拡大に反対し、奴隷廃止運動を主導した。フレデリック・ダグラスは共和党員だった。民主党は奴隷制を支持し、奴隷制を西へ拡大するために戦った。

南北戦争後、共和党は奴隷制を廃止し、市民的自由と黒人アメリカ人の選挙権を保証する修正13条、14条、15条を可決した。共和党はリンチに反対し、アフリカ系アメリカ人に土地を与えるために戦った。しかし、黒人票を動かしているのは、おそらくもっと最近の歴史である。例えば、ホテルやレストランなどの「公共施設」への完全なアクセスを可能にした1964年公民権法や、1965年投票権法に焦点が当てられている。しかし、ここでも共和党は民主党よりも高い支持率を示した。1964年公民権法は290票で、共和党138票、民主党152票のみで可決された。同法に反対した130票のうち、民主党は96票、共和党はわずか34票だった。[12]

1965年の投票権法は、共和党上院党首エヴェレット・ダークセンと下院共和党党首ジェラルド・R・フォード・ジュニアの支持を得ていた。共和党員の60%がこの法律に賛成したが、民主党員は40%しか賛成しなかった。[13]

おそらくアフリカ系アメリカ人は、民主党のジョンソン大統領とヒューバート・ハンフリー副大統領が公民権闘争を主導した国家指導部に注目したのだろう。しかし、共和党の上院議員で1964年の大統領候補だったバリー・ゴールドウォーターは、州権と契約の自由を理由に反対票を投じた。

現代の共和党はアフリカ系アメリカ人の票を見て、なぜ10%以上の票を集めることができないのかと考えている。黒人は教会に通う傾向が強い。彼らは主にプロテスタントの教会に通い、神学的にはラルフ・リードやジェリー・ファルウェルの親類にあたる。アフリカ系アメリカ人は学校選択を大差で支持している。学校での祈りを圧倒的に望んでいる。暴力犯罪や、犯罪者を再び路上に戻すリベラルな裁判官の手によって、他の人々よりも苦しんでいる。膨大な数の黒人が軍隊に所属している。増税を好まない。これらの事実を考慮すると、彼らは共和党の有権者である可能性が高いはずだ。

指導者主導の投票なのだろうか？　牧師が信徒に投票方法を教えているのだろうか？　ジェシー・ジャクソンや現在のアル・シャープトンは、共和党の当選者や候補者の間に立ち、黒人有権者が重視する共和党の考えが聞こえないように、彼らのメッセージにフィルターをかけているのだろうか？　そうかもしれないが、２００４年に共和党のアラバマ州知事が、貧困層から富裕層への税金の転嫁を公約に掲げ、10億ドル規模の増税を州民投票にかけたところ、多くの黒人牧師やすべての黒人紙が増税を支持したにもかかわらず、彼は68対32で敗北し、黒人票を失った(14)。

黒人票は、同性婚を禁止する最近の州全体のイニシアチブを一貫して支持している。黒人男性は、世論調査で最も強く妊娠中絶反対を訴えているグループである。黒人アメリカ人は多くの保守的な立場を支持している。

しかし、候補者に対するアフリカ系アメリカ人の投票は、依然として頑なに民主党支持である。民主党に対する黒人の支持は、政府機関で働く黒人の割合が高いことに左右されているのかもしれない。大卒で高収入のアフリカ系アメリカ人の多くは政府で働いている。彼らが共和党に投票する可能性は低い。

共和党員の中には黒人票を軽視する。「われわれは黒人票を獲得しようと何度も試みたが、どうしてもできなかった。なぜできないのかはわからないが、10％以上の票を獲得することに集中するよりも、アフリカ系アメリカ人以外の90％の票をより多く獲得することに集中すべきだ」。共和党候補者に対する黒人票の割合を10％から20％に倍増させることは、共和党が獲得する白人票の割合を1・3％増加させることに相当する。それだけの黒人票を獲得する方法を私たちは知らない。しかし、共和党は他の有権者のマージンを1・3％増やす方法を知っているので、心配する必要はない。

もうひとつの要因は、アフリカ系アメリカ人の大半が、旧連合国の南部11州に住んでいることである[15]。

2000年と2004年の接戦選挙では、共和党の大統領候補が2回とも11州すべてを制覇した。この11州では、上院22議席のうち17議席を共和党が占め、下院131議席のうち77議席を共和党が占めている。したがって、おそらく黒人票の2分の1しか獲得できないだろう。なぜ民主党は、モルモン教徒の票を獲得することにもっと時間を費やさないのだろうか？　その多くは安全な共和党の州にある。

黒人票は、ウィスコンシン、ペンシルバニア、イリノイ、オハイオ、ミシガンといったスウィング・ステートで重要である。もし共和党が黒人票を選挙で優位に立たせる方法を見つけたら、現代の民主党は崩壊するだろう。中西部工業地帯だけでなく、南部も失うだろう。共和党がヒスパニック系票の過半数を獲得し、不法行為改革を成立させ、民主党に流入する弁護士資金を削減し、ユダヤ系アメリカ人の選挙献金を同等にし、政治における組合費の強制徴収を廃止することができれば、同じことが言える。この5つのうちどれか1つでも変われば、民主党は大統領選や下院選で競争力を失うことになる。黒人票以外の4つのターゲットのいずれかに集中することは合理的かもしれない。しかし、選挙のたびに黒人を訪ね、アフリカ系アメリカ人の支持を丁寧に求めながら、学校選択、犯罪対策、信仰心の尊重、伝統的価値観については、共和党は黒人コミュニティと同じ意見であることを何度も繰り返さないという言い訳はできない。共和党とアフリカ系アメリカ人を隔てる壁が崩れる日が来るかもしれない。

第16章 上院、下院、大統領府

上院

上院は共和党にとって2つの利点がある。第一に、州境を引いた人たちは、西部に人口の少ない正方形の州をたくさん作った。中には連邦議員3人しかいない州もある。2人が共和党の上院議員で、1人が共和党の下院議員だ。上院の永久的なゲリマンダーが共和党にもたらす2つ目の利点は、10年に1度ルールが変更される恐れのある下院の区割り変更とは異なり、上院ではゲリマンダーの解除がないことだ。上院の区割りは固定されている。憲法には改正できない規定が2つだけある。ひとつは憲法改正の手続き。そして2つ目は、上院における各州の相対的な勢力である。ひとつは憲法改正のプロセス。そして2つ目は、上院における各州の相対的な勢力である。

ゴアとブッシュの五分五分の選挙では、共和党が30州、民主党が20州を制した。ブッシュ

51%、ケリー49%という互角だった2004年の選挙では、共和党が31州、民主党が19州を制した。やがて、ノースダコタ州とサウスダコタ州の善良な市民が、大統領選では保守的な共和党議員に投票し、上院選では非建設的なボリシェヴィキに投票していることに気づけば、2004年に民主党のダシュルを共和党のジョン・テューンに交代させたように、考え直すかもしれない。(ここで我々は、共和党が1980年と1984年のレーガンや1972年のニクソンのような強力な大統領候補を擁立して上院の議席を獲得し、それぞれ44州と49州を当選させたと想像しているわけではない)。2000年と2004年の大統領選挙では、共和党は30州と31州を制し、1976年にジェラルド・フォードが敗北した際には、過半数の27州を制した。

現在、2004年にブッシュに投票した州には民主党議員が20人、ケリーに投票した州には共和党議員が7人いる。やがて有権者が上院と大統領選の投票を合理化すれば、上院には62人の共和党議員がいることになる。これは、たとえジョン・マケインやオハイオのジョージ・ボイノビッチが背後に潜んでいたとしても、フィリバスターの試みを覆すのに十分な数である。

何年もの間、政治オブザーバーたちは、上院と下院の動きがなぜこれほど違うのか不思議に思ってきた。上下両院のどちらかの党に所属する、やる気のある議員が上院に移ると(あるいは移籍すると)、突然去勢された雄牛のように振る舞い始めるのだ。なぜか? 下院がチームプレーをするのに対し、上院のルールは単純多数派に大きな権力を与えない。上院は一人一人のものなのだ。上院議員の多くは、自分が大統領になれる、あるいはなるべきだと考えている。大統領の多くは知事出身であるため、これは奇妙に見える。

しかし、上院議員は大統領を間近で見て、自分自身や肉親、そして聞こうとする人すべてに、

「私ならもっとうまくやれる」と言う。そして多くの場合、彼らは真実を語っている。自分の党も相手の党も、上院議員全員が潜在的なライバルであれば、チームワークを発揮して他の議員とうまくやっていこうという気にはならない。ワシントンの外にいるアメリカ人は、両党の著名な上院議員、しばしば過去にも将来にも大統領選の真剣な候補となるような議員が、同僚議員から嫌われていると聞いて驚く。

下院と上院の違いのひとつは、この10年で顕著になり、おそらく政治界で最も永続的なものだろう。それは、下院を動かして法案を制定するには、単に下院の過半数が必要だという事実である。

そこではどんな修正案も脇に追いやることができる。少数派には妨害する力はほとんどない。上院では、『スミス都へ行く』のフィリバスター（議事妨害）や公民権法制のフィリバスターの話はよく知られている。しかし、サウスダコタ州のトム・ダシュルに始まり、ネバダ州のハリー・リードに至るまで、民主党は、法案を最終決定する上下院協議会への協議委員の派遣を含め、ほとんどすべてのことに60票を必要とするようルールを変更した。共和党が上院で少数派になった今、ケンタッキー州のミッチ・マコーネル上院議員は、彼らのリーダーとして、少しでも重要なことには60票を要求するという少数派の権利の新しい定義を尊重するだろうと推測される。

この60票というルールは、両党に等しく影響するわけではない。選挙を全国化し、大統領選で優勢な上院議席を獲得する共和党は、地滑りの後だけでなく、何度でも60人の上院議員を擁立できる。ソリッド・サウスが民主党の支持を受けなくなり、共和党の弱小大統領候補でさえ30州や

31州で議席を獲得するようになれば、共和党は時折60議席を維持するようになるだろう。つまり、共和党にダメージを与えるような「運動を壊す」法案は、民主党が下院と大統領選を制したとしても、上院で40議席しか持たない共和党が阻止できるということだ。これには、労働法、責任法、選挙規則の変更など、「放っておいてくれ連合」に恒久的なダメージを与えるものも含まれる。そして、レーガンのキャンペーンや1994年の「アメリカとの契約」キャンペーンのような全国的な取り組みを行うことができる共和党は、定期的に上院の60票を獲得し、政治における力の相関関係を変えることができる。例えば、共和党の上院議員が60人以上いればこそ、アメリカ人一人ひとりが、全額出資の個人別社会保障制度の個人貯蓄口座を管理できるようにすることができる。国家レベルでの学校選択、強制組合主義の廃止、メディケアの個人化も、社会保障制度と同様、共和党議員60人が必要である。

リードの「60の法則」は、共和党が定期的に上院で60議席を維持し、「もっと寄こせ連合」を弱体化させる法案を通過させることができるため、「放っておいてくれ連合」に「ラチェット」効果をもたらす。しかし、民主党が再び上院で60議席を占め、「放っておいてくれ連合」の構成要素を麻痺させることができるようになる可能性は極めて低い。

ダシュルとリードのルール変更に対する一部の保守派の反応は、まるで『ファーサイド』の漫画のようだった。この漫画では、西部の砦の中にいる騎兵が「インディアンは矢に火をつけているよ」と観察し、「そんなことができるのだろうか」と疑問に思う。何事にも60票を必要とする民主党の決定に対する適切な対応は、60票を取りに行くことだ。

2004年ブッシュ政権の民主党上院議員20名

米上院	州	ブッシュ%	CAND.%	生年月日
ベン・ネルソン	NE	67	63.88（'06）	5/17/1941
ケント・コンラッド	ND	63	68.83（'06）	5/12/1948
バイロン・ドーガン	ND	63	68.28（'04）	5/14/1942
エバン・ベイ	IN	60	61.65（'04）	12/26/1955
ティム・ジョンソン	SD	60	49.62（'02）	12/28/1946
ジョン・テスター	MT	59	49.16（'06）	8/21/1956
マックス・ボーカス	MT	59	62.74（'02）	12/11/1941
メアリー・ランドリュー	LA	57	51.70（'02）	11/23/1955
ロバート・バード	WV	56	64.49（'06）	11/20/1917
ジョン・ロックフェラー	WV	56	63.10（'02）	6/18/1937
ジェームズ・ウェッブ	VA	54	49.59（'06）	2/9/1946
クレア・マッカスキル	MO	53	49.58（'06）	7/24/1953
ビル・ネルソン	FL	52	60.30（'06）	9/29/1942
ケン・サラザール	CO	52	51.30（'04）	3/2/1955
シェロッド・ブラウン	OH	51	56.16（'06）	11/9/1952
ハリー・リード	NV	51	61.08（'04）	11/2/1939
ジェフ・ビンガマン	NM	50	70.16（'06）	10/3/1943
トム・ハーキン	IA	50	54.18（'02）	11/19/1939
ブランキー・リンカーン	AR	54	55.90（'04）	9/30/1960
マーク・プライア―	AR	54	53.90（'02）	1/10/1963

ケリー2004年の州の共和党上院議員7名

米上院	州	ケリー%	CAND.%	生年月日
オリンピア・スノー	ME	53	74.01（'06）	2/21/1947
スーザン・コリンズ	ME	53	58.44（'02）	12/7/1942
ゴードン・スミス	OR	52	56.21（'02）	5/25/1952
ノーム・コールマン	MN	51	49.52（'02）	8/17/1949
アーレン・スペクター	PA	51	52.62（'04）	2/12/1930
ジョン・スヌヌ	NH	50	50.82（'02）	9/10/1964
ジャド・グレッグ	NH	50	66.18（'04）	2/14/1947

共和党には60人の上院議員はいない。しかし、共和党が二番手の大統領候補がうまくやった州の数と同じ数の上院議席を獲得すれば、上院における共和党の超多数派という考えは、下院における単純多数派がもたらすのと同様に、強力な立法上の優位性をもたらすだろう。

下院

今日、保守派の権力の座は下院にある。下院の単純多数派は、政治的アジェンダの主導権を握ることができる。下院にはフィリバスターがない。少数派の権利もない。勝者がすべてを手にするのだ。

これが1994年の真のポスト・ギングリッチ革命である。単に共和党が6選挙連続で下院を制し、維持したからというだけでなく、ギングリッチが議長に就任すると、委員長の任期を制限し、議長が共和党議員に代わって権力を行使することで、共和党支配下の下院のあり方を変えたからである。

かつては、下院は多数党の議員団によって運営されていたのではなく、酋長、いがみ合う貴族、強力な男爵の集まりである委員長によって運営されていた。ジョン・ディンゲル、ダン・ロステンコウスキー、ジャック・ブルックスは、カーターのような民主党大統領や民主党議長からの干渉をほとんど受けず、自分たちの領地を運営していた。

2006年11月7日、共和党は下院の過半数を失った。民主党は現在の過半数233対202を維持するために懸命に努力するだろう。彼らはいくつかの難題に直面している。第一は、民主

2004年にケリーが当選した選挙区の共和党議員8人

共和党代議員	地区	ケリー%	2006年の候補者比率	生年月日
クリストファー・シェイズ	CT-4	52%	50.96%	10/18/45
マーク・カーク	IL-10	53%	53.38%	9/15/59
マイケル・キャッスル	DE-AL	53%	57.20%	7/2/39
デーブ・ライヒェルト	WA-8	51%	51.46%	8/29/50
ヘザー・ウィルソン	NM-1	51%	50.21%	12/30/60
ジム・ガーラック	PA-6	51%	50.64%	2/25/55
チャーリー・デント	PA-15	50%	53.60%	5/24/60
ジェームズ・ウォルシュ	NY-25	50%	50.79%	6/19/47

党のうち61議席が2004年の大統領選でブッシュに投票した選挙区で勝利したことである。2004年にブッシュに51%以上投票した選挙区で共和党が勝利した場合、252議席の過半数を獲得することになる。もし共和党がブッシュに55%以上の票を投じた選挙区で勝利した場合、共和党は2004年よりも強い236議席を獲得することになる。

1994年から2006年までの共和党の歴史を見れば、1994年の多数派がいかに粘り強かったかがわかる。1994年に獲得した共和党の多数派は長続きするとは予想されていなかった。1994年11月8日、共和党は下院で合計54議席を獲得し、その後民主党の下院議員5人が党を変えて新たな多数派に加わった。

1947年から1949年、1953年から1955年までの共和党政権の空白期間は、それぞれ1期だけだった。ワシントンは、1996年には世界は自浄作用を発揮し、民主党が本来の下院支配権を取り戻すと予想されていた。共和党の下院過半数は235議席から226議席へと

9議席減少したが、その一方で、人気者のビル・クリントンは、選挙資金を集めるために最も革新的な方法でホワイトハウスを利用し、不運なボブ・ドールを49％対41％で破った。

2年後の1998年、共和党はさらに下院で5議席を失い、議席数は223に減少した。クリントン個人の失態と弾劾の話がクローズアップされたことは、議会選挙において共和党を助けることにはならなかった。

2000年、共和党はジョージ・W・ブッシュがアル・ゴアに人気投票で敗れていた間に下院で2議席を失い、下院議員数は221となった。エンロン・スキャンダル、景気後退、アフガニスタンのタリバン政権打倒とその後のイラク戦争という緊迫した局面を迎えた2002年、共和党は下院で7議席を増やし、228議席の過半数を獲得した。

2000年3月から2002年10月にかけて、株式時価総額は50％近く減少し、有権者の過半数が株式を直接所有するようになった国で、株主の富が7・3兆ドル失われたにもかかわらず、この共和党の躍進は起こった(1)。

2004年、ブッシュの支持率は50％を下回り、イラク戦争は問題視され、ジョージ・ソロスのような民主党の億万長者たちは、これが大統領職と最高裁判所の両方をめぐる選挙であることを理解していた。

ブッシュはぎりぎり51％の得票率で勝利した。共和党は、リック・ペリー・テキサス州知事と、2002年から2004年にかけてテキサス州議会の選挙区割りを変更し、新たに多数派となった共和党の支援を受け、下院で4議席を獲得した。

2004 年にブッシュが勝利した選挙区の民主党下院議員 61 人

民衆党代議員	地区	ブッシュ %	2006 年 CAND.%	生年月日
チェット・エドワーズ	TX-17	70%	58.11%	11/24/51
ジーン・テイラー	MS-4	68%	80.00%	9/17/53
ジム・マシソン	UT-2	66%	58.99%	3/21/60
チロ・D・ロドリゲス	TX-23	65%	54.32%	12/9/46
アイク・スケルトン	MO-4	64%	67.90%	12/20/31
ニック・ラップソン	TX-27	64%	51.79%	2/14//45
アール・ポメロイ	ND-AL	63%	65.68%	9/2/52
ブラッド・エルスワース	IN-8	62%	61.00%	9/11/58
バド・クレイマー	AL-5	60%	N/A	8/22/47
クリス・カーニー	PA-10	60%	52.90%	3/2/59
ルーベン・ヒノホサ	TX-15	55%	61.77%	8/20/40
ソロモン・オルティス	TX-27	55%	56.77%	6/3/37
スティーブ・ケーゲン	WI-8	55%	50.89%	12/12/49
ハリー・ミッチェル	AZ-5	54%	51.00%	7/18/40
ジェリー・マクナーニー	CA-11	54%	53.30%	6/18/51
ティム・マホーニー	FL-16	54%	49.50%	8/15/56
アレン・ボイド	FL-2	54%	N/A	6/6/45
サンフォード・ビショップ	GA-2	54%	67.90%	2/4/47
ボブ・イーサリッジ	NC-2	54%	66.00%	8/7/41
ジョン・ホール	NY-19	54%	51.00%	7/23/48
ステファニー・ハーセス	SD-AL	60%	69.09%	12/3/70
バート・ゴードン	TN-6	60%	67.09%	1/12/49
バロン・ヒル	IN-9	59%	50.00%	6/23/53
ナンシー・ボイダ	KS-2	59%	51.00%	8/2/55
ダン・ボーレン	OK-2	59%	72.74%	8/2/73
リック・ブーシェ	VA-9	59%	67.76%	8/1/46
ベン・チャンドラー	KY-6	58%	85.50%	9/12/59
チャーリー・メランコン	LA-3	58%	55.00%	10/3/47
ティム・ホールデン	PA-17	58%	64.50%	3/5/57
リンカーン・デイヴィス	TN-4	58%	66.45%	9/13/43

キルスティン・ギルブランド	NY-20	54%	53.00%	12/9/66
ジェイソン・アルトマイア	PA-4	54%	51.99%	3/7/68
ガブリエル・ギフォーズ	AZ-8	53%	54.00%	6/8/70
バート・ストゥパック	MI-1	53%	69.00%	2/29/52
マイク・アーキュリ	NY-24	53%	54.00%	6/11/59
ジョン・タナー	TN-8	53%	73.18%	9/22/44
ヘンリー・クエラ	TX-28	53%	67.61%	9/19/55
ニック・ラホール	WV-3	53%	69.36%	5/20/49
マリオン・ベリー	AR-1	52%	69.15%	8/27/42
ヴィック・スナイダー	AR-2	51%	60.54%	9/27/47
アラン・モロハン	WV-1	58%	64.33%	5/14/43
ヒース・シューラー	NC-11	57%	54.00%	12/31/71
ザック・スペース	OH-18	57%	62.00%	1/27/61
ジョン・スプラット	SC-5	57%	56.90%	11/1/42
メリッサ・ビーン	IL-8	56%	50.90%	1/22/62
ジョー・ドネリー	IN-2	56%	54.00%	9/28/55
マイク・マッキンタイア	NC-7	56%	73.00%	8/6/56
ジョン・サラザール	CO-3	55%	61.59%	7/21/53
ジム・マーシャル	GA-8	55%	51.00%	3/31/48
デニス・ムーア	KA-3	55%	64.60%	11/8/45
コリン・ピーターソン	MN-7	55%	69.66%	6/29/44
マイク・ロス	AR-4	51%	74.54%	8/2/61
ティム・ウォルツ	MN-1	51%	53.00%	4/6/64
キャロル・シア・ポーター	NH-1	51%	52.00%	12/2/52
チャーリー・ウィルソン	OH-6	51%	62.08%	1/18/43
デニス・カルドーザ	CA-18	50%	65.50%	3/31/59
ロレッタ・サンチェス	CA-47	50%	62.40%	1/7/60
レオナード・ボズウェル	IA-3	50%	52.00%	1/10/34
ダーリーン・フーリー	OR-5	50%	53.99%	4/4/39
ブライアン・ベアード	WA-3	50%	63.12%	3/7/56
ティム・ビショップ	NY-1	49%	61.00%	6/1/50

これまでの経緯から、1994年の共和党下院多数派は、決して脆弱なものでも、偶発的なものでも、一過性のものでもなかったことがわかる。共和党は、不況、2つの戦争、数兆ドルにのぼる株式市場の富の喪失、遅まきながら発表された飲酒運転、人気投票で負けた共和党大統領、エンロン・スキャンダル、そしてビル・クリントンが投じた最高の試練を乗り切った。しかし、イラク占領とブッシュの「変化なし」という約束には耐えられなかった。

2006年、共和党が過半数を失い、今後も繰り返されることはないだろうと思われる2つの難題があった。ひとつはイラク占領で、これは大統領人気の足かせとなった。大統領は、占領では何も変わらない、ラムズフェルドは留任し、自分一人の考えであっても何も変えないと約束した。有権者は彼を信じた。しかし、2004年に彼の粘り強さを強さと見たのと同じ有権者が、今は誤りから学ぼうとしない・誤りを認めようとしない・方向転換ができない、と見ている。

もうひとつは、ホワイトハウスが好んで主張することだが、この損害はほとんど自業自得だということだ。トム・ディレイは、投票用紙に書くのではなく、投票用紙に載るような後任を選べるような時期に辞任すべきだった。ボブ・ネイがアブラモフ・スキャンダルの結果として辞職したとき、彼は長く待ったため、後任は急ごしらえで欠陥があった。ペンシルベニア州選出のドン・シャーウッドは、愛人の喉を絞めたとして告発された。カート・ウェルドンは調査中の充当者だった。フォーリーには電子メールのセックス・スキャンダルがあった。しかし、スキャンダルの影響を受けたこれらの選挙は、通常の年であれば、ほとんどの場合、取り返すことができるだろう。

汚職と歳出超過の問題について：最も楽観的な民主党議員は、2008年や2010年にこれらの問題のいずれかが民主党にとって有利になると本当に信じているのだろうか？　連邦政府の支出にスポットライトを当てることは、共和党にとって財産である。2006年、共和党の平均的な立候補補者は、140億ドルの支出増となる法案を共同提案した。民主党は平均5千億ドルの支出増となる法案を共同提案した。(2)

その時までにイラク戦争が終結していれば、2008年には共和党が下院で勢力を伸ばすだろう。2006年11月のようにイラクが依然として争点であれば、民主党は上下両院で議席を伸ばすだろう。

アメリカの政治家たちは、あらゆる国際的な出来事を第二次世界大戦かベトナム戦争のどちらかに見立てるのが好きだ。というのも、彼らが覚えている、あるいはテレビで見たことのある外国の出来事は、これらだけだからである。イラクは第二次世界大戦ではないが、ブッシュは1972年にリチャード・ニクソンがベトナムから撤退していたことを思い出すべきだった。彼はベトナム人が自国の防衛を運営できるように訓練するための撤退計画を持っていた。アメリカ軍は、リンドン・ジョンソン政権下の53万7377人という高水準から、1972年の選挙日までに3万5292人まで削減されていた。1972年だけで、ベトナムにおける米軍の兵力は17万7633人減少した。(3)

我々はベトナムを去ろうとしていた。

マクガバンは、ニクソンが単に撤退を望んだのに対し、彼は降伏を望んだため、臆病で弱々しい「平和主義者」に見えた。ニクソンが圧勝したのは、路線を維持する、あるいは何も変えないという投票ではなく、撤退を管理し、「名誉ある平和」を達成するという投票だったからだ。2006年、ブッシュは何の変化も与えなかった。終結も勝利も計画も見えないまま、殺戮は続くだろう。もし計画があったとしても、それはアメリカ国民には明示されなかった。(「サージ」もラムズフェルドの失脚も、2006年の選挙後のことだった)。

大統領候補が、イラクを無期限に占領する約束ではなく、レーガン流の共和党の標準的な問題で選挙戦を全国化すると仮定すると、民主党は、2004年にブッシュでさえ勝利した61の下院選挙区を守るのに苦労することになる。共和党が守らなければならないのは、2004年にケリーに投票した8選挙区だけである。

大統領職

冷戦が終結し、上下両院で共和党が強化されたことで、大統領職はもはや有能な中道右派の中心的な目標ではなくなっている。また、大統領職は簡単な目標でもない。

共和党はかつて、上院と下院は民主党に奪われることは避けられないと信じていた。共和党は、ソ連に地球を征服させないため、そして民主党議会によるアメリカの社会主義化を阻止するために、外交問題で大統領の座を勝ち取ることができたし、そうしなければならなかった。

1980年の選挙後、共和党がカリフォルニア、ロッキー山脈西部、南部、そして中西部を常に支配し、大統領職を堅固に維持するという「選挙人団による大統領職の固定化」が勇ましく語られた。共和党は、大統領の砦から、民主党の上院を通過して妥当な最高裁判事を選出し、ソビエトを寄せ付けず、国会議事堂からゴールシュートのように飛び出してくる、本当に悪い案には拒否権を発動できると信じていた。

共和党と保守運動は大統領中心主義になった。それが変わったのは、ソ連の崩壊によって世界が変わったときだ。多くの失望した中道右派の有権者は、ビル・クリントンの徴兵逃れの過去にもかかわらず、ロス・ペローに投票した。彼らがそうしたのは、ソ連の脅威がなくなったからに他ならない。

ギングリッチが、共和党が大統領選の全国キャンペーンで勝利したように、上下院選の全国キャンペーンでも勝利できることを示したとき、この運動は実際にはドールを選出することよりも、1996年に上下院を維持することに重点を置いた。

共和党と放っておいてくれ運動が、大統領職の追求と支持を放棄することは、合理的で正しい。このことは、ニクソンが1972年に、ベトナム問題で彼を支持した数十人の民主党議員に対し、彼らを打ち負かそうとする共和党の試みを支持しないと約束したときに、痛いほどよくわかった。また、コロラド州ではゴードン・アロット上院議員を再選させることもできたはずだが、それをしなかったことで、ニクソンの勝利は孤独なものとなった。あるいは、ニクソンは、オハイオ州のようなニクソンがリードしていた重要な州で、議会や上院の民主党議員に投票しようと考えていたニクソン支持者の有権者に投票させないよう、選挙キャンペーンに指示することもできた。

歴代大統領は、党や、時には運動が自分たちのために個人的に働いていると考えるようになった。第41代大統領ブッシュは1990年、下院共和党の選挙基金であるNRCCに対し、彼の増税に対して反対する発言を共和党議員に奨励しないよう命じた。より多くの共和党議員を当選させるよりも、誰も反対していないと皇帝に思わせたほうがいい。そして、共和党議員を下院議員に選出することで報酬を得ているNRCCは、大統領の圧力に屈した。レーガンでさえ、1982年にRNCの献金者層に対して、1982年の増税は増税ではないと伝える書簡を送った。この「皇帝に服を着ていないと言うのをやめろ」というメモから党の資金調達が回復するまでの1年間だった。レーガンがミネソタに飛ぶのにさえ時間を費やしたのは、彼の選挙運動が彼だけに集中していたためであり、彼は自分の時間を他の選挙運動に使えると考えるよりも、1984年に歴史的な50州勝利（その報酬は何もない）を勝ち取ることを望んでいたからである。レーガンは自分の娘を共同議長に任命するようRNCに命じた。2006年、ブッシュは、共和党議員を上下両院議員に当選させるための選挙運動ではなく、イラクに関する自らの決定を擁護していた。彼は2006年の夏、イラク政策を少しでも変更させるような何かを学んだとは考えられないと講演を行った。

さらに悪いことに、ブッシュの指示の下、共和党はコネティカット州で、無所属で出馬したジョー・リーバーマン上院議員と、民主党から出馬した反戦活動家のネッド・ラモント上院議員という分裂左派に対抗する上院議員候補を支援しなかった。

その結果、フィールドには2人の選手しか残らなかったが、どちらも民主党支持者であり、1人は伝統的なLBJリベラル派、もう1人は反イラク戦争リベラル派であった。ブッシュ大統領はリベラル派のリーバーマン（イラク戦争以外はすべて左翼）に感謝したせいで、民主党の得票率を倍増させ、共和党の得票率を低下させた。

歴代大統領は常に、これはすべて自分のことだと考えている。クリントンはこのような態度をとった。私たち中道右派は、クリントンがそうしてくれたことに大いに感謝している。しかし、現代の中道右派の党と運動は、大統領職と同様に知事職と議会にも関心を持たなければならない。そして、大統領候補者には、党の統治機関である共和党全国委員会に対して手を出さない方針を保つことを義務づけることから始めるべきだ。党全体がこのプロセスを始めたのは、エイブラハム・リンカーンの大統領就任後、下院の急進派共和党員がNRCCを設立し、リンカーンの民主党副大統領（後の大統領）アンドリュー・ジョンソンから独立した下院共和党員のために資金を集めたときである(4)。

RNCの168人のメンバーは、RNCの議長を選出し、予算を運営することができるし、そうすべきである。これは党の組織であって、大統領の貯金箱や懐柔策ではない。そう、大統領はダイレクトメールを書き、資金集めに顔を出す。それは、共和党の指名候補者がオーディションを受ける条件として約束すべきことだ。大統領は当選するために党を利用し、その後党の運営を要求すべきではない。忠誠は党とその原則に流れるべきであり、候補者個人に流れるべきものではない。

第17章　州

偉大な経済思想家ロス・ペローは、カナダ、米国、メキシコの自由貿易協定によって、雇用、資本、富が米国からメキシコに流出すると予測した。

しかし、労働コストの低さは、投資家がどこに工場を建設し、雇用を創出し、富をリスクにさらすかを決定する際の一要素にすぎない。もし人件費がすべてを決定するのであれば、すべての雇用はバングラデシュにあるはずだ。アメリカ国内では、すべての工場がミシシッピの田舎に移転しているだろう。

労働者、資本、経営者は米国内で合理的に自由に移動する。法の支配は国家レベルでは一貫している。しかし、資本と労働をどのように扱うかについては、州によって違いがある。その決定的な違いのひとつが、州が課す税負担である。1990年、ニューハンプシャー州民は個人所得の8・6%を州税と地方税として納めた。西に少し行ったところにあるニューヨーク州では、個人所得の13・5%が州税と地方税であった。[1]

マスコミは、南や西への移住は「乾燥した暑さ」と「雪のない季節」への願望によるものだと指摘することがある。しかし、同じように寒くて雪が多いが税金は安いニューハンプシャー州を除けば、ニューイングランドのすべての州が移民で市民を失った理由は天候では説明できない。

１９９０年から１９９９年の間に、１１０万９千人のアメリカ人が州所得税のないフロリダ州に移住した。同じ10年間に、カリフォルニア州民は２１７万１千人が日照時間の長いカリフォルニアから移住した。１９９０年代、カリフォルニア州の最高所得税率は９％を超えていた。

ニューヨーク州は、１９９０年から１９９４年にかけて州所得税の最高税率が７・８％と高く、１８８万９千人の市民が州を去った。

１１０万人の新市民を獲得したフロリダ州、57万人増のテキサス州、35万7千人増のテネシー州、38万2千人増のワシントン州、43万3千人増のネバダ州、これらの州には所得税はない(2)。

１９９０年から１９９９年にかけて、税負担の高い10州は89万人の市民を移民で失い、税負担の低い10州は２０５万２千人の納税難民を獲得した。

州の所得税負担だけを見ると、１９９０年から１９９９年の間に、所得税の低い10州は２８０万人を増やし、所得税の高い10州は同じ10年間に２１５万１３００人を失った。

この傾向は２０００年から２００２年にかけても続き、高税率の上位10州は国内移民によって37万1千人を失い、低税率の10州は72万9千人の純移民を獲得した。外国からの移民は、国内移民の規模を覆い隠すことがある。しかし、この2年間に外国からの移民をすべて含めても、高税率の10州は10万8千人しか増加せず、低税率の10州は１７０万９千人の純増であった(3)。

州別の移動と所得（1996-2004年）

州	移住／損失	年間損益（百万ドル）
アラバマ	18,984	$44.8
アラスカ	-24,204	-$824.7
アリゾナ	457,181	$13,791.2
アーカンソー	42,858	$931.4
カリフォルニア	-871,655	-$13,181.0
コロラド	185,027	$4,519.8
コネティカット	-84,597	-$2,713.6
デラウェア	31,588	$764.6
コロンビア特別区	-83,255	-$1,647.0
フロリダ	1,137,912	$57,208.5
ジョージア	420,656	$3,892.7
ハワイ	-73,885	$430.3
アイダホ	61,897	$1,820.2
イリノイ	-538,004	-$18,185.3
インディアナ	-10,128	-$3,192.6
アイオワ	-59,642	-$2,765.2
カンザス	-56,564	-$2,601.7
ケンタッキー	47,?6	$122.2
ルイジアナ	-128,255	-$3,075.1
メイン	34,472	$1,955.0
メリーランド	-6,747	-$1,915.8
マサチューセッツ	-192,542	-$7,133.1
ミシガン	-141,863	-$6,094.6
ミネソタ	15,536	-$2,611.4
ミシシッピ	4,281	$20.9
ミズーリ	54,130	-$1,710.8
モンタナ	9,115	$1,100.9

ネブラスカ	-40,792	-$1,708.3
ネバダ	352,524	$11,218.0
ニューハンプシャー	60,298	$2,768.1
ニュージャージー	-236,045	-$9,476.8
ニューメキシコ	-23,074	$162.1
ニューヨーク	-1,258,322	-$33,121.7
ノースカロライナ	371,686	$8,269.0
ノースダコタ	-40,068	-$893.3
オハイオ	-220,051	-$10,461.3
オクラホマ	-6,702	-$1,608.3
オレゴン	99,862	$2,007.8
ペンシルバニア	-140,829	-$4,489.4
ロードアイランド	-10,573	$269.3
サウスカロライナ	158,981	$5,667.7
サウスダコタ	13,261	$133.9
テネシー	174,683	$2,386.2
テキサス	307,329	$4,202.7
ユタ	-39,724	-$606.0
バーモント	3,998	$576.5
バージニア	136,171	$2,897.8
ワシントン	102,548	$2,972.6
ウェストバージニア	-5,843	-$262.9
ウィスコンシン	26,000	-$481.5
ワイオミング	-9,038	$627.2

出典：内国歳入庁、米国税制改革財団(4)

高税率の州から低税率の州に移転する個人や企業は、定義上「税金に敏感」である。そのため、彼らは共和党の州や、共和党がますます増えている州に新居を構えることになり、共和党傾向の有権者となる可能性が高くなる。

人々は移動するとき、富と年収を持ち出す。このような人口の移動と、彼らがもたらす所得と富の移動は、低税率で共和党の多い州を強化する。これらの州は、より多くの選挙区とより多くの選挙人を獲得する。

フロリダ州では、1998年から2006年までの8年間、ジェブ・ブッシュ知事が毎年減税を行い、2006年には49億9千万ドルの黒字を計上した。(5)

ニュージャージー州では、ジム・マクグリービー知事が140億ドルの借金をし、その多くが運営費に充てられた。知事はまた増税を行い、企業や納税者の反感を買い続けた。

自由人、自由な土地、自由な労働力

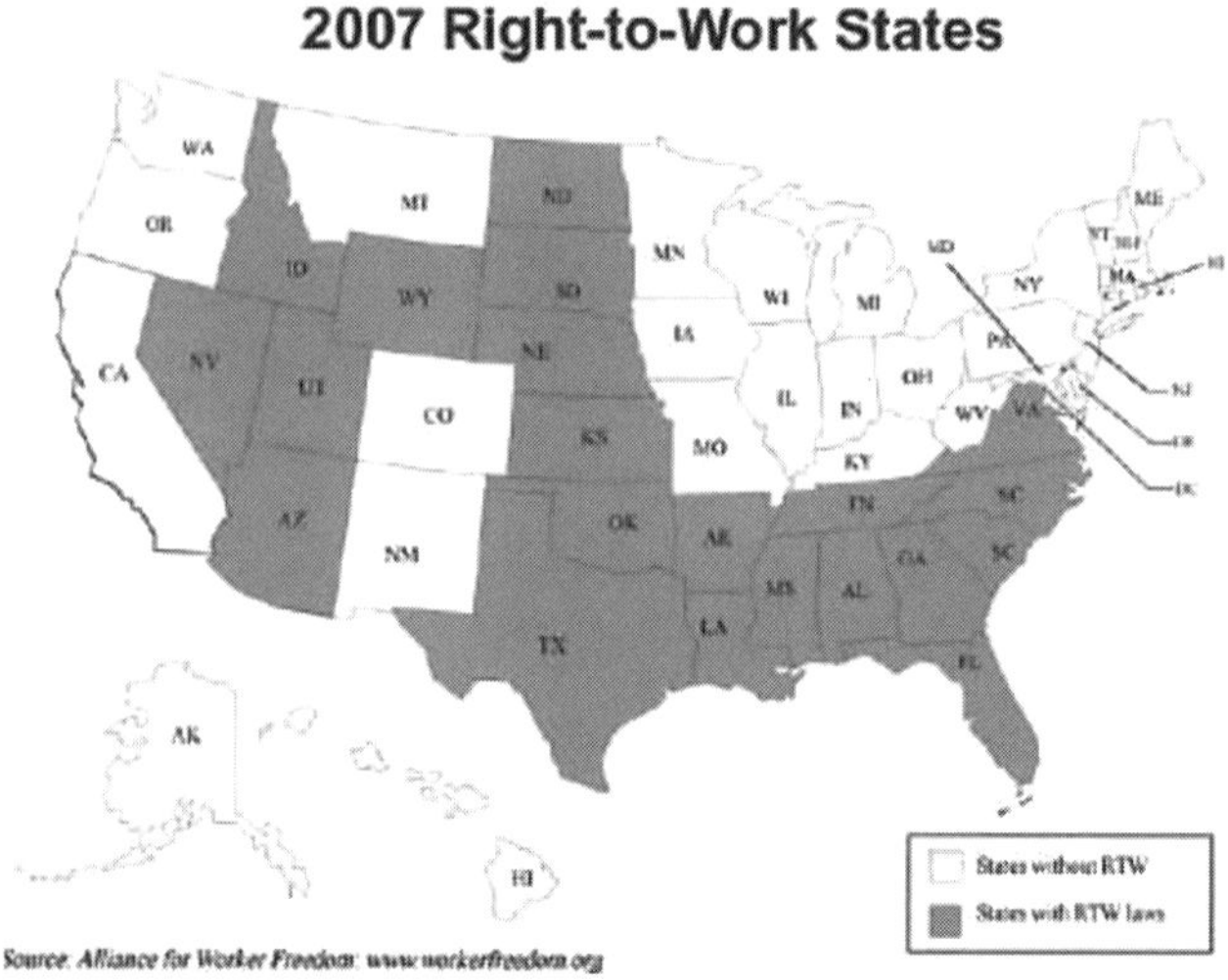

出典：労働者の自由のための同盟 www.workerfreedom.org

労働権法がない州、労働権法がある州

税金はアメリカ人がどこに住むかを決める大きな要因である。労働法も影響する。連邦議会で可決された1936年のワグナー法は、労働組合とその指導者たちに、使用者と労働者の双方に対して大きな権限を与えた。労働組合に加入するアメリカ人の数は、1935年の330万人から、1940年には680万人、1945年には1160万人に急増した。(6)

1946年に共和党が上下両院を席巻すると、その死後に「穏健派」の民主党議員に認定されたハリー・トルーマンの拒否権を押し切って、タフト・ハートリー法第17条b項（労働権法）を成立させることができた。これは、各州が強制組合主義を認めるか認めないかを決定できるようにするものである。労働権法のある州では、労働者は雇用の条件として労働組合への加入を要求されることはない。労働組合の暴力レベルを考えれば、労働組合への加入は健康でいるための条件となりうるが、労働権法のない州では、政府が野球のバットを振り回す組合組織員の役割を果たし、政府自身が労働者に「組合費を払うか、工場、鉱山、建設現場で働かないか」という拒否できない申し出をする。

当初は、工業化が進んでおらず、労働組合の組織化も進んでいない南部の州を中心に、労働権法が成立した。これらの法律により、労働権法のある州は企業にとってより魅力的な州となり、やがて投資、企業、雇用がこれらの州に流れ込んだ。労働権法のある州であることの利点が明らかになるにつれて、より多くの州が労働権法を可決した。1948年には、1800万人のアメ

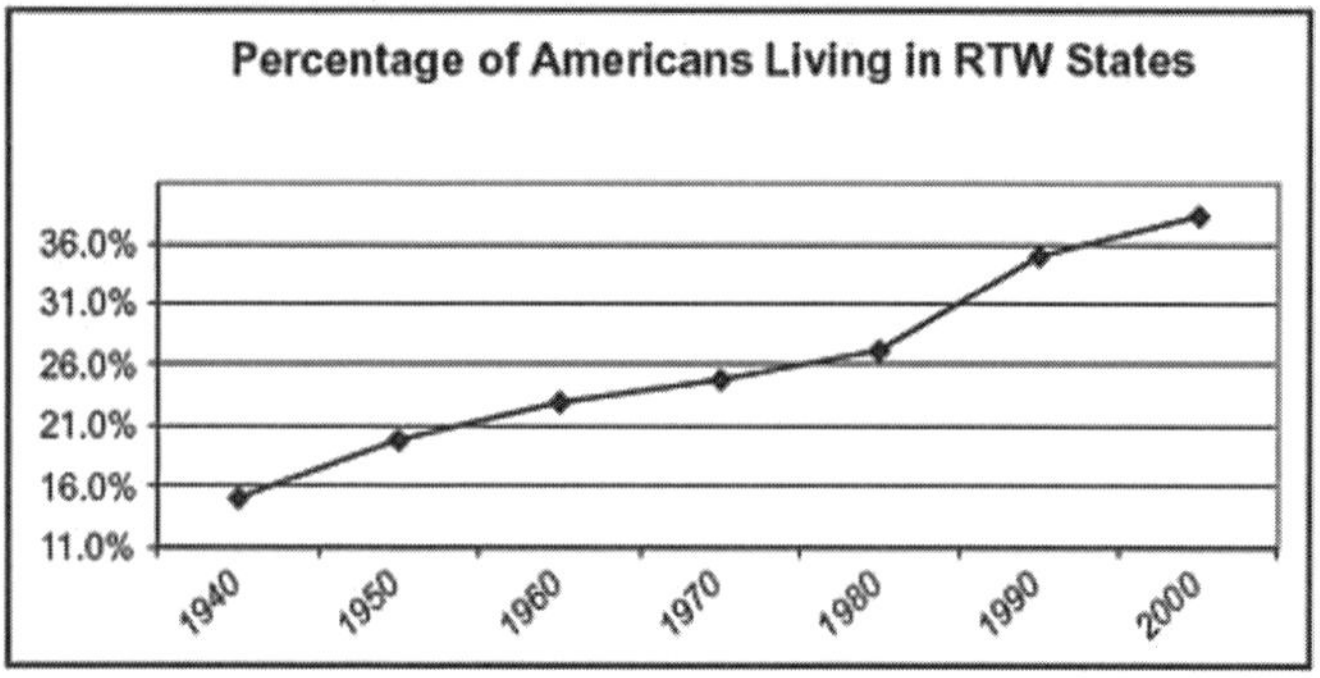

出典：国勢調査局および労働者の自由のための同盟

リカ人が労働権法のある10の州に住んでいた。2004年には、1億800万人のアメリカ人が22の労働権法のある州に住んでいた。(7)

1994年までに、21の州が労働権法を制定した。オクラホマ州は2001年、住民投票によって20番目の労働権法州となった。

1994年から2004年にかけて、非農業部門の民間雇用は、労働権法のある州では21・1%増加したが、労働権法のない州では12・4%しか増加しなかった。大都市圏の平均実質世帯所得は、労働権法のある州では5万5711ドル、労働権法がない州では4万6431ドルであった。建設業の雇用者数は、労働権法がある州では42・2%増加し、それ以外の州では38・3%増加した。製造業は、労働権法のある州では4・9%増加し、労働権法のある州では8・3%減少した。実質個人所得は、労働権法のある州では37%伸びたが、強制組合主義の州では27%しか伸びなかった。生活費を調整すると、首都圏の1人当たり個人所得は、労働権法のある州では2万5900ドル、強制組合主義州では2万2926ドルであった。(8)

このグラフは、1940年代以降、労働権のある州に住むアメリカ人の割合が増加していることを示している。

国家を組織労働者のための執行機関に変えない、より柔軟な労働法は、より多くの雇用創出、より高い実質賃金、より多くのビジネス、さらにはより多くの住宅所有のための条件を生み出している（71％対68％）。

毎年、人々、資本、企業は、労働権法のある22州に偏って移動している。2000年には、労働権のある21州のすべてがブッシュに投票した。2004年には、現在22の労働権法がある州が満場一致でブッシュに投票した。

NRAが憲法修正第2条の保護者であるように、労働権法の保護者は、全国労働権委員会である。同委員会はバージニア州に本部を置き、1954年に設立され、1954年から1994年まで創設会長のリード・ラーソンによって運営された。1995年からはマーク・ミックス法律部長が会長を務めている。

組合加入を強制する法律による搾取から労働者を守ることで、労働者が増え、企業が増え、富が増え、人口が増える。その結果、下院の議席が増え、選挙人票も増える。

2004年にブッシュに投票した31州と2004年にケリーに投票した19州を比較すると、1996年から2004年にかけて、共和党の州はケリー民主党の州から330万人の移民を受け入れている。民主党州からの移民は、年間1千億ドルの個人所得を共和党州にもたらした(9)。

共和党の州には18歳未満の子供が3835万5472人いる。民主党の州には18歳未満の子供が3501万1675人いる。[10]共和党の州には子供が多く、より多くの人々が引っ越してくる。これは選挙人団と下院の党派分布に影響を与えるだろう。

もし2000年の選挙が、10年前の1990年の国勢調査ではなく2000年の国勢調査に基づいて行われていたら、ブッシュは271票ではなく278票を獲得していただろう。

カリフォルニア州を除き、議席を増やしたすべての州がブッシュに投票した：アリゾナ、コロラド、フロリダ、ジョージア、ネバダ、ノースカロライナ、テキサス。

民主主義の実験室：共和党のピルム

ローマの兵士たちは、敵が持っている槍とは違って、ピルムという槍を持っていた。ピルムの先端は鋭く尖っており、盾や人を貫くことができた。槍の先には有刺鉄線があり、自分や盾を貫通すると抜けなくなり、引き抜いてローマ軍に投げ返すことができなくなる。さらに、槍の金属製の先端は木製の軸よりも弱かった。これは意図的なものだった。投げられたピルムは、人や盾や地面に当たると曲がってしまう。もはや槍としては使えない。ローマ兵に投げ返すこともできない。ピルムは一方向にしか使えない武器だったのだ。

多くの政治的戦術は、投げ返される可能性がある。2000年に民主党が有権者の投票率で共和党をリードしたとき、共和党は2002年と2004年に自分たちの投票率を上げて応戦した。民主党は2006年、ミシガン州などの主要州で投票率を上げて反撃した。どちらの党も有権者を登録し、投票させることができる。

共和党が減税、州所得税や州死亡税の廃止、労働権法などの柔軟な労働法によって州をより魅力的なものにできるなら、左派は進歩的な法案を可決することで企業や投資、質の高い市民を引き寄せることができるだろう。彼らは試したが、うまくいかなかった。「放っておいてくれ連合」には、左派に対する大きな利点がある。その政策が法律として制定されれば、市民を惹きつける。市民は、市民の生活と給与をトライアル・ロイヤーや労働組合のボスや市役所に渡さないような、税金が低く、小さな政府で、犯罪に厳しい州に住みたがっている。これは主張ではない。観察可能で定量化可能な事実なのだ。良い政策は良い政治である。

しかし、国家レベルでは、さまざまな政策の効果を切り分けるのは難しい。減税を通せば景気が良くなるが、民主党はどうせそうなっただろうと主張する。自分たちの政策がうまくいき、相手の政策が非生産的であることをどうやって証明するのか？　庶民がフランスに移り住んだり、メキシコからの移民を止めたりする前に、事態はかなり悪化しているはずだ。

しかし、50の州があり、その多くの州で一党優位の傾向が強まっている。共和党の州もある。民主党の州もある。現代の民主党は、ニュージャージー州やウェストバージニア州、マサチューセッツ州の市民に対して、やりたい放題だ。他方、フロリダ、テキサス、ジョージア、サウスカロライナでは共和党が多数派を占めている。これにより、各政党はますます模範的な政治を行うことができるようになるだろう。

当初、左派はこれを好機と考えた。ネーション誌に寄稿したトーマス・ゲーガンは、まさに左派のこの戦略を主張した。２００４年の選挙後の数週間、「労働者はより友好的な土地を求めてワシントンに見切りをつけるべきかもしれない」という見出しの記事が掲載された。その中で彼は、「民主党の州から統治しよう。民主党の州から政治を行えば、労働運動を取り戻すことができるかもしれない。私が言いたいのは、州法を可能な限り利用して、私たちが国全体に望むべき社会民主主義を確立しようということだ」。[11]

現代の民主党は、ワシントンの権力の中枢から遠ざけられているとか、2006年以降はブッシュの拒否権によって妨害されていると泣き言を言うことができる。しかし民主党には、議会で民主党が多数決で可決した法案に署名する民主党知事のいる州で、自分たちなりのユートピアを作る能力がある。実験が可能なのは、ニュージャージー、ニューヨーク、ニューメキシコ、イリノイ、メイン、マサチューセッツ、ワシントン、ウェストバージニアである。

共和党は、フロリダ州やテキサス州のような大規模な州を含む12〜14の州で、政策の理想郷を築くことができる。大統領選で共和党に投票する州や議会が、上下院選でも共和党に投票する傾向が強まっているように（民主党の州や議会区はその逆）、知事選や議会選の投票パターンでも、共和党一辺倒になる傾向が強まっている。

ゲーガンの戦略に対する挑戦はこうだ。民主党連合が州政府に望むことをリストアップしてみると、それは個人、家族、企業、資本を州から追い出すリストとよく似ている。

労働組合に力を与える。税金を上げる。企業や医師を訴えるトライアル・ロイヤーにもっと自由裁量を与える。増税し、州・地方公務員の年金と医療費を増やす。増税し、楽しい環境規制をたくさん設ける。麻薬中毒者や強盗犯のニーズに理解を示し、生活保護を受けやすくし、増税する。

カリフォルニア州の民主党は、ゲーガンの戦略に従ってカリフォルニア州を社会民主主義に変えようとした。ひとつ問題がある。カリフォルニア州にはリコールとイニシアチブのプロセスがあり、有権者はグレイ・デイビス知事をリコールし、アーノルド・シュワルツェネッガーを選出した。しかし、リコールやイニシアチブのない民主党が支配する州は、「進歩」を減速させるほどのスピードバンプもなく、社会民主主義へと突き進むことができる。異論を唱える人々の選択肢はただ一つ、「服従するか、去るか」である。

「放っておいてくれ連合」と共和党選出議員たちは、州レベルで独自のプロジェクト・リストを持っている：減税する。トライアル・ロイヤーとスマッシュマウスで対戦。企業への減税、規制を減らす。公務員の給与と年金を民間並みにする。健康保険の金メッキを剝がす。子供の教育を親が管理できるようにする。労働権法を成立させる。犯罪者を刑務所に入れる。殺人犯を処刑する。生活保護を受けることを難しくし、そこにとどまることを不愉快にする。

共和党の「やるべきこと」リストは、新たな投資を呼び込み、市民、特に働いて税金を納め、富を持ち、富を生み出す市民を惹きつける。民主党と共和党がそれぞれの州の支配権を「掌握」することに成功すればするほど、民間部門の労働者や税金に敏感な個人は、青い州から共和党の州に移るのが早くなり、逆に、政府の仕事や年金、福祉手当を望む人々は民主党の州にとどまり、そこに移るだろう。

民主党は、教員にもっと手厚い年金を支払えば、教員給与が高く労働時間が短い公立学校で子供を育てたいと願う若い夫婦を興奮させることができると考えているのかもしれない。教員給与や子供への一人当たり支出と移民の出入りを比較すると、この方法を試した州から市民が流出していることがわかる。

教員給与の上位10州では、1996年から2004年にかけて360万人の住民が州を離れ、970億ドルの年間所得を持ち去った。一人当たりの支出額が最も高い「州」はワシントンD.C.である。ワシントンD.C.は1996年から2004年までに8万3225人の住民を失い、これらの住民は16億ドルを持ち去った。(12)

生徒一人当たりの「教育」支出が最も少ない10州は、ユタ、アイダホ、アリゾナ、オクラホマ、ミシシッピ、ネバダ、テネシー、アラバマ、ノースカロライナ、アーカンソーである。これらの10州では、1996年から2004年にかけて143万人の純移民があった。(13) 教育費だけでは市民や有権者を惹きつけることはできない。アメリカ人は質の高い教育を重視する。親たちは、教育官僚機構への支出を増やすことと、真の教育を提供することは同じことだとは考えていないのだ。

連邦政府の支出は、健全な政策に基づく州間の競争を低下させるという指摘がある。破壊的な政策をとる州は、悪い州や地方政府が引き起こす問題を「修正」または軽減するために、連邦政府から補助金を得ることができる。また、「歳入分配」計画は、州の歳入を有能な経済政策から切り離すものである。

州間の競争によって、アメリカはどの政策が効果的かを知ることができる。アメリカ人は、家族、ビジネス、富、財産を、より成功している州に移すことができる。最も低コストで最高の政府を提供するために、州間の競争が行われる。

州レベルでの成功は、勝利のアイデアを連邦レベルに促進するのに役立つ。ウィスコンシン州とミシガン州における福祉制度改革の成功は、1996年の国家レベルでの福祉制度改革を可能にした。市民が武器を携帯する権利を与えられている州では犯罪が減少したことから、多くの州で議員たちが同様の法律を制定するよう説得され、9月11日以降、連邦議会はすべての警察官に自分の州だけでなく全州で武器を携帯する権利を与えた。この権利をすべての市民に拡大する法案が議会に提出されている。

1つか2つの州で成功したアイデアを推進するのと、一度も試されたことのない理論を提唱するのとでは、雲泥の差がある。また、悪いアイデアに対する盾にもなる。「おい、まずはバーモント州で試してみて、どうだったかまた知らせてくれないか？」と。

州が都市に勝つ

紙が岩を包む。岩がハサミを潰す。ハサミは紙を切る。そして、州は市に勝る。ほとんどの州では、地方自治体（市、町、郡）は州の政治的創造物である。州は市を合併することができる。市を半分に分けることもできる。郡を作ることも、作らないこともできる。地方自治体の所得課税権を否定することもできる。州は、州が支出できる金額を制限することができる。支出を強制する。州の財政支出を制限する。州は、連邦政府が州に対して持っている以上に、市に対して大きな権限を持っている。

これは、都市よりも州をはるかに掌握している共和党にとって有利である。2007年、共和党は50州中22州で知事職を占め、50州中10州で知事職と上下両院を掌握していた。そして、これは最近の低い水準だった。2006年のイラク選挙以前は、共和党は28の州知事を掌握し、99の州のうち49の立法機関を掌握し、20の州で上下両院を掌握し、12の州で知事職と両院を完全掌握していた。民主党は8つの州で全権を掌握していた。現在、最大の50都市のうち、共和党が市長を務めているのは9都市である。これらの都市のうち、共和党が市長と市議会を掌握しているところはまったくない。[14]

共和党はデトロイト、フィラデルフィア、オースティンの民主党の政治マシーンについて愚痴をこぼしたがる。これらの都市は圧倒的に民主党が多い。彼らは民主党の票を集めるために税金を使う。彼らは有権者詐欺を盾にし、おそらく組織している。

ジョンソン政権が考案した連邦補助金プログラムの多くは、市や地方自治体を経由し、政府の学校や大学に直接支給される。これらは州議会を迂回するか、あるいは州議会が実質的な管理下にないような制限付きで通過する。

有能な共和党であれば、州レベルでその力を行使し、政治目的に税金を使用する都市への税金の移転を阻止するだろう。余剰資金はすべて、都市における現代民主党の政治マシーンである官僚組織の資金源となる。

このゴルディアスの結び目を断ち切るには、生活保護、フードスタンプ、住宅扶助、医療などの連邦政府からの援助を、最小限の制限で州政府に直接支給するブロック・グラントが最適である。民主党は、福祉給付金の削減を恐れて、このようなブロック・グラントに反対している。実際の福祉改革の歴史を見ると、1996年の制定以来、ブロック・グラントはインフレをカバーするために増額されてきた。減少したのは総支給額ではなく、政府に依存するようになった市民の数である。

連邦政府からの援助を、政治的な下部組織ではなく州に送ることで、このような「無償のお金」の腐敗や政治化を防ぐことができる。そして最終的には、連邦議会はこのようなブロック補助金を減税と交換し、各州が自分たちで資金を調達し、自分たちにとって価値があると考えるプロジェクトに使うことができるようにすべきだ。

ローマのピルムのように、50の州が納税者に最低のコストで最高の政府を提供しようと競争するのは、一方通行の武器である。市や郡のレベルでは、連邦や州の資金で運営されている共和党の政治マシーンは存在しない。そして、もしあったとしても、税金を原資とする〝右派〟の政治組織は政治的に腐敗するため、「私たちを放っておいて連合」は喜んでそれを潰すべきだ。

パープル州：リンカーン主義共和党vsレーガン主義共和党。

ロングアイランドからイリノイ州まで、リンカーン主義共和党の領土が広範囲に及ぶことを考えると、「放っておいてくれ連合」はチャンスであると同時に真の危機でもある。州政府は無力ではない。民主党の政治的ショック部隊として使われる過剰な官僚機構に税金を投入している都市に、州の税金を不均衡に送るのをやめさせることができる。ワシントンは、各州が都市の腐敗と闘うのを支援することができる。共和党が全国的に下院、上院、大統領を支配するようになったら、「都市への援助」を通じて、民主党の選挙区の職員に資金を提供するための連邦資金の使用を拒否すべきである。南北戦争から140年後、ニューヨークからニュージャージー、ペンシルベニア、オハイオ、インディアナ、イリノイを経て西に向かうと、レーガン主義共和党ではなく、リンカーン主義共和党が見られる。

これらの州は、強力な「共和党」の歴史を持つ州もあるが、共和党員になぜ共和党員なのかと尋ねると、エイブラハム・リンカーンが共和党員で、彼らの曾祖父母は北軍支持者だったという答えが返ってくることがあまりに多い。彼らの共和党への忠誠心は、リー将軍への尊敬の念から最近まで民主党に投票していた旧南軍11州の民主党議員と同じくらい希薄である。

1860年当時のリンカーン主義共和党は、奴隷制を西部まで拡大すべきではなく、連邦は結束を保つべきだと考えていた。これらはほとんどの郡で、今日の合衆国における解決済みの問題である。では、なぜ今日共和党に投票するのか？　ほとんどの州の共和党員は、レーガン主義共和党員へと移行した。レーガン主義共和党員とは、「放っておいてくれ連合」のメンバーとして定義され、制限された政府にコミットする共和党員である。しかし、ロングアイランド、ニュージャージー、ペンシルベニア、オハイオ、インディアナ、イリノイの共和党は、しばしば利権に依存してきた。これは欠陥のある戦略だった。

ロングアイランドでは、利権に関する税金が高すぎたため、ナッソー郡の共和党マシーンは有権者から否定された。1980年代には、ロングアイランドに3人、ニューヨークに15人の共和党下院議員がいたが、2006年にはロングアイランドに1人、ニューヨーク州に6人になっている。

ニュージャージー州では1993年、クリスティ・トッド・ホイットマンが選出され、上下両院で過半数を占めた。彼らは政府を制限するレーガン主義的共和党としてではなく、むしろ政府内部に住むリンカーン主義的共和党として、契約と仕事を与え、政府の支出と借金を増加させた。2006年には民主党が知事職と両院を掌握した。南北戦争に勝利した政党であることは、もはや共和党に投票する理由にはならなかった。

ペンシルベニア州は1994年から2002年まで、共和党のトム・リッジ知事が統治し、上下両院も共和党だった。しかし、彼らは親たちに学校の選択肢を与えたり税金を下げたりするよりも、フットボール・スタジアムの建設に税金を使うことに時間を費やした。

イリノイ州は1994年の選挙後、共和党の知事が誕生し、上下両院も共和党だったが、ジョージ・ライアン知事が放っておいて連合ではなく「利権の州」を作ろうとした結果、知事職と上下両院が民主党に移った。

オハイオ州とインディアナ州は持ちこたえたが、オハイオ州のタフト知事はロナルド・レーガンを知らないかのような政治を行った。タフトは増税した。他人の金を熱心に使い、その仕事と契約が作った利権マシーンは汚職に絡め取られた。そして2006年、彼は共和党のための知事の座を追われた。共和党が「放っておいてくれ連合」と協調しているレーガン主義共和党の州では、共和党の方が良い結果を出している。

このリンカーン主義共和党の州は、レーガン主義共和党の州へと移行するのだろうか？　この疑問には多くのことがかかっている。リンカーン主義的な共和党にとって、長い間解決されてきた問題に基づく150年来の忠誠心によって人々が政党に投票することに頼ることは、利権と契約の腐敗に変わった。これでは、「放っておいてくれ連合」の有権者を惹きつけ、維持することはできない。このような歴史的忠誠心はセルビアやアルバニアでは通用するかもしれないが、アメリカ人は歴史の侮辱に対する記憶が浅い。リンカーン主義の共和党は、アメリカの主要州を長く統治し続けることはできない。レーガン主義共和党になるか、権力を失うだろう。「もっと寄こせ連合」に代わる有能な存在にはなれない。彼らは偽装した「もっと寄こせ連合」なのだ。

第４部

税金とその対策について

「課税権は破壊する力である。」

――ジョン・マーシャル

「公益のために物を取り上げる。」

――ヒラリー・クリントン、2004年6月28日

「あなたが送れば、あいつらはそれを使ってしまう。」

――バンパーステッカー

第18章　税金：国家の生命線

政治において、課税は最も重要なことではない。唯一のものなのだ。それは国家の最先端であり、市民との接点であり、統制の手段であり、刑罰の適用や保留である。2つの不変のもの以外はすべて変わる：死と税金である。

ロゼッタ・ストーンはエジプトの象形文字、デモティック文字、ギリシア語で刻まれ、すべての人が理解でき、時が経ってもそのメッセージが消えないようにした。そのメッセージとは、どのエジプト人にどれだけの税金を課すかという合意だった。マグナ・カルタも税金に関するものだった。フランス革命は、国王が国民議会を招集して税について議論したことから始まった。(賢明な行動ではなかった)。アメリカ革命は税の反乱から始まった。ローマがロードス島を滅ぼそうとしたとき、彼らは競合する新港に無税の地位を与えた。それが功を奏した。

税金はすべてを支配する。1981年にレーガンが大統領に就任したとき、所得税の最高税率は70％だった。レーガンが退任したときには28％だった。1980年、最高限界税率70％のアメリカ人は、100ドル余分に稼いだが、税引き後の手取りはわずか30ドルだった。レーガンが大統領を辞めると、100ドルのうち72ドルが手元に残ることになった。働くことの報酬は倍増した。税金はすべてを変えることができる[1]。

課税権は破壊する力である。課税権は、製品、サービス、財の生産、購入、使用にかかる費用を決定する力である。税金はあなたの手取りを決める。退職後のポートフォリオの価値も、自宅の価値も。高い税金は偉大な文明を破壊してきた。第2次世界大戦後の香港や1990年代のアイルランドでは、低い税金が経済の奇跡を生んだ。課税権とは、端的に言えば権力そのものである。

自由を愛するアメリカ人の目的は、権力を振り回すことではなく、権力を縮小し、統制し、憲法と民意の鎖で縛り付けることである。権力の多くを破壊することで、再び同じような権力者の手に戻ってしまわないようにするのだ。その目的は、権力の指輪を善のために使おうとすることではなく、モルドールの業火に投げ込むことなのだ。国家の課税、管理、破壊の権限を縮小する前に、政府が課税権限を行使してきた歴史から多くを学ぶことができる。

アメリカ課税史

アメリカは増税反対の革命で独立を勝ち取った。しかし、増税といっても大がかりなものではなかった。印紙税は、あらゆる公文書に数ペンス以下の課税を課した。ボストン茶会のきっかけとなった茶への課税は、茶1ポンドにつきわずか3ペンスだった[2]。

イギリス人がアメリカ人に課していた税負担は収入の約1％だった。これはまったく容認できず、アメリカ人は1775年4月19日にレキシントンとコンコードで戦い、1781年10月19日にヴァージニア州ヨークタウンで勝利するまで、これに終止符を打った。それ以来、若干の後退が見られる。ウィスキーの乱は、善良な人々にとって不運な結末を迎えた。

南北戦争は、奴隷制の西方への拡大をめぐる対立と、連邦政府の圧倒的多数を賄う高関税を主張する北部の主張によって引き起こされた。当選したリンカーン大統領は当初、奴隷制国家の奴隷制度には干渉しないと約束したが、高関税は譲れなかった。

南北戦争後の共和党優勢時代、高関税を支持したのは共和党であり、低関税を支持したのは民主党であった。

合衆国憲法修正第16条は、議会がアメリカ国民に所得税を課すことを認めるもので、タフト政権の初期に共和党議会によって可決された。憲法修正第16条は1913年に各州によって批准されたが、その頃タフトはホワイトハウスを去り、次期大統領ウッドロウ・ウィルソンに移っていた。(3)

連邦所得税は、3千ドル以上の個人所得に対して1％から始まった。50万ドル以上の所得には6％の追徴税が課された。第一次世界大戦中、アメリカ最悪の大統領ウッドロー・ウィルソンは、所得税の最高税率を77％に引き上げた。(4) この税率は、ハーディング、クーリッジ両政権下で75％から25％に引き下げられた。連邦所得税の税収は、1920年の3億ドルから、クーリッジが退任した1928年には6億ドルに急増した。

ハーバート・フーバーは1930年6月17日、関税を最高水準まで引き上げるスムート・ホーリー関税法に署名すると発表し、大統領職を決定づけた。これに対して株式市場は53%下落した。政府が最初に引き起こした問題を「解決」する典型的な方法として、フーバーは所得税を100万ドル（現在の900万ドル）以上の所得に対して最高税率63%に戻すことを決定し、経済と税収の両方を崩壊させた。

関税の引き上げ（国境での単なる増税）、所得税の引き上げによって、関税収入は40%減少し、所得税収は10億ドルから5億2700万ドルに減少した。(5)

サプライサイドの経済学は双方向に働く。限界税率が高ければ経済活動が抑制されるのと同様に、税率が低ければ政府の経済への足かせが軽減される。

米国の欧州からの輸入は、1929年の最高額13億ドルから1932年にはわずか3億9000万ドルに減少した。一方、米国の対欧州輸出は1929年の23億4100万ドルから1932年には7億8400万ドルに減少した。私たちはルー・ドッブスのアメリカを生きてきた。ルー・ドッブスのアメリカでは、外国人が安い値段で物を売ることを拒否した。この時代は大恐慌だった。

ハーバート・フーバーは国境で増税することで大恐慌を引き起こし、またしても短期間で終わるはずだったパニック（南北戦争終結後、パニックや不況は7回あった）を10年間続く世界大恐慌に追い込んだ。政府は驚くべきことをする。

民主党は1932年、国と州レベルの小さな政府を約束する綱領を掲げて当選した。「われわれは、無駄な委員会や役所を廃止し、部局や局を統合し、浪費を排除することによって、政府支出を直ちに大幅に削減し、連邦政府の経費を25%以上節約することを提唱する。そしてわれわれは、各州の民主党に対し、それに見合った結果を達成するために熱心に努力するよう求める」[6]。

しかし、新民主党はジェファーソンとジャクソンの伝統を否定し、連邦所得税を最高税率94%に引き上げ、政府の総雇用者数を1932年の333万1千人から1952年には1004万3千人に増やし、第2次世界大戦終結後25年間続く平時の徴兵制を確立し、ビスマルクのドイツやネズミ講をモデルにした強制的な国民年金制度を成立させ、医療産業の国営化を提唱した政党として、ルーズベルト／トルーマンの民主党支配の20年間に終止符を打った[7]。

アミティー・シュレイズは、フーバーとルーズベルトが共同でアメリカ経済とその破壊的コストをコントロールしようとした決定的な歴史を、2007年の著書『The Forgotten Man（忘れられた男）』で著している。ルーズベルトはこの言葉を、「忘れられた人」が政府によって発見され「助けられる」必要があることを示唆するために使った。しかし、この言葉は、ウィリアム・グラハム・サムナーから故意に盗まれたものである。サムナーは、真の「忘れられた人」とは、政治家の偽りの博愛主義の代償を払わされる納税者のことだと正しく指摘していた[8]。

アイゼンハワーは1952年、「共産主義、腐敗、朝鮮半島」に反対して当選した。アイゼンハワーは、ロバート・タフトと共和党議会がニューディール政策と第二次世界大戦による高い税率を引き下げようとすることに反対した[9]。

アイゼンハワーは1952年から1960年にかけて、連邦政府支出を797億ドルから1229億ドルに増加させた[10]。彼は1958年の不況を指揮し、共和党が持っていた大統領職をジョン・F・ケネディに奪われた。ジョン・F・ケネディは、アメリカを再び活気づけるために、1964年2月に実施された22%の税率引き下げを行った[11]。

バリー・ゴールドウォーターは、ほとんどの共和党議員と同様、ケネディ減税に反対票を投じた。1960年代初頭、民主党は減税に対して熱心な反対派ではなく、共和党は一貫して減税の支持者ではなかった。

この減税が1960年代の力強い経済成長をもたらし、1964年には6640億ドルだったGDPを1969年には9850億ドルにまで増加させた、と供給サイドは指摘する。この成長は、1969年7月9日にリチャード・ニクソンが10%のサータックスを課すまで終わらなかった。(12)

減税を支持した民主党議員の中には、ケインズ的減税を実施することで、需要を増大させ経済を刺激することができると考えた者もいた。ケネディ自身は、税率引き下げが生産と貯蓄のインセンティブを変えることを理解し、主張していた。

彼はこう言った：「我々の真の選択は、一方では減税、他方では巨額の連邦赤字の回避ではない。どの政党が政権を取ろうとも、安全保障の必要性が高まり続ける限り、厳しく制約された税率に阻まれた経済では、財政を均衡させるのに十分な歳入も、十分な雇用も、十分な利益も生まれないことは、ますます明白になっている。要するに、現在の税率は高すぎ、税収は低すぎるというのは逆説的な真実なのである。長期的に税収を増やす最も健全な方法は、今すぐ税率を引き下げることである。(13)」

リチャード・ニクソンは、ベトナム戦争と「貧困との戦い」のために増税を行った。また、ジョンソンの財務省が立案し、民主党が支配する上下院で可決された「代替ミニマム税」と呼ばれ

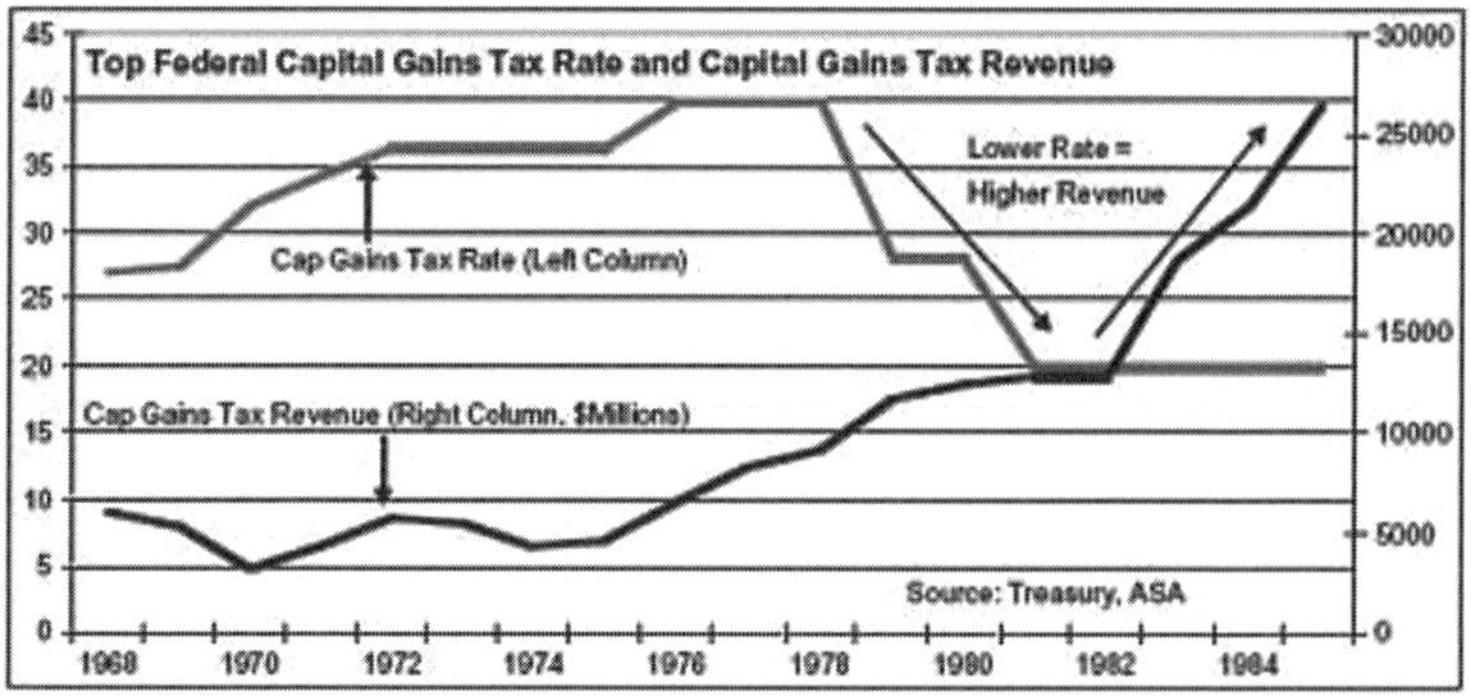

出典：財務省、ASA

る提案に署名し、非課税地方債から多額の所得を得ていた一部の個人が連邦所得税を支払っていないという問題を「解決」した。

カーター時代には、ウォール・ストリート・ジャーナル紙、チーフ・エコノミスト、リチャード・ラーン率いる米国商工会議所、ニューヨーク選出の下院議員ジャック・ケンプによって、サプライサイドの主張が推し進められた。個人所得税率を一律33％引き下げるというケンプ・ロス法案は、1978年、共和党下院議員の選挙スローガンとなり、「共和党の減税率33％」というバンパーステッカーが貼られた。

ジミー・カーターとマイケル・ブルメンタール財務長官は、キャピタルゲイン税率を39・9％から50％に引き上げようとしていた[14]。しかし、議会は別の方向に進もうとしていた。リベラル派の共和党ウィリアム・スタイガーが提出したスタイガー修正案は、キャピタルゲイン税を最高税率39・9％から28％に引き下げるものだった。これは両院を通過し、ジミー・カーターはキャピタルゲイン減税に不承不承署名した。

当時、サプライサイド減税は超党派の議会支持を得ていた。税率を引き下げた結果、レーガン1981年の減税ではキャピタルゲイン税率がさらに20％に引き下げられ、政府へのキャピタルゲイン税収は1978年の91億ドルから1986年には530億ドルに増加した。[15]

1978年と1981年にキャピタルゲイン税率が引き下げられたため、政府への実際のキャピタルゲイン収入は増加した。これは左派が決して起こらないと言っていることである。

ケンプ・ロス減税法案は上院を65対20で通過し、ホルト修正案として1978年5月3日に下院で多数決を獲得した。民主党指導部は8人の議員に票の変更を強要したため、法案はカーターに署名されることはなかった。それでも、後に「党派的レーガン減税」となる法案は、1970年代に民主党が支配する上下院を通過した。

1978年6月6日、カリフォルニア州は、ハワード・ジャービスとポール・ギャンが提案した、固定資産税を減税し、将来増税する場合は3分の2以上の賛成を必要とするイニシアチブである「提案13号」を投票で可決した。この投票は全米を驚かせた。[16]

同年の秋、他の州でも同様の減税政策が州民投票にかけられ、「税の反乱」は1980年の選挙で、財産権を主張する「セージブラシの反乱」とともに票を動かした。

ロナルド・レーガンは、知事時代に大幅な所得税増税を可決し、1976年には具体的な減税を伴わない歳出抑制をキャンペーンに掲げたが、1980年の選挙戦ではケンプ・ロス減税を掲げた。ジミー・カーターの41％、無所属のジョン・アンダーソンの7％を抑えて51％の得票率で当選したレーガンは、ジョージア、ウェストバージニア、ミネソタ、コロンビア特別区、メリーランド、ロードアイランド、ハワイを除く44州を制した[17]。

レーガンは1981年8月13日、カリフォルニアの牧場で減税法案に署名した。この法案は、所得税の最高税率を3年間で25％引き下げるものであった。最高税率は70％から50％に引き下げられた。レーガン共和党は、サプライサイドの税率引き下げを掲げていたが、増税反対はまだ掲げていなかった。

レーガン減税は経済を好転させ、1983年だけで400万人の雇用を創出し、アメリカはインフレに苛まれた不況から低インフレ成長期へと回復した[18]。

ウォール・ストリート・ジャーナル誌の編集者ロバート・L・バートリーは、同名の著書『セブン・ファット・イヤーズ』の中で、この時期をこう定義している。

共和党上院院内総務のボブ・ドールは、経済成長や減税、政府支出の抑制ではなく、むしろ連邦赤字に焦点を当てたレーガン以前の共和党議員であった。ドールはレーガンを説得し、1982年、税額控除や税額控除の削減・廃止によって5年間で900億ドルを捻出するはずであった増税に署名させた。レーガンは、増税に同意する代わりに連邦支出を3ドル削減することを約束されたが、実際にはできなかった。約束した歳出削減は、民主党の下院と共和党の上院の両方によって裏切られた。レーガンはこの増税を政権最大の失敗として挙げたと言われている。

1984年にはガソリン税が再び引き上げられた。1986年の税制改革法は、11％から50％までの15種類の限界税率を2種類に引き下げた：15％と28％である。税収中立を目指し、多くの税額控除や控除が廃止され、課税ベースが拡大された[19]。

1985年から1986年にかけてのレーガン税制改革法案の制定キャンペーン中、草の根の支持を集めるために全米税制改革協議会が設立された。理事会には、クラフト社のCEOジョン・リッチマン、「フォーカス・オン・ザ・ファミリー」のリーダーであるジェームズ・ドブソン、コロンブス騎士会の会である最高騎士ヴァージル・C・デチャントらが名を連ねた。私は専務理事、そして会長を務めることになった。

1986年夏、法案の可決が近づくにつれ、一部の保守派議員からは、限界税率を引き下げ「抜け穴」をなくすことで、将来の政治家が税率を上昇させることが容易になり、納税者がこれまで高い税率によるダメージから身を守ってきた控除や控除を放棄することになるのではないかという懸念が表明された。

納税者保護の誓約

このような問題を回避するために、全米税制改革協議会は「納税者保護誓約書」を作成した。この公約は、下院、上院、大統領選挙に立候補した者が、その変更が歳入中立的なものでない限り、税率引き上げや控除廃止による個人・法人所得税の増税に反対することを文書で約束したものである。

実際の誓約書は図の通り。

この誓約が連邦政府の全候補者に提示された最初の年は1986年だった。選挙日までに、100人の現職下院議員と20人の上院議員が誓約書に署名した。

商工会議所と全米独立企業連盟は、この誓約書に署名するよう候補者に求めた。レーガンは拒否権を行使でき、共和党はその拒否権を維持するだけの票を上下両院で獲得した。

1988年の大統領選挙では、民主党で税率引き上げを主張したのはジェシー・ジャクソンだけだった。最終的に民主党の指名を受けたマサチューセッツ州知事のマイク・デュカキスは、税率引き上げではなく、取締りを強化することで税収を増やすことを示唆した。（このデュカキスの現行法の執行強化による増税戦略は、2007年に再び浮上することになる）。

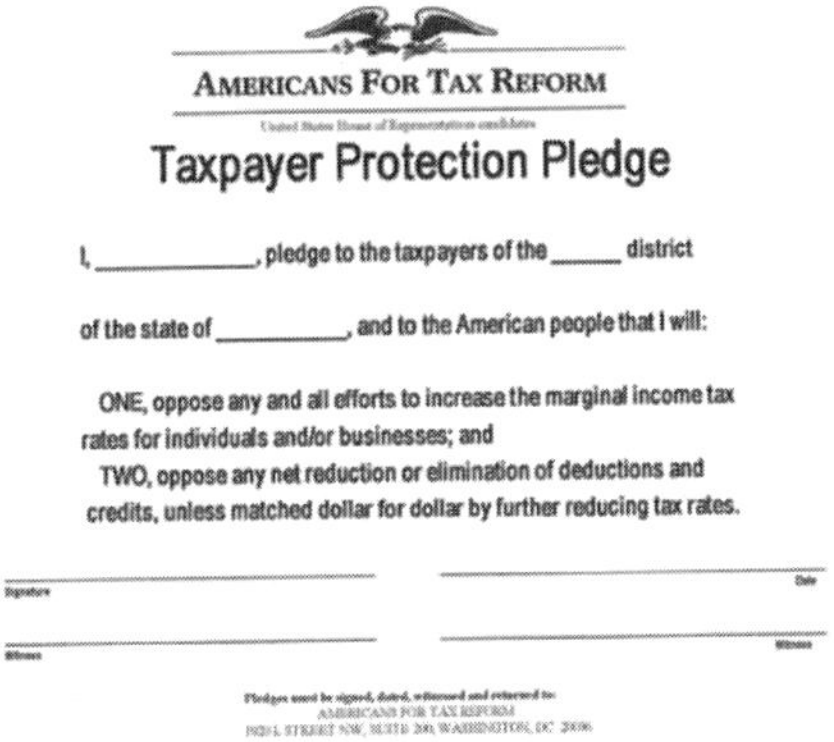

AMERICANS FOR TAX REFORM

Taxpayer Protection Pledge

I, ____________, pledge to the taxpayers of the ______ district of the state of ___________, and to the American people that I will:

ONE, oppose any and all efforts to increase the marginal income tax rates for individuals and/or businesses; and

TWO, oppose any net reduction or elimination of deductions and credits, unless matched dollar for dollar by further reducing tax rates.

Signature　Date

Witness　Witness

共和党側では、ドール上院議員を除くすべての主要大統領候補が公約に署名した。デラウェア州のピート・デュポン知事は、ニューハンプシャー州の選挙戦の冒頭、州議事堂の階段で公約に署名した。ブッシュ副大統領は、このような公約を求める他のグループに対して、自分は公約には署名しないと言いたかったので、公約をそのまま手紙にしたものに署名した。

1988年3月8日、アイオワ州予備選でボブ・ドールが勝利。彼は共和党の指名獲得に向かっていた。その2週間後、ニューハンプシャー州予備選の前日、候補者たちがニューハンプシャー州で討論していたとき、ピート・デュポンがドールに誓約書を手渡し、こう言った、

「私たちは全員誓約書に署名しました。あなたはどうします

か？」ドールは、まるで吸血鬼が十字架を突きつけられたかのような反動を見せ、「読んでいないものには署名しない」と言った。これは、まだ書かれていない条約を承認したジョージ・H・W・ブッシュに対する批判のつもりだった。しかし、気の利いた反論としては不十分だった。ドールは過去に何度も誓約書を読んでいた。

その翌日、ボブ・ドールはニューハンプシャー州予備選でブッシュ副大統領に38％対28％で敗れ、予備選の勢いはブッシュに永久に移った。[20] 税金問題は、ドールという有力候補を失墜させ、ブッシュという勝者を生み出したのである。

ブッシュは税制問題の重要性を国民に明らかにした。１９８８年8月18日、ルイジアナ・スーパードームで開催された共和党全国大会での受諾演説で、彼はこう言った、「私の唇を読め。増税はしない。[21]」

これは選挙戦の中で最も印象的な台詞であったが、彼がこの台詞を言う前に、世論調査ではデュカキスに対して17ポイントも差をつけられていた。レーガンのマントと政策を引き継いだブッシュは、順調に順位を上げ、最終的には53・4対45・7の大差で勝利した。[22]

ブッシュはジョン・スヌヌを首席補佐官に、ディック・ダーマンを行政管理予算局長官に任命した。１９９０年の夏までに、ブッシュは上下両院の多数派である民主党との首脳会談に合意し、「歳入」を交渉のテーブルに乗せるという運命的な発表をした。増税はしないと公約して選挙に勝った男が、この原則は交渉の余地があると発表したのだから、彼の言葉に何の意味もないことが証明された。

　これはブッシュ大統領にとってミュンヘン会談だった。ブッシュはレーガン共和党を公約して当選した。レーガンは限界税率の引き下げを約束して当選した。ブッシュは、税率引き上げの中止と減税の継続（特に、1986年の税制改革法で20％から28％に引き上げられたキャピタルゲイン税の撤廃）を約束して当選した。しかし、ブッシュは米国民との約束を破り、増税によって所得税の最高税率を28％から31％に引き上げ、AMT税率を20％から24％に引き上げた。[23] もちろん、議会は増税分の歳出を増やし、財政赤字は急増した。

　今にして思えば、この増税意欲こそが、ブッシュが1992年の選挙に敗れた瞬間だった。彼は、サダム・フセインのイラクをクウェートから追い出すための戦争を開始したことで、90％という前代未聞の偽りの支持率を享受するようになる。しかし、すでに彼の政治的首は折れていた。彼は歩く死人だった。それ以外は成功した大統領任期だった。インフレは抑制され、ソ連の崩壊はほとんど問題なく管理され、ブッシュはフランスやアラブ諸国の多くを含む国際有志連合を構築し、イラクをクウェートから追い出した。彼はイラクを占領するよう口説かれることはなかった。スキャンダルもなかった。

　それなのにブッシュは、彼が「小さな州の落ちこぼれ知事」と呼んだビル・クリントンを相手に38％の得票率しか得られなかった。税金問題での裏切り行為がなければ、テキサス出身の耳の大きな男が全米で18％の票を獲得できたというのは冗談のような話だ。クリントンの得票率は43％で、デュカキスの46・6％という屈辱的な得票率を下回り、1980年のカーター（41％）と1984年のモンデール（41％）の得票率をかろうじて上回った。左派傾向の大統領票は依然として少数派であった。[24]

増税に反対する納税者保護公約に署名したことで、ブッシュは大統領選に勝利した。彼は「私の唇を読め、増税はしない」という戦いの叫びでこれを強調した。公約を破って増税を行ったため、性格に非常に欠陥のある民主党の二流候補に敗れた。

下院の多くの共和党議員は、公約を守ることを選択したため、ブッシュ増税への投票を免れた。ボブ・ドーナンは、共和党予備選で第41代大統領ブッシュを支持した最初の保守派議員の一人であり、彼の議会事務所の壁には、誓約書の4フィート×5フィートの拡大写真が掲げられていた。予備選挙の投票で大統領を支持したいと強く望んでいたが、公約を破ることはできなかったし、そうしようともしなかった。当時共和党の幹部を務めていたニュート・ギングリッチは、ボブ・ミシェルなど他の共和党幹部に同調するよう強い圧力を受けていた。もしギングリッチがこの圧力に屈していたら、1994年の共和党復活を導くことはできなかっただろう。

もし1992年にジョージ・H・W・ブッシュが勝利していたら、「納税者保護の誓い」は候補者が破る公約の一つに格下げされていただろう。しかし、ブッシュがこのたった一つの「過ち」によって大統領職を投げ出すのを政治家たちは見ていたため、共和党は次のような教訓を得た：誓いを立てれば、予備選に勝てる。公約を守れば、総選挙で勝てる。公約を守れば再選に勝つ。公約を破れば、次の選挙で負ける。

ジョージ・H・W・ブッシュが1992年の選挙で38％の得票率しか得られず、1964年の大失敗でゴールドウォーターが失った38・47％にほぼ匹敵する得票率で敗れたとき、共和党は下院で実際に9議席を獲得した。(25)

ニクソンは1972年に孤独な勝利を収めた。(25)

ブッシュは孤独な敗北を喫した。

ビル・クリントンは43％の当選を、彼の4大政策（富裕層への増税、民主党が支配する大都市における組合主導の建設プロジェクト、政府主導のヘルスケア、より高価な環境規制）への信任と読み違えた。

クリントンはこのような愚かなミスを犯さないよう、もっとよく知るべきだった。

1992年の選挙当日、4つの大規模な州民投票がこれら4つのテーマを直接的に物語っていた。カリフォルニア州の有権者は、25万ドル以上の所得を持つ企業や個人に増税を課すというイニシアチブである、提案167号に投票した。結果は、59％対41％の18ポイント差で否決された。(26)

また、カリフォルニア州では、「クリントン風」の強制的な政府医療制度が69％対31％で否決された。(27)

ニューヨーク州では、州債の追加と引き換えに数千人の政府雇用を約束したインフラ債券が56％で否決された。また、マサチューセッツ州では、クリントンとゴアのグリーン・チケットが勝利したが、リサイクル義務化法案は55％対38％で否決された。(28)

コロラド州の有権者は、「子供たちに僅かなお金を」と銘打った教育費のための消費税1％増税を否決し、すべての増税はコロラド州民の投票によることを義務付ける憲法修正案を制定した。アリゾナ州では、増税には議会の3分の2以上の賛成を必要とするイニシアチブが可決された。

た。

全州で実施された11の増税に関する投票のうち、10件が否決された。一方、減税や歳出制限を求める8件のうち6件は可決された。1994年の選挙メッセージは、1992年にすでに見えていた。それはペローの投票によって見えなくなっただけで、ビル・クリントンの43%の勝利は大きな政府への委任であるかのように見えただけだった。

こうした警告にもかかわらず、ビル・クリントンと民主党議会は1993年、最高限界税率を31%から39・6%に引き上げ、AMTの最高税率を24%から28%に引き上げた。民主党の増税に賛成した共和党議員は一人もいなかった。[29]

1994年の選挙後、公約署名者は下院で215人、上院で32人となった。

1996年、ボブ・ドールはニューハンプシャーの予備選の前に、他の大統領候補と同様に納税者保護の誓約書に署名した。そしてドールは、経済学者ブルース・バートレットが提唱した、所得税率を一律15%減税し、キャピタルゲイン税を減税するという、健全な政策アイデアを採用した。これは、悪が善に捧げる忠誠である。

ドールは政治家としての全生涯を、経済成長よりも財政赤字に、アメリカ人家庭の家計よりも政府の財政に費やしてきた。政府に十分な資金があるときは、物事は順調だった。政府が資金不足に陥ると、1982年のように増税が必要だと主張した。ドールは供給サイドの成長論を嘲笑し、良いニュースと悪いニュースがあるというジョークをよく言った。「良いニュースは、供給サイドのバス1台が崖から転落したこと。悪いニュースは、空席が3つあったことだ」。

2000年、ジョージ・W・ブッシュはこの公約に署名し、ジョン・マケインや共和党の大統領候補者たちも署名した。ブッシュと共和党議会は、2001年から2006年まで毎年減税を可決・成立させた。ブッシュは就任以来、総額2兆ドルの減税を実施した。

共和党の反税金党への変貌

共和党は、自ら増税をしない政党というブランディングをした。1990年以降、共和党の上下院議員で増税に賛成した者はいない。1993年のクリントン大統領による増税には共和党議員全員が反対票を投じ、1995年からの共和党多数派による年次減税にはほとんどの共和党議員が賛成票を投じた。酔っぱらって投票所に入っても、名前の後に「R」と書いてある候補者に投票すれば、94%の確率で、その候補者は決して増税に賛成しないことがわかっていた。（2007年、納税者保護誓約書に署名していない共和党議員は上院でわずか7人、下院でわずか8人だった。民主党は上院で1人、下院で4人が署名していた）。

コーラ瓶にネズミの頭：ブランドにとってマイナス

ビジネスマンはブランドの重要性を理解している。食料品店に入ってコカ・コーラのボトルを手に取ったとき、それを開ける必要はない。ラベルを読んだり、友人に商品の感想を聞いたりする必要もない。ただ手に取り、買い物かごに入れるだけだ。コカ・コーラの品質管理を信頼するのは、コカ・コーラがそのブランドの品質という評判で生活しており、自分たちの利益のためにその品質を取り締まることを理解しているからだ。

コカ・コーラのボトルを家に持ち帰り、ボトルの半分を飲み干した後、ふと見るとボトルに残っていたネズミの頭に気づいたとする。もう二度とコーラを飲むことはないだろうと思い始めるだろう。友達に電話して、自分の経験を話すだろう。地元のテレビニュースに出演し、コーラのボトルに入ったネズミの頭を指差すかもしれない。国中の消費者がコカ・コーラに疑念を抱くだろう。

増税に賛成する共和党議員は、コーラの瓶に入ったネズミの頭だ。皆のブランドを傷つける。これは被害者のいない犯罪ではない。増税に賛成する共和党員は、共和党員の評判を落とす。有権者に疑念を抱かせる。共和党に投票するという選択が難しくなり、自動的でなくなる。小さな子供たちを混乱させる。「ママ、共和党は絶対に増税しないって言ってたのに、あそこの人を見てよ。」

ジョージ・ハーバート・ウォーカー・ブッシュが増税によって大統領の座が失われたとき、この教訓はアメリカ中の共和党員が学んだだろうと想定されたかもしれない。確かに、ほとんどの下院議員、上院議員、そして大統領になろうとする人々はこの教訓を学んだ。しかし驚くべきことに、州レベルでは、この教訓は各州で新たに学ばなければならないようだ。誰かが指を焼くのを見るだけでは、共和党の知事や州議会議員には十分ではない。

増税反対運動は米国へ、ゆっくりと、足早に。

全米7382人の州議会議員のうち、共和党議員は3321人、民主党議員は3989人である。全員に納税者保護誓約書への署名を求めている。2007年1月現在、1080人の共和党議員と127人の民主党議員がこの誓約書に署名している。米国下院の共和党議員の95%がこの誓約書に署名しているのに対し、共和党の州議会議員の3分の1しか署名していない。

州ごとに、共和党は全国共和党が享受している反増税のブランドを獲得しようと努力している。共和党の2大州であるフロリダ州とテキサス州は、増税なしを公約に掲げて共和党の多数を占め、共和党知事を維持してきた。フロリダ州のジェブ・ブッシュは知事在任中の8年間、すべて減税を実施した。カリフォルニア州では、トム・マクリントック州上院議員を筆頭に、州上院議員、州下院議員（ロジャー・ニーロ州下院議員を除く）全員が2007年に納税者保護誓約書に署名し、共同記者会見を開き、増税に3分の2の賛成が必要な同州で増税を阻止するのに十分な3分の1以上の賛成が各院で得られたことを発表した[30]。

それでも、州レベルで教訓を学び直さなければならないケースもある。

アラバマ州では2002年、保守派の共和党下院議員ボブ・ライリーが州知事に選出された。彼は直ちに州税20億ドルの増税を要求し、周囲を驚かせた。これには州憲法の改正が必要だったため、住民投票が行われた。マーティ・コナーズ会長率いるアラバマ州共和党は増税に反対した。ライリーは増税を支持するため、キリスト教連合の全国議長をアラバマに呼び寄せた。彼らは共に、ナザレのイエスもこの税金を支持しただろうと説明した。彼らはキリスト教の増税だと主張した。選挙当日、（アラバマ州でヒンズー教徒が増えていたこともあってか）増税は68対32で否決された(31)。

共和党は、共和党知事が増税を行っても党の原則を失わなかったため、共和党のブランドは傷つかなかった。4年後、増税をしないと約束させられた懲らしめられた知事が再選された。

オレゴン州とノースカロライナ州では、一握りの共和党議員が民主党と一緒になって増税を試みても、共和党自体は堅持した。党が屈しなかったからこそ、無税のブランドが守られたのだ。有権者が次の選挙で、各州のベネディクト・アーノルドのような政治家を何人も打ち負かしたことも助けになった。

オハイオ州とイリノイ州の共和党知事ロバート・タフトとジョージ・ライアンは、増税と歳出増を推し進め、共和党のブランドを濫用した。タフトは知事の座を民主党に譲り、ライアンは両院と知事の座を民主党に譲った。

コロラド州では、ビル・オーエンズ知事が2008年の共和党大統領候補の最有力候補の一人だった。2002年4月には、ナショナル・レビュー誌の表紙を「アメリカ最高の知事」として飾ったほどだ(32)。

彼が不可解にもチームを変更し、コロラドでの州税増税の戦いを主導したとき、彼は税金問題の威力を実証した。コロラド州共和党は、独立性を維持できず、増税に反対することができなかった。その結果、コロラド州は増税され、有権者は2006年に知事職と両院を民主党に譲った。

全米の大統領候補が、増税を支持したことで大統領になるチャンスを失った。人生に無駄はない。悪い例としての人生もある。

共和党と納税者保護公約にとって朗報なのは、公約が国レベルから州レベルに移行するにつれて、州議会議員が景気減速時の増税に消極的になり、成長期には減税に積極的になったことだ。また、増税を行う場合、所得税増税のように景気回復に伴って急上昇することのない消費税に的を絞ることが多くなっている。不況後の増税の回数と深刻さは減少している。

第19章　税制改革

共和党は増税しない。それは必要だが十分ではない。税制改革が続かなくてはならない。

1994年に共和党が議会を掌握した直後、フラット・タックスのアイデアが活発に議論された。1996年のスティーブ・フォーブス大統領選挙キャンペーンは、フラット・タックスを全米に紹介した。フォーブスは、国税庁の廃止というポピュリスト的アピールを付加した全国売上税という友好的な対案を提示した。フォーブス陣営はまた、社会保障の民営化を国家のアジェンダに、少なくとも共和党のアジェンダに導入した。

沈黙が続いた。多くの活動家たちは、党や指導者たちが税制改革を放棄したのではないかと訝しんだ。おそらく、それは票集めの政治的な餌であって、真剣な取り組みではなかったのだろう。それどころか、1996年以降、フラット・タックスが国民的議論から姿を消したのは、共和党が税制改革に大真面目に取り組んでいたからであり、真の税制改革がクリントンの拒否権発動に耐えられないことを知っていたからである。クリントンが拒否権を発動した場合、仮に成長促進税率の引き下げを実現する代わりに、幾つかの後生大事にしてきた税額控除や税額控除を犠性にする法案を通せる道筋はなかった。その恩恵は決して得られないだろうし、税額控除が無くなることを恐れる人々は自己防衛のためにクリントンの資金集めに奔るだろう。

フラット・タックスの制定が可能になる前に採決に持ち込めば、短期的には何の進展もなく、改革の長期的な見通しを損なうことになりかねない。

スティーブ・フォーブス、ディック・アーミー、ジャック・ケンプが税制改革に関する共和党のコンセンサスを勝ち取ったからこそ、税制改革に関する議論はトークラジオや議会の討論会から姿を消したのだ。

議論する必要があったのだろうか？　完璧な税制改革の正確な文言について議論するよりも、この運動は、税制改革を実現するために必要な政治力を構築することに正しく取り組んだのである。そのためには、60人の上院議員と下院の単純過半数以上が必要であることは間違いない。しかし、コンセンサスは明確だった。真の税制改革とは、消費される所得に一度だけ、一律の税率で課税することであり、将来の増税を憲法で保護することでもある。税制改革の戦略とは、所得への課税を1回で済ませるために、法律として制定可能な税率で一歩を踏み出すことであった。政治運動の中には、中途半端な手段を軽蔑し、正しい方向への小さな一歩一歩を最終目標への裏切り行為とみなすものもある。彼らは完璧を良しとしない。税制改革運動はこの誘惑に屈しなかった。どこに行きたいかだけでなく、どうすればそこにたどり着けるかを真剣に考え抜いたのである。

それでは、税制改革という目標を構成する3つの原則と、この政治的な旅を達成するために必要な7つのステップを見てみよう。

税制改革の三原則

第一の原則：所得には一度だけ課税する

今日、連邦政府はあなたが1ドル稼いだら、その給料に課税する。所得に応じて10%、15%、25%、28%、33%、35%が課税される。(1)

そして、残ったお金を貯蓄して会社に投資すると、政府は法人所得税を通じてその会社の所得に課税する。会社があなたに配当を支払うと、政府が介入し、その配当収入に再び課税する。また、株式の価値が時間の経過とともに上昇した場合、政府はご丁寧に減額を要求してくる。これは「キャピタル・ゲイン」と呼ばれ、「キャピタル・ゲイン税」の対象となる。ドルを銀行に預けておくと、政府は銀行から支払われる利息の何%かを取っていく。そして、もしあなたが死んだら、政府はあなたの貯蓄の半分をも取り上げる。これが死亡税だ。あなたが死んだら、子供たちはあなたが持っているものすべてを数え上げることになる。銀行口座、車、家、土地、そして歯の中の金。アンクルサム（政府）は半分も持っていく。

このような連続課税は、政府があなたの所得をどんどん取り上げる結果になるだけでなく、国民のプライバシーをひどく侵害する。たしかに、ドルを稼ぐとき、またはドルを使うときも政府に監視されるのは面白くない。

しかし、ドルを稼ぐのを監視され、ドルを貯めるのを監視され、ドルを投資するのを監視され、ドルを使うのを監視され、そして残ったもの、つまり相続税のために貯蓄のすべてを完全に計算しろと強いられるよりはまだマシだ。スティングの不気味なバラード「見つめていたい」は、今日の国税庁にぴったりのテーマソングだろう。

消費所得（収入から貯蓄を差し引いたもの）に対する定率税は、政府があなたの収入を監視することを可能にするだけだ。ジョージア州選出のジョン・リンダー下院議員が推奨する、所得税に代わる小売売上税「FAIR Tax」は、国民が稼いだり投資したりする際に、肩越しに監視することをやめて、その代わりに買うすべてのものを監視し、その取引に課税するというものだ。(2)

つまり、所得に一度だけ課税する税制に移行する理由のひとつは、家族のプライバシーを守るためである。もうひとつは、資本（貯蓄）に対する二重三重の課税をやめることだ。一旦政府があなたの給与からその勢いを奪ってしまえば、あなたはそのお金で食料品を買ったり、お酒を飲んだり、マットレスの下に敷いたり、慈善団体に寄付したり、マイクロソフトに投資したり、何でも自由にできるはずだ。それはもはや政府には関係のないことであり、政府はこれらの決定に対して課税すべきではない。すでに私たちから十分なものを奪っている。

所得に1回だけ課税するということは、死亡税を廃止し、キャピタルゲイン税や配当・利子所得に対する課税など、貯蓄や投資に対する課税を廃止することを意味する。課税は、消費された所得に対して一度だけ行われる。

第二の原則：所得に一律に課税する

これは公平性の問題ではない。課税とは、政府がお金を稼いだ人々からお金を取り上げることであり、多くの場合、稼がなかった人々にお金を与えることである。公平性は問題にならない。

単一税率の最も重要な理由は、すべてのアメリカ人を同じように扱うことである。法の下の平等は、自由で公正な社会の中心である。単一税率は透明性が高い。税率が全員10%であれば、誰もが他の全員が支払っている金額を知ることができる。誰かが優遇されているのではないかと心配する必要はない。隣の人は10パーセント払っている。あなたの兄弟もそうだ。金持ちのケネディ家もだ。誰もが同じ税率を払っているのであれば、政治家は納税者を分断し、互いに対立させることはできない。マサチューセッツ州には、憲法で定められた単一税率による所得税がある。政治家は、ある人に対して他の人より高い税率を課すことはできない。より大きな政府を求める人々が段階的または「累進」所得税制を認める憲法修正案を投票にかけたことが5回ある。1962年、1968年、1972年、1976年、1994年、マサチューセッツ州市民は、テッド・ケネディ、マイク・デュカキス、ジョン・ケリーの下で5回、フラット・タックスの廃止を拒否した。(3)

その都度、非常に洗練された議論が行われてきた。1978年にエドワード・F・キングによって組織され、現在は納税者運動のアマゾンと呼ばれるバーバラ・アンダーソン、フランシス・〝チップ〟・フォークナー、チップ・フォードが率いる「制限課税を求める市民の会」は、編集者への手紙やトークラジオを通じて、州全体の議論をリードしてきた。市民は、政治家たちがマサチューセッツ州の納税者を所得に応じていくつかのグループに分けることを許せば、最初の年は税金を減らすことができるかもしれない。しかし、彼らの利益がテッド・ケネディの利益から切り離され、彼が金持ちだからという理由で税率を上げることを許したとき、同じ政治家たちが税率を上げに来たときに誰が彼ら自身を守るのだろうか？　団結すれば、我々は共に立ち上がれる。分断された我々は、一人ずつ課税されるだろう。

これは、1993年にクリントンが「アメリカの上位2%の所得者だけに増税する」と約束したときにとった、まさに分断と征服の戦略だった。クリントンは、「あなたには関係ない、一部の金持ちだけだ。だから別の部屋に行きなさい。聞きたくないだろう。愉快な話ではないが、あなたには何の影響もない。彼らだけだ。」と言ったのも同然だ。

そして、上位2%（個人というよりは自営業者に対してであることがしばしば）への所得税増税を終えた後、自動車を運転する人々に矛先を向けガソリン税を増税し、社会保障の小切手を受け取る人々にも増税した。これが増税のリチャード・スペック理論である。部屋にいる全員を一度に相手にできないなら、一人ずつ部屋から連れ出す。

フラット・タックスでは、政治家はすべての国民と向き合い、正直に、同時に話さなければならない。フラット・タックスでは、ある政治家が良いアイデアを持っていて、そのために増税をしたい場合、すべての納税者と一度に向き合い、「私には良いアイデアがあり、皆さんにはこの費用を負担してもらいます」と説明しなければならない。良いアイデアであれば、支持を得られるかもしれない。しかし、本当に良いアイデアでなければならない。逆に言えば、減税はすべての納税者に恩恵をもたらすことになる。減税を金持ちのためだけのものだと攻撃するのはもうやめよう。

第三の原則：再増税に対する憲法上の保護を設ける

これは、増税をより困難にする憲法改正という形で行うことができる。カリフォルニア州、アリゾナ州、ネバダ州は、増税に両院の3分の2以上の賛成を必要とする憲法改正案を制定している。カリフォルニア州は、1978年にハワード・ジャービスとポール・ギャンによって提案された第13号議案によって、増税に3分の2以上の賛成を必要とする憲法改正を行った。

アリゾナ州では1992年に3分の2以上の賛成が必要というイニシアチブが制定され、それ以来すべての立法による増税が阻止されている。ネバダ州では2006年11月にジム・ギボンズ下院議員が州知事に選出された。彼の名声は、ネバダ州憲法に増税の3分の2超多数を明記するキャンペーンを主導したことにある。

1992年、コロラド州はTABOR（納税者の権利章典）を可決した。この法案では、増税を行う場合は住民投票によって承認されることが義務付けられている。一部の町や市は増税に踏み切ったが、多くの町や市は代わりに支出を抑えることで、有権者を刺激するリスクを回避することにした。全国消費税（別名“FAIRTax”）の擁護者は皆、1913年に所得税の創設を認めた修正第16条が廃止され、連邦政府による所得課税を明確に禁止する新たな修正条項が制定された場合にのみ、現在の所得税を消費税に切り替えることが安全であるという点で一致している。そうでなければ、10年、10カ月、10分という移行期間中に、アメリカは国民所得税と国民消費税の両方を背負うことになり、フランスと同じように所得税と付加価値税（VAT）、つまりあらゆる生産レベルにおける売上税の両方を背負うことになりかねない。

すべての共和党員が、消費所得に一度だけ課税する単一税率に移行すべきであり、これは憲法上の保護措置によって将来の世代の政治家から守られるべきであると同意しているのであれば、何を躊躇しているのだろうか？　1995年から2007年まで上下両院で共和党が多数を占めたが、上院では2001年6月から2003年1月までの18ヶ月間だけ中断した。2001年1月から現在に至るまで、税制改革を望むと言う共和党大統領は存在する。しかし、民主党が税制改革や重要な法案を提出する際、フィリバスター（議事妨害）を発動し、60票以上の賛成を必要とすることを厭わないことがネックとなっている。

この障害に直面した納税者運動は、消費所得に対する定率課税には7つのステップがあることを突き止めた。そしてさらにもう一段階、所得を稼いだときに課税する方法から、消費するときに課税する方法へと移行することで、「FAIR TAX」と呼ばれる単一税率の小売売上税が完成する。

どのステップも、政治的に重大な支持を得ている。各ステップはそれ自体で達成することができる。実際、各ステップは抜本改革そのものよりも大きな政治的支持を得ている。なぜなら、アメリカ人は政治家が一度に複数の変化を起こすことを当然ながら信用していない。動く部分が少ない。政治的な雑音に隠れて改革が増税に変わる可能性は低くなる。

ブッシュ政権が毎年行ってきた減税策を追ってみると、その迷走の道筋が見えてくる。彼らは、消費所得に一度だけ課税する単一税率への7つのステップのそれぞれにおいて、ベビーステップを踏み、いくつかの重要なステップを前進させてきた。

税制改革への7つのステップ

1：死亡税の廃止

最初の所得税と並んで、死亡税は南北戦争の北部の戦費を賄うために1862年に創設された。これは相続財産に対する税金で、０・75％から5パーセントの間で設定され、１８６４年には再び6％に引き上げられた[4]。

南北戦争後、この税金は１８７０年に廃止されたが、１８９８年に米西戦争の費用を賄うための税金として再び導入された。この時の税率は１００万ドル（２００５年では２２００万ドル）以上の遺産に対して15％で、１９０２年に廃止された。死亡税は第一次世界大戦のために１９１６年に復活し、新たに創設された所得税と並んで５００万ドル（現在の９６００万ドル）以上の遺産に対して10％の税率が課され、１９１７年に再び引き上げられた[5]。

第一次世界大戦が終わっても、この税金は廃止されなかった。この税金は、戦時中の一時的な必要資金を調達するためのものから、所得の再分配を目的とした税金へと変化し、２００１年までには67万5千ドル以上の貯蓄に55％の税率で課税されるようになった。政治家の立場からすれば完璧な税金だった。最も裕福なアメリカ人にしか課税されなかった。２００４年には、連邦死亡税を支払っている遺産はわずか2％だった[6]。

しかも、ほとんどの場合、もはや有権者ではない死者が支払っていた。

消費された所得に一度だけ一律に課税する税制改革への取り組みは、アメリカ人が死亡する際に蓄積された貯蓄に対する累進課税を廃止することから始まる。連邦徴税当局は、１９９５年に死亡・贈与税を通じて１４８億ドル、２０００年に２９０億ドル、２００５年に２４８億ドル、連邦税収全体の１・１％、１・４％、１・２％を調達した[7]。

親が貯めた財産にかかる税金は、連邦税や州所得税、事業税、配当税、キャピタルゲイン税など、すでにスキュラとカリブディスの間を航海したお金にかかる税金（注：日本語では進退窮まるレベルという意味）である。アメリカの税制は長い間、他の多くの国よりも激しく資本蓄積を罰してきたが、死亡税は最後の侮辱である。

1999年と2000年、共和党の上下両院は死亡税廃止に賛成した。クリントンはその都度拒否権を発動した。2001年、上下両院は死亡税を段階的に廃止することを議決し、最高税率を2009年には55％から45％に、2010年にはゼロに引き下げるとともに、非課税となる貯蓄額を2000年の67万5千ドルから2009年には350万ドルに引き上げた。[8]

死亡税廃止は和解パッケージの中に含まれていたため、減税は10年間しか有効ではなく、2011年には元の55％の死亡税が復活する。

2005年に死亡税廃止に反対票を投じた民主党議員の中には、廃止を支持すると有権者に約束していた議員もいた。アーカンソー州選出の上院議員マーク・プライヤーは、自身の公式サイトで2度にわたって死亡税廃止を公約に掲げている。（アーカンソー州のマスコミがこれを指摘した後、彼は投票ではなくウェブサイトを変更した）。オレゴン州選出の上院議員ロン・ワイデンは、2004年の選挙前年に廃止に賛成票を投じた。無事再選を果たすと、彼は民主党党首ハリー・リードに票を委ねた。リードは、再選を狙う議員が廃止に投票できるように、また、安全な議席にいる議員や数年間選挙に出ない議員は、公約や過去の投票にもかかわらず反対票を投じるよう命じられるように、死亡税に関する民主党の票を移動させる戦略を持っていた。

これによって今日まで死亡税廃止は阻止されてきたが、トム・ダッシュル上院議員が発見したように、これは危険なゲームである。ダッシュルは1986年、1992年、1998年に当選し、2004年には死亡税廃止に3度反対票を投じた後、わずか4508票差で落選した。彼は民主党の党首であり、死亡税存続を党の支持に導いたが、そのために2000年に80対20で州の死亡税廃止に賛成したサウスダコタ州の人々に歯向かった投票をせざるを得なかった。サウスダコタ州議会は、ダシュルに死亡税廃止に賛成するよう求める決議を可決した。カリフォルニア州の民主党上院議員2人は、1982年に同州の死亡税廃止が60対40で投票されたにもかかわらず、死亡税維持に票を投じた。(9)

ワシントン州では、アメリカン・ファミリー・ビジネス・インスティテュート（AFBI）のリーダー、ディック・パッテンが1981年11月の投票で死亡税廃止のイニシアチブをとり、市民は60対40で死亡税廃止に投票した。(10)にもかかわらず、ワシントン州の民主党上院議員2人も連邦死亡税維持に投票している。死亡税廃止の動きが短期間で勝利に近づき、60人以上の上院議員が廃止への投票を約束したにもかかわらず、なぜ勝利に至らなかったのか？　いくつかの理由がある。

政治的に左派の米国退職者協会（AARP）に対する保守派の回答である60プラス協会会長のジム・マーティンは、左派が好む「遺産税」ではなく「死亡税」という名称を普及させ、「呼吸なくして課税なし」であるべきだと主張した。

死亡税反対運動は、死亡税の軽減から完全な廃止へと戦術を変えたことも功を奏した。死亡税を軽減したり、非課税貯蓄額を増やしたりする努力は、高所得者のための特別な嘆願とみなされ、長年失敗に終わっていた。しかし、すでに課税されている所得に課税する税金を廃止しようというキャンペーンは、原則に基づいた議論である。

アメリカでは、原則と公平性に基づくより急進的な要求が、少数派のための特別扱いのように見える「合理的」な要求よりも優先する。

民主党は長い間、自分たちの政治的勝利を確信していた。一部の富裕層への増税を気にする必要があるだろうか？　クリントンは1992年、2%の富裕層への増税を認めてブッシュに勝利した。しかし、クリントンがそうすることができたのは、1990年にブッシュが4年間で1250億ドルの増税と歳出増の「取引」を行い、税問題での彼の信用を失墜させたからにほかならない。（これは赤字削減策として宣伝されたが、同じ期間に支出は2090億ドル増加した。）

しかし、嫉妬は現代のアメリカでは政治戦略として勝ち目はない。2000年10月27日のタイム／CNNの世論調査で、アメリカ人にこう尋ねた：「あなたは、ブッシュが提案した減税によって、すぐに恩恵を受けると思いますか？」。この世論調査で、アメリカ人の上位1%だけを対象にした減税案について、19%のアメリカ人が「すぐに」恩恵を受けると思うと答えた。20%が「将来」恩恵を受けると答えた。アル・ゴアの説明だけを聞いて減税を知った55%は、「恩恵はない」と感じている。(11)

死亡税に関する世論調査データは、さらに鮮明である。今日、死亡税が直接課税されているのはアメリカ人の上位2%だけであるにもかかわらず、アメリカ人の67%近くが死亡税の廃止を支持している。(12)

左派は、階級分裂、憎悪、嫉妬が、アメリカでは常にそうであると信じられていた強力な政治的武器ではなかったというニュースに、お粗末な反応を示した。左派の経済・妬み分析は、ルーズベルトが経済特権階級や銀行家を攻撃した1930年代に行き詰まった。

ちなみに、左派はこれが単なる金銭をめぐる争いではないことを理解している。ケネディ一家やロックフェラー一家は、一族の財団や保険への加入を通じて、死亡税を回避し、次の世代にお金を渡すことで、死亡税の支払いを回避するために必要な数百万ドルを費やすことができることを知っているのだ。相続税の管理には多額の費用がかかるし、相続税を回避するための遺産相続計画は経済に大きなダメージを与えるので、おそらく政府財政にとっては純損失なのだ。リベラル派はおそらく、大好きな税金で損をしているのだろう。

階級闘争が人種分断に代わる

死亡税廃止をめぐる争いは、貧富による差別が許されるかどうかの賛否を問うものであることを両陣営は理解していた。これは、妬みが政治戦略として許されるのか、それとも七つの大罪のひとつなのかを決める戦いだった。この議論から多くのことが生まれるだろう。富裕層に対する差別を容認しない国家は、段階的または累進的な所得税率を長く容認しないだろう。フラット・タックスへの道は、死亡税の廃止から始まる。

アメリカ国民の大多数が、死亡税は根本的に不公平な税金であるとして廃止を望んでいることは、この国の健全性をよく物語っている。左派は、憎しみと妬みと階級分裂の政治を利用した議論を押し進め、「私たちが彼らに何をしようと、なぜあなたが気にする必要があるのですか?

彼ら、つまり課税対象財産を持つ金持ちは少数派だ。あなたには関係ない」と言う。それはもちろん、ホロコーストを正当化しうるのと同じ道徳である。このような他人への不当な扱いは、あなたには影響しない、ほんの僅かな他人だけだ、というものだ。

左派は、国家による経済的理由による差別を、人種や宗教による差別と同一視することに恐怖を感じて反発する。彼らは、南アフリカにおける人種による差別は間違っているが、東ドイツにおける経済的理由による差別や、ソビエト連邦のクラーク（独立した土地を所有する農民）に対する飢餓キャンペーンはなぜか問題なかったと主張したいのだ。東ドイツや反クラーク運動は、南アフリカより改善されたわけではない。人種的、宗教的、経済的理由によるいかなる集団に対する国家的差別も間違っている。

しかしもちろん、左派は東ドイツが南アフリカより改善されていたと信じなければならない。100年間、民主党が国政で競争力を保っていたのは、アメリカ人を人種で分断するジム・クロウ法を制定し、それを利用していたからにほかならない。やがて民主党はその手段を捨てなければならなくなり、人種差別が政治的組織として容認されないと裁定されたのと同じように、共和党に南部を奪われた。現代の民主党である「もっと寄こせ連合」は、「放っておいてくれ連合」のメンバーであるべき大多数のアメリカ人を分断することによってのみ、権力を握り支配することができる。民主党はかつて、アメリカ人を宗教や人種で分断していた。最近では、所得と富によってアメリカ人を分断することを目指している。民主党の支配下にある国家が、彼らが作り出した対立を管理する。階級的嫉妬や憎悪が人種差別と同様に不愉快で非合法なものだと裁定されれば、民主党は「もっと寄こせ連合」の資金調達に必要だと考える差別的な税制を維持するのが難しくなるだろう。

可能性の芸術

死亡税の廃止も、可能性が見えて初めて動き始めた。真面目な男女は、どんなに望まれても実現不可能なことには目を向けない。

クリス・コックス下院議員は1996年に死亡税廃止法案を提出した。この法案は、少数の共同スポンサーを獲得した。その後、「60＋」と全米税制改革協議会は、年間格付けにおいて、共同提案者を重要課題として評価すると発表した。そのため、75%の評価を受けるに足る投票記録を持つ下院議員は、クリス・コックス法案を共同提案すれば85%の評価を受け、「納税者の英雄賞」を受賞することになる。スポンサーは下院議員100人に急増し、死亡税廃止は共和党のアジェンダの一部となった。

増税には3分の2以上の賛成が必要という憲法改正案を支持する全米税制改革協議会の年次記者会見で、当時のギングリッチ下院議長は、死亡税廃止とキャピタルゲイン税廃止が共和党の正式な目標になったと発表した。私たちは、それぞれをできるだけ早く達成するために努力する。

死亡税廃止も支持者を獲得した。下院議員候補者の報告によると、死亡税廃止を訴えたことは、演説の中で最も強い拍手を浴びたセリフだったという。2000年のジョージ・W・ブッシュ候補は、死亡税廃止を訴えて最も大きな拍手を浴びた。2005年のCPACでビル・フリスト上院議員は、結婚の保護、国旗の保護など、保守派の重要な問題に対する投票を列挙した。その中で最も大きな拍手を浴びたのが、死亡税廃止の訴えだった。

富の破滅

死亡税の廃止は、単なる政治的トロフィーではない。財団経営研究所（FMI）のニール・B・フリーマン会長は、今後40年間で、祖父母や両親から子や孫へと14兆ドルものお金が受け継がれると計算している。連邦政府がその貯蓄の半分を奪い、消費すれば、将来の経済成長にボディーブローのように効いてくるだろう。資本は、雇用、技術、新規事業への投資に必要な種である。

フォード財団はもういらない

第二の課題は、経済的というよりも政治的な問題である。現役時代に貯蓄を蓄えたすべてのアメリカ人に55％の税金が課されることになれば、その富の多くは税逃れの財団に流れてしまうだろう。フォード財団やロックフェラー財団がどれほどの損害を与えたか考えてみよう。彼らは何百人ものタフで勤勉な左翼活動家を雇い、左翼のアジェンダを推進するために共和党が生み出した富を使わせている。ピュー財団とマッカーサー財団は、財団がいかに逆錬金術師であり、自由市場の富を左翼の資金に変えているかを示すさらなる例である。FMIのニール・フリーマンやフィランソロピー・ラウンドテーブルのアダム・メイヤーソンのような活動家が懸命に活動しているにもかかわらず、訓練された保守派でこのような財団の運営に関心を持ち、実行できる人はほとんどいない。世の中には、共和党保守派が蓄えた資金を喜んで使うリベラル派がたくさんいる。連邦政府であれ、州政府であれ、地方政府であれ、あるいは税法によって彼らの手中に押し込められた資金で財団を運営することであれ、リベラル派はそれを生業としているのである。

もし死亡税がこのまま存続するのであれば、今後25年間で、このような財団が何百も設立されることになるだろう。それらはすべて、リベラル派の活動家によって乗っ取られるだろう。彼らは死んだ起業家の財産を使い、未来の起業家が成功できないようにするのだ。ケネディ家の子供たちは、巧妙な弁護士を使って相続税を回避しているが、単に祖父の財産を飲み干し、身近な人々に損害を与えるだけである。

死亡税の廃止は、左翼を排除するための重要な要素である。

そして、死亡税を廃止することで、国税庁の税法の5万4095語以上が削除される。[13]

2：IRA／401（k）の拡大と普遍的貯蓄口座の制定

消費された所得に1回だけ1つの税率で課税する税制に移行するためのステップ2は、すべての貯蓄を課税から解放するユニバーサル個人退職口座（IRA）を創設することである。いったん課税された所得をどう使うかはあなた次第だ。ワインと女と享楽に使うか、マイクロソフトに投資するか、それは個人の自由である。政府は、あなたに付きまとい、給料の残りがどうなっているか尋ねることに、正当な利益を持っていない。

1974年に創設されたIRAでは、すべてのアメリカ人が税引前で最高1500ドルを口座に貯蓄することができ、長年にわたって非課税で積み立てられるが、59歳半になるまで引き出すことはできず、70歳半ばまでに口座の取り崩しを開始しなければならない。21歳のときに一度2千ドルを貯めたとすると、65歳になったときには4万2千ドルになっている。毎年2千ドルを貯め、平均7％の利息を得たとすると、65歳で退職したときには52万ドル以上になっている。[14]

アルベルト・アインシュタインは、複利の力を宇宙で最も強力な力と呼んだ。

また、1978年には401（k）が創設された。これは、企業が従業員の個人貯蓄口座に拠出することを認めるもので、当初は給与の10％にあたる1万ドルを上限としていた。

1986年税制改革法の弊害のひとつは、IRAの利用が、年金でカバーされていない場合を除き、所得5万ドル以下のアメリカ人に制限されたことである。しかし、多くの納税者はIRAが制限されていることを聞いただけで、当初の契約が残っているアメリカ人の間でもIRAの利用は大幅に減少した。

パム・オルソン元財務次官補は2003年の講演で、IRAへの拠出額は1980年から1986年の間に40億ドルから380億ドルへと10倍近く増加したと述べた。1986年に議会がIRAへの拠出の損金算入を制限すると、IRAへの拠出額は1987年には150億ドル、1995年には84億ドルに激減した。[15]

この減少の一部は、以前より高所得の拠出者が参加から除外された結果であるが、資格を完全に保持している家庭の貯蓄額も減少していた。実際、1986年から1987年にかけて、法改正の影響がないにもかかわらず、加入資格のある世帯の加入者は40％減少した。所得が2万5千ドル未満のIRA加入者は、この1年間で30％も減少した。[16]

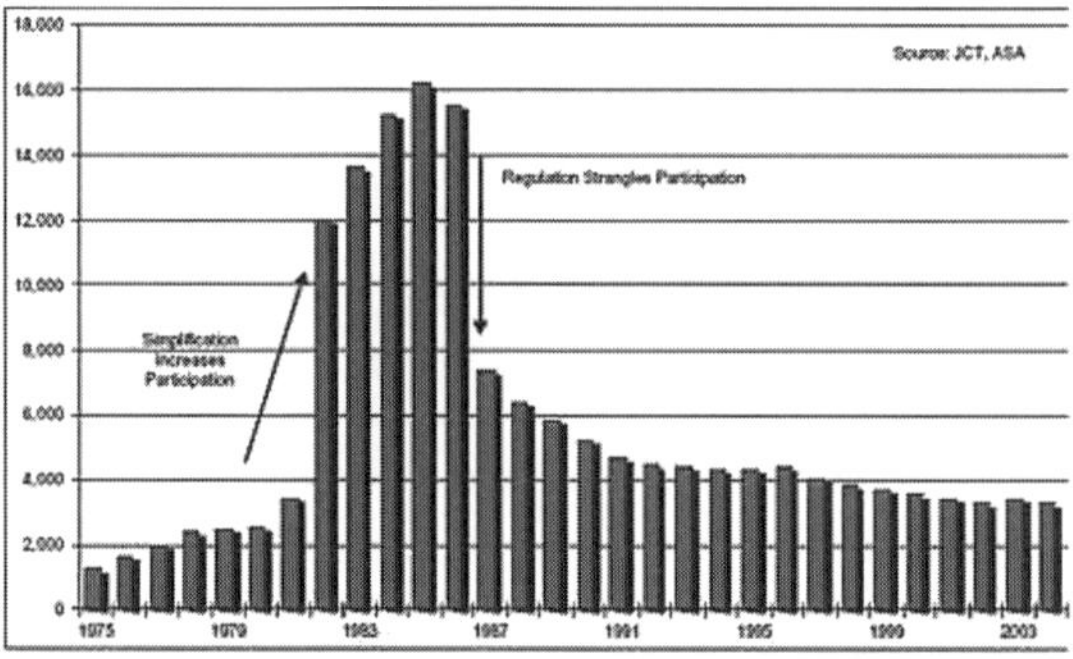

Number of IRA Participants (in the Thousands)

出典：JCT、ASA

政治家たちは、貯蓄の恩恵を「金持ち」に限定しようとしているが、その最大の効果は、中流階級を強力な貯蓄手段から遠ざけることであった。

２００１年にＩＲＡの拠出額が拡大され（ただし所得控除は対象外）、ブッシュ大統領の減税案のほとんどが民主党議員のほとんどに反対される中、ＩＲＡの拡大は４００対23で可決された。これは、死亡税廃止が43人の民主党議員からしか支持を得られなかった時期のことである。所得税減税を支持した民主党議員はさらに少なかった。

ＩＲＡと４０１（ｋ）の拡大は、当初10年間のみであったが、２００６年の年金改革法案で恒久化された。本稿執筆時点では、これは恒久化された数少ないブッシュ減税の一つである。

２００６年年金保護法の自動加入機能により、４０１（ｋ）プランへの労働者の参加率は、資格のある労働者の66％から92％に上昇する可能性がある。

４０１（ｋ）適格従業員数が同じと仮定すると（この

数自体は、この変更によって増加するはずである)、すべての401(k)プランにこのような自動機能があれば、401(k)加入者数は2006年の5500万人から6900万人に増加することになる。[17]

2006年年金保護法の第二の主要項目は、労働者が「ライフサイクル・ファンド」に自動的に加入し、株式や債券により多く投資できるようにすることだった。これにより、低リターンのマネー・マーケット口座から高リターンの株式口座へ、より多くの退職貯蓄が移動し、アメリカの労働者の資産がさらに増加するはずである。

最後に、この法律により、雇用主は時代遅れの確定給付型年金制度の真のコストを認識することになり、将来、確定拠出型年金制度を利用する企業が増えるだろう。これら3つの要因から、モルガン・スタンレーのアナリストは、この規定が施行されれば、確定拠出年金の年間流入額は150%増加し、年間1200億ドルから3000億ドルに跳ね上がると結論づけた。

税制改革の次のステップは、既存の非課税貯蓄口座の寄せ集めを、生涯貯蓄口座と退職貯蓄口座(LSAs/RSAs)に統合することである。退職貯蓄口座(RSA)は、すべてのアメリカ人が毎年税引き後の収入から5千ドルを老後のために積み立てることを可能にするものである。5千ドルの収益は非課税で積み立てられる。

生涯貯蓄口座(LSA)は、すべてのアメリカ人が税引き後の貯蓄として5千ドルを積み立てることができ、住宅、教育、医療、その他何にでも必要な時まで積み立てることができる。これは、非課税で貯蓄を積み立てるための手段である。LSAの敵は、保険に対して一時的な興味を持っているだけでなく、非課税で貯蓄ができる保険から利益を得ようとする人々相手に保険を売る大手保険会社だ。保険会社がこのようなLSAを簡単に販売できるようにすれば、LSAの創設や拡大に対する保護主義的な反対を取りやめるのではないかと期待している。

教育、老後、医療のための貯蓄を、他の目的には使用できない個別のタテ割り貯蓄に「強制」しようとする人々と、すべての貯蓄を無制限に非課税にしようとする人々の間で論争が存在している。

最終的には、アメリカ人を大人として扱い、国民共通の非課税貯蓄を認め、住宅、健康、教育、老後、その他の必要に応じて利用できるようにしたいものだ。しかし現状では、たとえそれが自分の誤った判断によるものであったとしても、年を取って困窮してしまった場合には、連邦政府と州政府が医療費と老後の生活費を保証することになっている。このような政治的現実を踏まえると、国民に将来の必要性に備えて貯蓄することを「義務づける」ことは、妥協案として受け入れられる。これは、国民が政府の門前で、自分たちの誤った決断を他の国民への追徴課税で賄うよう要求するのを防ぐためである。

LSAとRSAを成立させれば、さまざまな非課税投資プログラムをすべてこの2つの簡単に持ち運び可能な口座に統合することで、税法の11万7151字を削除することができる。

3：キャピタルゲイン税と配当税を廃止する

キャピタルゲインとは、州税や地方税を差し引いた給与から、土地や家を買ったり、株式や投資信託に投資したりして、その土地や家、株式が値上がりすると値上がり益が発生することである。当然、政府はこれに課税したい。

議会は南北戦争中に暫定所得税を創設してキャピタルゲインへの課税を開始したが、当時のキャピタルゲインは「経常」所得とみなされ、キャピタルゲインは給与所得に加算され、標準所得税率で課税された。

所得税は違憲とされたことで、1913年に現在の所得税が創設されるまで、キャピタルゲインへの課税は行われなかった。(18)

所得に二度目の課税が行われること、そして高いキャピタルゲイン課税が特に経済成長に悪影響を与えることが認識されると、政治家たちは、通常、キャピタルゲイン税率を最終的に90％にまで達していた通常の所得税率よりも低く設定した。

リチャード・ニクソンは1969年、所得税の限界税率を10％に引き上げる増税策と同じ中で、キャピタルゲイン税を25％から36％に引き上げた。(19)

株式の価値は暴落した。アメリカ株主協会の分析によると、1968年から1977年までの株主の総資産は、インフレ調整後のドルで48％減少し、1兆6千億ドルから8240億ドル（1978年ドル）に減少した。(20)

（民主党がなぜこの税金と浪費のリベラリストを嫌ったのかは理解に苦しむ。実際、リチャード・ニクソンが生き返って共和党議員に選出されたとしたら、彼は共和党で最も左翼的な下院議員になるだろう）。スタイガー修正案が1978年にキャピタルゲイン税の最高税率を39・9％から28％に引き下げたとき、キャピタルゲイン税からの税収は1979年に91億ドルから119億ドルに増加した。(21)

民主党が、税率引き下げが経済成長や税収増に「ペイする」はずがないと叫んでロナルド・レーガンの減税に反対することを学ぶ前に、彼らは実際にサプライサイド経済学が非常に現実的であることを証明したのである。ジョージ・H・W・ブッシュがいかに経済音痴であったかを理解するために、サプライサイドの経済学は「ブードゥー教の経済学」であると発言したのは、スタイガー修正案によってサプライサイドの成功が実証された1年後のことである。

レーガンが1981年の税率引き下げの一環としてキャピタルゲイン税を20％に引き下げ、所得税の最高税率を70％から50％に引き下げたとき、キャピタルゲインの収入は128億ドルから187億ドルに増加した。(22)

1986年の税制改革法は、所得税の最高税率を50％から28％に引き下げたが、同時にキャピタルゲインの税率を20％から28％に引き上げた。キャピタルゲインへの課税強化により、キャピタルゲイン税収総額は1986年の529億ドルから1987年には337億ドルに減少し、1991年には最低の250億ドルにまで落ち込んだ。(23)

サプライサイドの経済学は、順方向にも逆方向にも機能する。ジョージ・H・W・ブッシュは大統領就任初年度にキャピタルゲイン税率の引き下げを促したが、一転して所得税率を28％から31％に引き上げることに署名した。クリントンは最高税率を39・6％に引き上げた。いずれの増税も28％のキャピタルゲイン税率を動かさなかった。

1997年、クリントンは1995年と1996年に拒否権を行使したキャピタルゲイン税率の引き下げに署名した（福祉改革の陰で）。この時点で、株主総資産は11兆5千億ドル、キャピタルゲイン収入は664億ドルであった。2000年1月1日には、株主総資産は17兆3千億ドル（50・4％増）となった。ダウ・ジョーンズは8194ドルから1万1497ドル（40・3％）に、ナスダックは1594ドルから4069ドル（155％）に増加した。その結果、キャピタルゲイン税収はほぼ倍増し、1997年には793億ドル、1998年には899億ドル、1999年には1110億ドル、2000年には1273億ドルに達した。[24]

ブッシュは2003年まで待ったをかけ、キャピタルゲイン税率を20％から15％に引き下げ、さらに配当所得の二重課税を38・6％の高率から15％に引き下げる法案を提出した。

2003年のキャピタルゲイン税収は420億ドル、2004年は460億ドル、2005年は520億ドル、2006年は570億ドルと予想されていた。租税合同委員会は、キャピタルゲイン税率が20％から15％に引き下げられた場合、キャピタルゲインの税収は3年間で54億ドル減少すると予測したが、その代わりにキャピタルゲイン税収は2年間で倍増した。2006年度末までに、政府は1330億ドルという「予期せぬ」歳入増を実現した[25]（政府がサプライサイド経済学を信じないからといって、それが真実でないということにはならない）。

濃い棒グラフは議会予算局（CBO）によるキャピタルゲイン税収の推定値、薄い棒グラフは実際の税収である。キャピタルゲイン税率が20％から15％に引き下げられた後、CBOの試算は特に過小評価された。いつも以上に間違っている。

同時に、配当金に対する課税が大幅に引き下げられたことで、25年間続いた配当金支払企業の減少が逆転した。減税前は、配当所得は通常の所得として課税され、その税率は38・6％にも上った。しかし、これは誤解を招く数字である。なぜなら、企業は株主に配当する前に、すでにそ

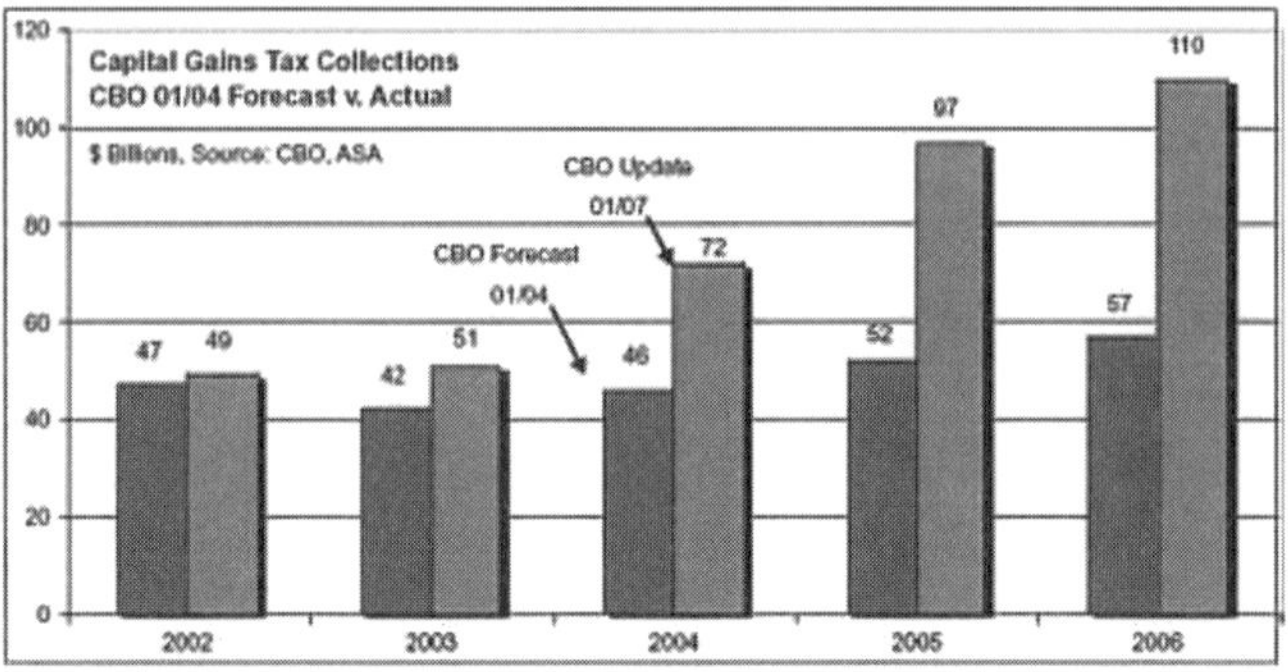

の所得に対して税金を支払っていたからである。その結果、配当所得は二重に課税され、実際の税率は60％にもなった。

配当に対する60％という懲罰的な税率により、配当の利用は減少の一途をたどった。実際、S&P500種構成企業のうち配当を支払っている企業の数は、1980年の469社から2002年には351社にまで減少した[26]。

しかし、減税が実施されると、企業は直ちに株主への配当を開始し、増やし始めた。2005年は3年連続でS&P500種構成企業の配当額が前年を上回り、配当収入は減税以降年率11％で増加している。その結果、米議会予算局（CBO）は、配当減税が以前考えられていたほどのコストではなかったことを率直に認めた。

相続税／死亡税をめぐる議論は、まさに妬みが正当な政治的衝動であるかどうかをめぐる争いである。今日のキャピタルゲイン税をめぐる議論には歴史がある。1969年と1986年のように、キャピタルゲイン課税の引き上げが成長を鈍化させ、税収を実際に減少させたことは知っている。キャピタルゲインに対する税率を低くすれば、経済成長が促進され、キャピタルゲイン税収も増加する：1978、1981、1997、

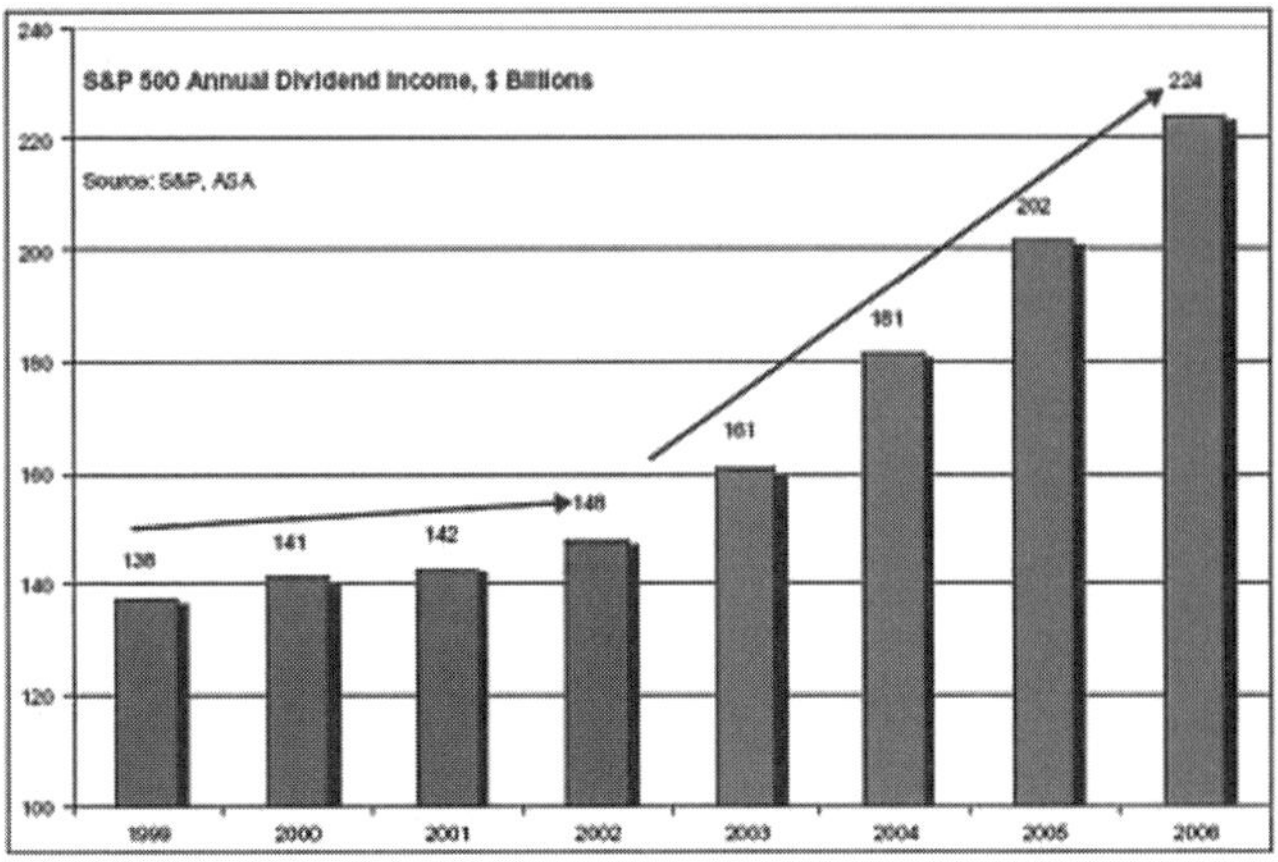

2003のように。

1970年代にこのことを知っていた民主党は、政府の歳入を増やすとわかっている減税に反対する立場に移った。なぜか？　妬みと階級憎悪の政治に固執するあまり、雇用を創出し政府の税収を増やす機会を逃しているのだ。しかし、妬みへの献身のために、彼らはさらに高い代償を払うことになる。

歴史から学ぼうとしないことで、支持者を獲得できるかもしれない唯一の経済分野での信用を失うことになる。

2003年の減税後、アメリカ企業は配当を増やした。

キャピタルゲイン課税の経済的コストに目をつぶっている限り、ハイテクビジネスマンやベンチャーキャピタリストは、民主党の経済政策をまともに受け止めることはできない。キャピタルゲイン課税の引き上げは、ハイテク業界に大きな打撃を与えるだろう。民主党は、アタリ民主党というフィクションを作って以来、この層にアピールしようとしてきた。環境保護主義者や労働組合の要請を受け、民主党は長い間、鉄鋼、自動車、石炭産業の破壊を望んでいるかのように振る舞ってきた。しかし、民主党には「無公害」で労働組合のないハイテク産業にアピールするチャンスがあった。妬みの政治にいかに手錠をかけられているかを示す指標として、強要されることのないビジネス支援を求める民主党という最後の望みを打ち砕いたのである。

民主党はレーガン減税を攻撃し、高い税率は雇用創出、所得、投資を減少させるというサプライサイド経済学の主張を攻撃した。今では、レーガンが正しかったとわかっているキャピタルゲイン課税でさえ、この立場に固執している。間違っていたことに耐えられないのだ。もっと賢い民主党であれば、１９７８年の時点で彼らの多くがこのことを理解していたと主張し、他の政策で景気を減速させる一方で、この減税で景気を刺激することができただろう。

株式を直接所有するアメリカ人が増えたことで、キャピタルゲイン税廃止を求める層が増えた。キャピタルゲイン課税と法人所得に対する二重課税（配当課税）がともに15％と同じ税率に設定された今、その両方を廃止しようという政治的支持が高まっている。キャピタルゲイン税を廃止すれば、５万４２７８語の税法が削除される。

４：費用計上

消費された所得に一度だけ、単一の税率で課税する税制への次のステップは、事業投資に対する長い減価償却スケジュールという複雑な制度を、すべての投資の即時費用化に置き換えることである。

現在の規則では、企業が新しい機械を購入すると、政府はその無限の知恵で、それを3年、5年、7年、10年で減価償却できると宣言する。コンピューター、コンピューター・プログラム、建物の耐用年数は神のみぞ知るだが、国税庁は税務上、投資の「有用な」耐用年数を教えてくれる。

現在の規則では、自動車会社の組立ライン用の機械を100万ドルで購入し、その機械が10年間で減価償却できると政府が決定した場合、その会社は10年間、毎年10万ドルを所得税支払いのために所得から差し引くことができる。1年目に機械の代金を支払わなければならない。1年目には残りの90万ドルを現金で支払わなければならない。しかし、あなたは10年間、持っていないお金に対して税金を払うことになる。

費用計上とは、1年目に100万ドルで機械を購入した場合、その100万ドルをその年の所得から税法上差し引くことを意味する。もう持っていないのだから、その100万ドルに税金を払う必要はない。使ったのだから。これは公平でシンプルだ。

これは理解しやすく、どのような法律家を必要としない。どの企業にとっても長く恣意的な減価償却スケジュールから、シンプルで即時の費用計上に移行することは納税のスケジュールを動かすだけである。納税額には影響しない。

時間をかけて控除するのではなく、即時に控除する。納税額は同じである、ただ後で払うだけだ。現実の世界では（政府の財政とは対照的に）お金には時間的価値があるため、減価償却から費用計上に移行することで、設備投資のコストを大幅に削減することができる。

減価償却表を全て捨てて費用計上に移行すれば、税法からおよそ1万7千字が削除される。政治家があちこちの減価償却表を変更する見返りに選挙資金を得るような、裏の腐敗した政治もなくなるだろう。誰もが同じ減価償却スケジュールを持つことになる：1年目に100％。政治も汚職もない。何ページにもわたる税法や、この投資とあの投資の定義をめぐる高額な訴訟もない。

経費削減は経済に多大な恩恵をもたらすだろう。特に資本コストの高い産業：鉄鋼、自動車、化学。政治家たちが気にかけていると言う製造業はすべてそうだ。彼らは行動を起こすか、黙っているかのどちらかだ。

そして、これを鵜呑みにする必要はない。これは未検証の理論ではない。2002年のブッシュ減税では、30％の「加速償却」、つまり購入額の30％を即座に費用計上できるようにした。続いて2003年、ブッシュはこの額を1年間30％から50％に引き上げ、10万ドル未満の中小企業投資を全額即時費用化できるようにした。

投資は好調だった。

第110議会に提出された法案は、米国を事業投資の全額費用計上に移行させるものである。静的な税収試算によれば、この措置は10年間で連邦国庫に数千億ドルの「負担」を強いることになる。

単年度の費用計上は連邦政府にとって数百億ドルの「コスト」にしかならず、2002年の部分的費用計上とその成功を見逃した人々には、減税の力に対する明白な証拠となるものだった。

上述の試算は、2つの効果を考慮していない。

第一に、減価償却ではなく費用計上は、実際には単なるタイミングの違いであり、政府にとって長期にわたる「コスト」はない。第二に、経験則に基づく研究によれば、経費計上は莫大な利益をもたらすことが示唆されている。経済学者のゲーリー・ロビンスによると、損金算入により税収が1ドル減少するごとに、国内総生産（GDP）が9ドル増加するという。このことは、損金算入による投資の増加は、1ドルの減税につき3ドルの税収を新規投資から生み出すことを示唆している。(27)

企業の費用計上を認めないことで、アメリカは世界との競争上不利な立場に置かれる。

全額費用処理にはもうひとつ利点がある。それは、民主党が過去に反対しなかった減税措置である。1981年、ダン・ロステンコウスキーは、レーガン大統領の減税案に対する民主党の代替案として、実際に全額損金算入を提案した。レーガンの法案は、減価償却スケジュールをよりシンプルでコストのかからない「加速原価回収システム」に移行させたが、これは全額費用処理と「経済的に」等価であった。しかし、この制度はまだ複雑で、業種や投資の種類によって差別化されていたため、すぐに廃止され、政治家たちは減価償却のスケジュールを長くするだけで増税できることに気づいた。誰もが実感しているが、ほとんど理解されていないステルス増税である。

民主党は、個人と企業の最高限界税率の引き下げ、キャピタルゲイン税の引き下げ、死亡税の廃止に反対し、叫び続けてきた。費用計上への移行は、民主党が国民に恥をかかせることなく支持できる成長促進減税である。寛大に、彼らにパレードを先導させるべきだ。

5：代替ミニマム税を廃止する

消費される所得に一度だけ一律に課税する税制に移行するには、議会が1969年に作り出したフランケンシュタインの怪物、代替ミニマム税（AMT）に対処する必要がある。

AMTの歴史は有益である。その経緯は、多くの新税と似ている。ジョンソン政権のリークによると、1967年には155人の高所得のアメリカ人が所得税をまったく払っていなかった。その多くは、市債や州債、連邦債の利子が非課税であったためである。

金持ちであろうと貧乏人であろうと、市債を買えば税金はかからない。非課税のため、利回りは低くなる。政府はこれを好む。借金をする際のコストを削減できる。学校や道路の建設費が安くなるのだ。議会は政府への投資に対するこの「補助金」を廃止することもできた。しかしそうしなかった。政治家たちは、実体経済よりも政府への投資に有利な税制を作り上げたのだ。そして同じ政治家たちが憎悪と嫉妬を煽り、非課税活動に税金を払わない金持ちたちに対するポグロムを呼びかけた。

そこで議会はAMTを成立させ、多くのアメリカ人は、所得控除や税額控除がすべて完全に合法的なものであったとしても、通常の所得税と代替ミニマム税（AMT）の2つを使って税負担を2回計算することになった。これにより、所得控除や税額控除の価値の一部が取り戻された。

今、AMTを喧伝した政治家たちは、AMTを「他の誰か」に課すよう要求したアメリカ人納税者の弟妹や子供たちの声を聞いている。大企業と富裕層に打撃を与えると約束されたこの税金は、2002年には200万人の納税者を直撃し、その数は2010年までに3千万人、つまり世帯の20%に増加した。この数字は2020年には世帯の30%、2030年には世帯の50%に増加する。

この数字には、代替ミニマム税申告書に記入させられながら結局税金を払わない数百万人の納税者は含まれていない。

では、誰がAMTを支払うのか？　主に、州所得税が高く、固定資産税が高く、住宅ローン金利が高い州の納税者である。ニュージャージー州、ニューヨーク州、コネチカット州、カリフォルニア州などだ。民主党の州だ。

1993年、ビル・クリントンと民主党の上下両院は、AMTの最高税率を24％から28％に引き上げた。共和党の上下院は1999年にAMT廃止を決議した。クリントンはこの法案に拒否権を発動した。

2007年の連邦議会では、1993年にAMT引き上げに賛成した民主党議員は107人、AMT廃止に反対した民主党議員・上院議員は177人である。1993年にAMT引き上げに賛成した共和党議員はいない。AMT廃止に賛成した民主党議員は下院でわずか4人、上院では1人もいなかった。これは民主党によって考案され、引き上げられ、守られてきた税金である。

共和党は、金持ちが制度をごまかしていたという嘘の上に成立したこのリベラルな税金をもう一度廃止する用意があるはずだ。しかし、リベラルな民主党議員を救済する前に、南アフリカの「真実和解委員会」に相当することを主張すべきである。税の歴史を公に認めなければならない。今こそ歴史を正さなければならない。リベラル派が、架空の富裕層に新たな税金を課して中間層から略奪する一方で、罪を犯した者は傍観し、まるで誰かがやったかのように肩をすくめるという、このゲームを再びやらないようにするための教訓にしなければならない。

AMTは、この古くからある詐欺の最大かつ最新の例である。アメリカ人は、米西戦争税としても知られる電話料金に対する連邦物品税をいまだに支払っている。これは1898年に完璧な税金として課された。緊急事態のためだった。ニューヨークのタブロイド紙は新聞を売る必要があり、スペインのキューバ支配に対する戦争を開始するために国民を激怒させた。それは一時的なものだった。この税金は戦争が終われば終わる。そして何よりも、この税金は「他の人々」、つまり、電話という新奇で非常に高価な玩具を所有する裕福な他の人々が支払う税金だった。1898年当時、実際に電話を所有していた世帯は全体のおよそ1％で、この新しい税金を支払うことになる。

それから100年が経ち、アメリカ人なら誰でも電話を持つようになった。何台も持っている人もいる。貧しい人々も電話を持っている。誰もが電話代として連邦政府の一般収入に3％の税金を支払っている。

議会は2000年、この税の廃止を発声投票で決議した。ビル・クリントンはこの法案に拒否権を発動した。おそらく、この税金はビル・クリントン税と名づけられるべきだろう。しかし、リベラル派が、税金は一時的なもので、他の人々、他の金持ちが払うものだと言うのは、嘘をついているだけでなく、古くて使い古された嘘を繰り返しているのだということを思い起こさせる。

AMTの政治は奇妙だ。AMTは民主党の税金であり、民主党の大統領や下院議員によって考案され、可決され、引き上げられ、守られてきた。しかし、高所得者税、高資産価値、高住宅費を抱える民主党の州では、この税金が最も大きな痛手となる。民主党の戦略家たちは、この税金を他人に背負わせるかのように声高に呼びかけることで、自分たちの支持層には税金に詳しいように見えるだろうと自慢してきたのだが。上院財政委員会の共和党リーダーであるチャック・グラスリー氏は、AMTのコストを他に移すのではなく、AMTを廃止するよう求めている。グラスリー氏は、AMTは誤りであったと主張する。ミスをなくすのであって、置き換えるのではない。[28]

AMTを廃止すれば、IRSコードの9159ワードが削除される。[29]

6：税金をテリトリー化する

通常、誰かが「アメリカでは政府が唯一・・・」というフレーズを言うとき、アメリカが他の国のように愚かなことをするよう要求するのを聞こうとしている。内務省も、国民IDカードも、政府運営の航空会社も、青少年省も、政府運営の医療配給も、付加価値税もないのはアメリカだけだ。アメリカは病的に愚かな損害賠償制度を持っている唯一の国であり、すべての人を訴えることによって、迷惑な非生産的な人々を金持ちにするように設計されている。

しかしもうひとつ、アメリカが自滅的な意味でユニークな分野がある。

全世界課税である。フランスに住むフランス人はフランスの所得税を支払わなければならない。アメリカで働くフランス人はアメリカの所得税を支払うが、フランスの税金は上乗せされない。

海外で働くアメリカ人は、その受け入れ先の政府に所得税を支払い、さらにアメリカの所得税も支払う。イギリスで収入を得るアメリカ企業は、イギリスの税金とアメリカの税金を支払う。

彼らはイギリスの税金しか払っていないドイツや日本の企業と競争しているのだ。これは、すべてのアメリカ企業を不利な立場に追いやり、すべてのアメリカ人駐在員を不利な立場に追いやる。アメリカはあなたに課税する権利を主張する。アメリカは、あなたがアメリカですることだけでなく、あなたが富を生み出すためにこっそり出かけたどんな国に対しても課税する権利を主張する。

アンクルサムは、地方政府があなたから取るものに加えて、さらに分け前を欲しがっているのだ。それがアメリカ人個人、個々の企業、そして経済全体にどれだけ打撃を与えようとも。これは個人にも企業にも言えることだ。アメリカの企業がアイルランドの企業になることを選ぶのはこのためだ。二重課税されないからだ。民主党はこれをベネディクト・アーノルド・ビジネスと呼んでいる。

税金を2回払うか、1回払うか？　これはIQテストであり、愛国心のテストではない。アイルランドで10億ドルを稼いだアメリカ企業なら、アメリカ政府はその収益をアメリカに持ち帰るまで課税しない。つまり連邦政府は、アイルランドに10億ドルの工場を建設することを許可しているのだ。しかし、その10億ドルをアメリカに持ち帰って工場を建設しようとする愚か者は、その10億ドルに対してアイルランドの法人税率12・5％とアメリカの法人税率35％の差額を支払わなければならない。では、この状況でベネディクト・アーノルドは誰なのか？　それは、まるでジュリアスとエセル・ローゼンバーグがアメリカ経済にダメージを与えるために書いたかのような税法なのだ。

このルールはアメリカにどれだけの損失をもたらしたか？　ペンシルベニア州のフィル・イ

ングリッシュが、2004年のアメリカ雇用創出法の一条項として「米国投資法」の制定を主導し、成功させたとき、このことを少し証明した。

この法律では、2005年の1年間、海外利益を恒久的に海外に再投資（決してアメリカには戻ってこない）しているアメリカ企業は、その資金を35％という高い税率ではなく、5・25％の税率でアメリカに戻すことができるというものだった。企業はこれに応え、米国に投資されることのなかった2750億ドル以上を米国にもたらし、米国の雇用を創出した。アウトソーシングの話ばかりが取り沙汰されるが、この減税は偉大な話となった。

米連邦準備制度理事会（FRB）のデータによると、2005年の最終2四半期において、海外留保利益は史上初めてマイナスとなった（1952年まで遡る）。2005年第3四半期の海外留保利益は623億ドルのマイナスで、第4四半期は806億ドルだった[30]。

2005年だけでも、ブッシュが政権発足後4年間に行った減税措置の総額に匹敵する額が納税者に還元された。

繰り返すが、この減税による公式の「税収減」はひどく過大評価されていた。議員たちは、この法案によって2005年度に28億ドルの税収増、2006年度に22億ドルの税収減、そしてその後の8年間で32億ドルの税収減となることを知らされた[31]。

3千億ドルのレパトリ（本国送金）の見積もりに基づくと、2005会計年度と2006会計年度を合わせた法人税収は170億ドルとなる。これは、政府歳入予測が最初の2年間で164億ドルも外れたことを示しており、租税合同委員会が予想した連邦国庫への10年間の「損失」32億ドルを帳消しにして余りある。この増収分には、米国への新規投資3千億ドルの追加による税

収増は含まれておらず、所得税、給与税、法人税の徴収額も増加している。(32)

テリトリアリティーは、米国に流入する米国企業の海外利益に対してゼロ税率を設定し、この規定を恒久化することで、この一時的な実験よりもはるかに進んだものとなる。

海外で働くアメリカ人個人の税負担を軽減すれば、アメリカ企業や外国企業が世界中でアメリカ人を雇用する可能性が高まる。今日、海外で働くアメリカ人には二重課税が課せられているため、アメリカ人はしばしばそのような仕事から遠ざかっている。また、海外で働くアメリカ人は、アメリカ企業から仕事を買ったり、下請けに出したりする傾向がある。海外で働くドイツ人は、ドイツ企業から仕事を買ったり下請けに出したりする。現在の税制は、海外の国民に直接害を与えるだけでなく、国内のアメリカ企業も仕事と収入を失っている。

7：フラット・タックスを導入する

死亡税とキャピタルゲイン税を廃止し、ユニバーサルIRAを通じてすべての貯蓄を非課税にし、代替ミニマム税を廃止し、世界的な課税構造ではなくテリトリー化された課税構造を作れば、課税所得に単一の税率をかけることができる。

フラット・タックスは、妬みと階級憎悪にまみれた現代の民主党から最大の抵抗を受けるだろう。彼らは、アメリカ人をできるだけ多くの階層に分け、他の誰かがより多くの税金を払っているのだから、文句を言わずに黙っているべきだと各人に思わせたいのだ。「土曜日に働いている人の指を2本切り落とすのだから、指を1本切り落とすことを喜ぶべきだ。あなたは指が1本足りないが、他の誰かがもっと不当に扱われているのだ。」

一律税率を求める圧力は、妬みを拒絶し、法の下の平等を信奉する原則的なアメリカ人から来るだろう。フラット・タックスへの移行を求める圧力は、他国との競争からも生じるだろう。アメリカは、他国が低税率を通じて競争を挑んでくることに慣れていない。税制がどんなにバカバカしいものになったとしても、誰もがフランスやドイツやスウェーデンよりもアメリカで投資したいと考えるようになっていた。しかし時代は変わり、フラット・タックスが世界を席巻している。旧ソ連の植民地であった東欧諸国は、低税率でなければ資本や投資を呼び込めないことに気づいている。自国の労働者を世界市場から締め出したくないのだ。労働者に高い税率を課しているドイツと競争したいのであって、見習いたいわけではない。

ポーランドの税率は一律18%。ロシアでさえ一律13%である。スロバキアは19%。アルバニアは一律10%の所得税に移行している。こうした変化は、旧ヨーロッパ諸国に税制の改善を迫る圧力となっている。[33]

海外出張を控えたベーカー国務長官は、共産主義国に行ったことがあるかと問われ、マサチューセッツ州に行ったことがあると答えた。マサチューセッツ州の所得税は一律5・3%だ。「共産主義国」としては悪くない。[34]

そこで質問である：アメリカ人は、現在の累進的な段階的所得税構造から単一税率に移行することに投票するのだろうか？

その答えは、リベラルな民主党のマサチューセッツ州の例を見ればわかる。マサチューセッツ州は、憲法で定められたフラット・タックスからの脱却を5回も拒否している。マサチューセ

国	個人税率	法人税率
エストニア	22%	24%
グルジア	12%	20%
香港	16%	17.5%
アイスランド	36%	18%
キルギスタン	10%	10%
ラトビア	25%	15%
リトアニア	27%	15%
マケドニア	12%	12%
モンゴル	10%	25%
ルーマニア	16%	16%
ロシア	13%	24%
スロバキア	19%	19%
ウクライナ	15%	25%
セルビア	14%	14%
ポーランド	18%	18%

ッツ州がフラット・タックスへの準備が整い、それを廃止しようとする努力を退けるなら、アメリカの他の地域もこの変化に対応できるだろう。

やがて投資は、労働と資本に対する税金が低い国へと流れていくだろう。アメリカはフラット・タックスを導入するだろう。国際的な競争、法の下の正義と平等を求める国内の欲求という2つの圧力によっても、アメリカはフラット・タックスを取り入れることになるだろう。憎悪と妬みの集団は、すべてのアメリカ人を同じように扱うことに反対する。彼らは、土曜日に働く人に懲罰的な税率で課税するのが好きなのだ。

フラット・タックスに反対する人々は、特定の所得控除や税額控除を失うことを恐れている。

この2つ目の懸念は、スティーブ・ムー

ア氏が推奨する移行機能、つまり、既存の仕組みと並行して実行されるオプションのフラット・タックス・システムで満たすことができる。高い税率を支払っても所得控除や税額控除を維持したい人は、それでも構わない。それ以外の人は、控除はゼロではないにせよ、より少ない税率になる可能性の高い低所得税に移行してほしい。これが、最も混乱が少なく、旧制度に慣れ親しんだ人々の反対を最小限に抑えながらフラット・タックスを導入する最善の方法かもしれない。

フラット・タックスには他にも利点がある。結婚ペナルティー税がなくなるのだ。現在、15万ドルを稼ぐ独身女性と15万ドルを稼ぐ独身男性は、合計7万2千ドルの連邦所得税を支払っている。もし二人が結婚して仕事を続けた場合、新たに30万ドルの収入に高い累進所得税率が適用され、二人の税負担は合計で7万8201ドルに増加する。

税率は一つ。結婚ペナルティー税なし。結婚している男女は共和党に投票する傾向があるため、民主党はフラット・タックスと結婚ペナルティー税の廃止に合理的に反対している。

貯蓄ではなく消費所得にのみ課税する所得税の一本化を実現したら、全国消費税（FAIRTax）に移行すべきだと主張する人もいる。これはいい考えかもしれない。

経済学者は、この2つの税金は経済的に同等だと指摘するだろう。どちらも所得には一度しか課税しない。どちらも貯蓄と投資を非課税とする。

一見したところ、例えば15％の定率所得税を導入するために必要な政治的闘争をくぐり抜け、エネルギーが余っているのであれば、給料日から支出日まで税金を移動させるのではなく、単純に税率を10％に引き下げるよう働きかけてはどうだろうか。幸いなことに、あるいは悲しいことに、この決断を迫られるのはまだ先のことだ。

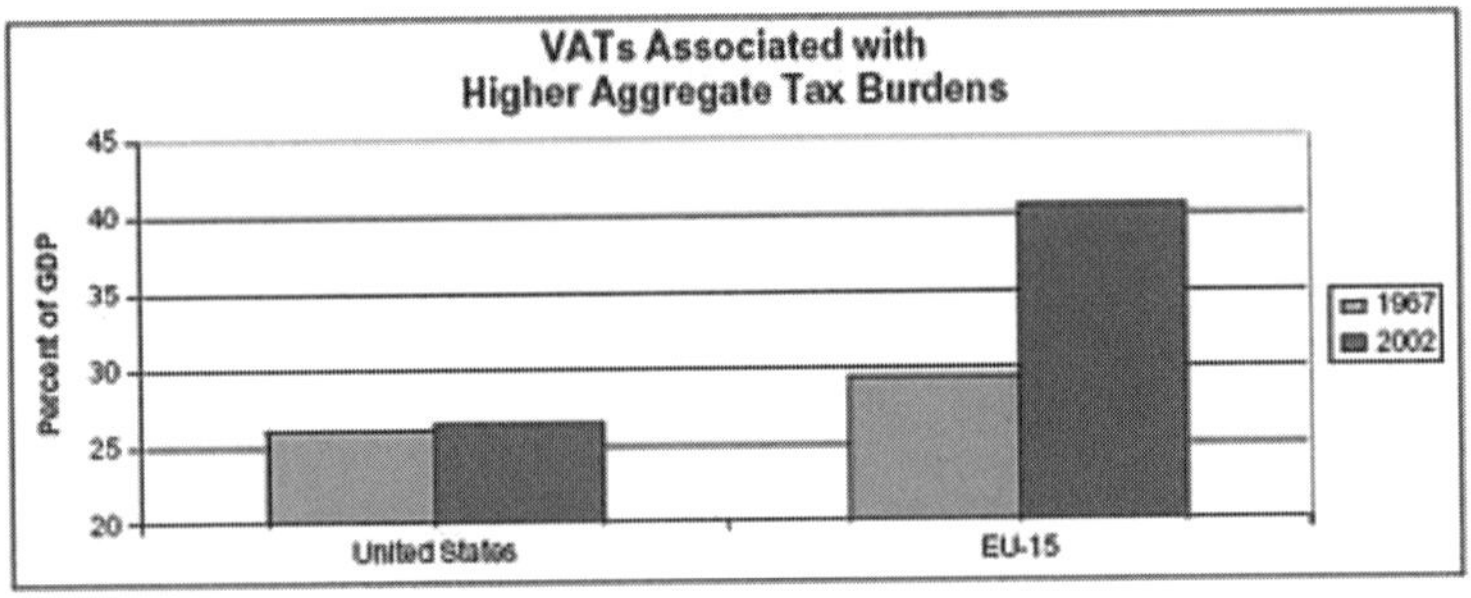

出典：ダニエル・ミッチェル、ヘリテージ財団

しかし、小売売上税への移行には、１つだけ非常に深刻な危険がある。

所得課税から消費課税への移行ほど劇的な変化には、移行期間が必要である。移行期間が短ければ短いほど、選挙で所得税と消費税の両方に課税することを良しとする政治家が現れる危険性がある。これは驚くべきことではない。ヨーロッパのどの国も、国民に個人所得税、法人所得税、付加価値税を課している。つまり、あらゆる生産レベルで消費税が課されているのだ。

これは最悪の事態だ。すべての税金が限界点まで引き上げられる。つまり、納税者・有権者の不幸によって政治家のキャリアが破たんする点だ。税金の種類が多ければ多いほど、総負担は増える。州の所得税と広範な売上税の両方を禁じているニューハンプシャー州が、固定資産税、売上税、所得税をそれぞれ限界まで引き上げている州よりも、固定資産税は高いが税金総額は低いのはこのためである。ニュージャージー州の例をご覧いただきたい。

ヨーロッパのどの国も、全国的な所得税と全国的な消費税の両方を持つことの危険性を思い起こさせる。

10の小さな前進

所得に一度だけ課税する消費税導入に向けた7つの重要な改革は、いずれも有権者の強い政治的支持を得ている。私は、完全な税制改革の方向に進み、連邦および州レベルで日々の政治が変化する中で日和見的に追求される可能性のある、10の小さな前進のステップを提案する。

年間減税

第一に、連邦・州レベルの親納税者派の議員は、ブッシュ政権の成功モデルから学び、それに倣い、毎年減税を行うべきである。これにはいくつかの利点がある。第一に、市民が「減税は当面1回しかない」と思えば、可能性のある減税はすべて競争相手になる。1981年、レーガン大統領は減税を行った。その後、1996年まで減税は行われなかった。減税と減税の間に15年もあったのだ。経済界がケンプ・ロスの個人減税を33%から25%に引き下げ、3年かけて段階的に実施するために戦ったのも不思議ではない。他をひっこめなければ、自分たちが必要とする法人税の減税が実現しないことを恐れたのだ。

2001年、ブッシュ政権は、企業ではなく、ほとんど個人を対象とした減税を提案した。しかし、ブッシュは賢明にも、毎年減税があると説明した。そして、どの企業も2002年や2003年の減税の第一列に並ぶには、2001年の減税の実施に協力する必要があった。2001年に一列に並ぼうとする企業は、2002年に快く迎えられる可能性は低かった。毎年の減税戦略は、減税を支持するすべての人々を、競争相手としてではなく、味方として、同じ側に置いておくものである。

タックス・ミー・モア・アカウントを提供

第二に、すべての州は「タックス・ミー・モア」アカウントを制定した8州に倣うべきである。これによって、政府が自分たちよりも上手にお金を使えるという左派に賛同する市民は、言ったことを実行するか、黙っているか、どちらかを選ぶことができる。

政府が自分たちのお金を一番うまく使えるのなら、なぜ共和党の知事や州議会が要求するケチな金額しか払わないのか？　なぜもっと使わないのか？

タックス・ミー・モア・アカウントは、州所得税の申告書に「私の税金は安すぎると思うので、私よりもっと賢く使ってくれると信じている州政府に追加でお金を送りたいのです」という追加の行を書くものである。

増税に賛成する政治家は、タックス・ミー・モア・アカウントに寄付しているかどうか尋ねられるべきだ。自分は政府にもっと税金を送るべきだとは思わないが、皆さんはそうすべきだと思っている政治家は、非常に興味深いことを言っているのだ。

現在、タックス・ミー・モア・アカウントがあるのは、アーカンソー、マサチューセッツ、カンザス、ミネソタ、モンタナ、ニューハンプシャー、オクラホマ、バージニアの各州である。マサチューセッツ州の場合、所得税申告書にそのオプションが記載されている。他の州では、納税者が自由に送金できる口座がある。

代表なくして課税なし

第三に、国や州の指導者たちは、「投票できない人に税金をかける」という絶え間ない誘惑に目を光らせるべきである。政治家はホテルやレンタカーに税金をかけるのが大好きだ。ニューヨークの政治家たちは、ニューヨークの有権者はほとんどニューヨークのホテルに泊まらないことを知っている。彼らは自宅で暮らすのだ。ロサンゼルスからの観光客やビジネスマンがこの税金を払っている。もちろん、ニューヨーク市の納税者がロサンゼルスを訪れると、ロサンゼルスの政治家たちはホテル税やレンタカー税で搾取する。ニューヨーカーは次の選挙で彼らに反対票を投じることはないのだ。

この相互カツアゲ社会を止める唯一の方法は、連邦政府が現在、州や地方政府による差別的な課税から鉄道やパイプラインを保護している「4R」法を延長することである。ユタ州は、州内を通過する鉄道やパイプラインが、莫大な費用をかけない限り、移動させられそうにないことに気づいている。鉄道やパイプラインは、他州の有権者が所有していることが多いからだ。そのため、ユタ州の農家や住宅所有者よりも高い固定資産税を鉄道所有地に課す誘惑に駆られているのだ。このような政府による藪蛇行為を阻止するため、連邦政府は鉄道やパイプラインの資産に対する差別的な課税を禁止する法律を可決した。これはホテル、レンタカー、電気通信にも適用されるべきだ。税負担を隠したがる国や地方自治体のすべての対象だ。これにより、どの州でも鉄道会社や電話会社の資産や売上に対して、他の州と同じ税率で課税することができるようになるが、高い税率で課税することはできなくなる。

現在のインターネット接続料に対する差別的課税の禁止は、州や地方自治体が差別的課税で州間通商を阻害することから市民を守る例である。

インターネットでの販売には課税しない：eBay に手を出すな

第四に、州境の反対側にいて略奪者に反対票を投じることができない人々に課税しようとするもうひとつの努力は、インターネットやカタログ販売に課税しようとする州による絶え間ない試みである。現在の法律では、州が課税できるのは、その州に本社を置き、その州に「ネクサス」となる店舗や工場を持つ企業に限られている。アラバマ州に住んでいて、メイン州に本社を置くL．L．ビーンからオンラインまたはカタログを通して購入した場合、「ネクサス」はなく、アラバマ州はL．L．ビーンに対し、あなたの購入品にアラバマ州の売上税を課税するよう要求することはできない。これは公平なことである。L．L．ビーンはアラバマ州から何のサービスも受けていない。UPSがあなたの注文を配達するとき、UPSは使用する道路のガソリン税を支払う。

もしノースダコタ州や他の州が、L．L．ビーンやアマゾンに徴税を強制することを許せば、その腐敗は想像に難くない。州政府が州内の企業をどのように酷使しているかを考えてみよう。そして、州内に労働者や有権者がいない企業に対して、どれだけ手荒なことができるか考えてみてほしい。州外の小売業者は、州が数万ドルの売上税を本当に支払う義務があると信じていることを示唆する書簡を受け取るかもしれない。彼らは、ノースダコタの裁判所でこの問題を争うために、ノースダコタの弁護士に数十万ドルを支払うか、雇うことができる。もちろん、ノースダコタ州の税務署長が上院議員選挙に出馬を考えていることを説明する手紙が届くかもしれないし、裏金について延々と書かれた厳しいメモを受け取った会社が上院議員選挙キャンペーンに寄付をするだけで、前の手紙は「使えなくなる」かもしれない。

ここには、自分たちが「負け犬」州に住んでいると考えている政治家たちが、自分たちの州から引っ越した人々や、決して引っ越してこようとも思わない人々に課税する方法を探している姿がある。自州のビジネスが健全に成長し、「負け犬」州のターゲットになりそうだと確信している州であればあるほど、政治家たちはこのような州境を越えた襲撃を許すような規則を推し進めることに賛同しない。

法人税率の引き下げ

第五に、フラット・タックスを実現し、すべての所得に対する二重課税を減らす努力をする一方で、法人税を現在の35％という高率から、ヨーロッパの平均的な法人税率である25％に引き下げることから始めることができる。雇用と富を生み出す企業に25％の税金をかけるのは馬鹿げているが、35％ならもっと馬鹿げている。かつてヨーロッパの法人税率は平均38％だった。今ではドイツでさえ最高税率を40％から30％に引き下げている。私たちはまず、国際競争において自国企業の足を引っ張らないようにすることから始めるべきだ。[35]

外国人徴税人とは協力しない

第六に、フランスの徴税人たちから、彼らの仕事を代行してほしいという要請に抵抗すべきである。現在、米国では外国人投資家に課税していない。推定2・2兆ドルをアメリカに投資してくれるのであれば、彼らに課税したり、彼らがどこの国から来たかについてくだらない質問をしたりする必要はない。フランス人はアメリカに投資しているフランス人のリストを欲しがっている。彼らがアメリカへの投資にフランス税を払いたいかどうかを確認するためだ。

アメリカは、雇用と富を生み出す投資にとって世界で最も友好的な国になるべきだ。外国人投資家を追い出したり、アメリカ人投資家を追い払ったりして、彼らのお金を他に回させるようなことはすべきではない。フランスが自国民を不当に扱いたいのであれば、我々は彼らを助けるべきではない。

投資信託は放っておけ

第七に、アメリカの世帯の52％が株式を保有している。アメリカは毎年、投資信託を構成する様々な株式に発生するキャピタルゲインに課税していることを知り、彼らは失望している。ミューチュアル・ファンドに毎年蓄積されるキャピタルゲインに政府が課税しないようにする法案が提出されている。キャピタルゲイン課税を廃止するまでは、投資信託を売却してキャピタルゲインが発生したときにのみ、課税されることになる。

インフレに対するキャピタルゲイン課税の廃止

第八に、今日、土地、家屋、建物、保有株式に対してキャピタルゲイン税を支払う場合、実質的な価値の上昇と、その資産を購入してからのインフレに対して税金を支払っている。インフレ・ゲインへの課税を廃止しようという動きがある。マイク・ペンス下院議員とエリック・カンター下院議員によって、財産の評価額をインフレ率に連動させ、実質的な値上がり益に対してのみキャピタルゲイン税を支払うという法案が提出された。これにより、キャピタルゲインへの課税は実質的に半減することになる。

もっといいのは、ブッシュ大統領が大統領令によって一方的にこれを行うことだろう。裁判所は、行政府が条約や法律で〝コスト〟という言葉を定義する場合、歴史的コスト、実質コスト（歴史的コストにインフレ率を加えたもの）、あるいは単に正当な理由があれば代替コストと定義することもできるとしている。これは、野党が握る議会であってもブッシュがなしうる革命的な変化である。もちろん、ブッシュはこれを前向きに行うだけでなく、過去にさかのぼって行うこともできるし、そうすべきだ。そうすれば、価値のある土地や家を持ち、インフレのせいで価値が急上昇した農家や住宅所有者は、政府が作り出したインフレに税金を払う必要がなくなる。住宅所有者、地主、中小企業家、株主は、ブッシュを聖人にするだろう。

関税は税金であることを忘れるな

第九に、すべての自由貿易協定は減税である。関税は単に国境で課される税金である。アメリカの消費者に課される税金なのだ。政治家たちは、関税は外国人が支払っているように見せかけたがるが、実際には、アメリカ政府が課す関税はすべて、私たち消費者が物価上昇という形で支払っているのだ。自由貿易は、ラテン語で税金を下げることを意味する。

企業のキャピタルゲインに対する35%の税率を引き下げる

第十に、レーガンは、キャピタルゲイン課税と「通常の所得」に対する税率との差をなくすという後手後手のミスを犯したが、キャピタルゲインに対する個人税率を28%に、法人キャピタルゲイン税率を35%に引き上げた。

個人のキャピタルゲインに対するキャピタルゲイン税を20%、さらに15%へと引き下げようという素晴らしい努力が行われているにもかかわらず、企業のキャピタルゲイン税率は35%にとどまっている。もし法人キャピタルゲイン税率が個人税率と同じ15%に設定されれば、8千億ドルの固定資本が解放されるはずである(36)。

第5部

健全な政策は健全な政治

「何をすべきか」

――ウラジミール・レーニン

第20章　支出：何が間違っていたのか？

「放っておいてくれ連合」には、税制に関する明確な戦略がある。決して増税はしない。機会があれば減税し、消費所得に一度だけ課税する、一律のフラットタックスに移行する。

増税反対は、国、州、地方レベルの政府支出を改革し削減するための第一歩である。増税反対や新税阻止は歳出改革の第一歩に過ぎないが、必要な第一歩である。政治家は、既存の支出をすべて所与のものとし、今年の新規プログラムを加え、その合計額の請求書を納税者に送るだけでいいと思っている。もし増税が許されないのであれば、これまでの決定を検証し、さまざまな支出プログラムに優先順位をつけ、どのプログラムを削減、廃止、改革するかを決定しなければならない。政治を行い、現実的な決断を下すか、単に増税を行うか。当然のことながら、ほとんどの政治家は2番目のドアを好む。

増税を阻止できるほど、「放っておいてくれ連合」が強くなって初めて、彼らは選挙で選ばれた政治家に現実的な統治を要求できる土俵に立てるのだ。

では、支出面ではどうだろうか？

あまり芳しくない。ブッシュ政権の最初の5年間で、政府支出は2001会計年度の3・1兆ドルから2006会計年度には4・1兆ドルに増加した(1)。

2001年6月から2003年1月までの20ヵ月間、民主党が上院を支配していた時期を除けば、共和党はホワイトハウスに加えて上下院でも多数派を占めていた。この時期は「どこにも架けられない橋」の時代でもあった。何十億ドルもの「使途指定支出」があった。10年間で7460億ドルというメディケアパートDプログラムの創設による、メディケイド以来の大規模な新給付プログラムの創設、10年間で2千億ドルという農業補助金プログラムの復活、そして「初等中等教育改正法」の実験によって、合衆国憲法ではあまり言及されることのなかった教育への連邦政府の支出は、2000年から2007年にかけて308億ドル(92%)増加した。

一体何が起こったんだ?

1995年1月に共和党が上下両院の多数党になったとき、連邦政府支出は国内総生産(GDP)の21・7%を占めていた。共和党議会が6年続き、民主党のビル・クリントンがホワイトハウスに在任した後、連邦政府支出はGDPの19%にまで低下した(2)。

その原因は2つある。連邦政府支出の伸びが適度に抑制されたことである。1988年から1994年まで、連邦支出は年率5・4%で増加していた。

グラフは1983年から2006年までの年間連邦支出増加を示している。

1994年から2000年までの6年間で、連邦政府支出は年率3・4%増加した(インフレ調整なしの名目ドル)。1994年11月のダウ工業株30種指数は3830で、クリントン当選時

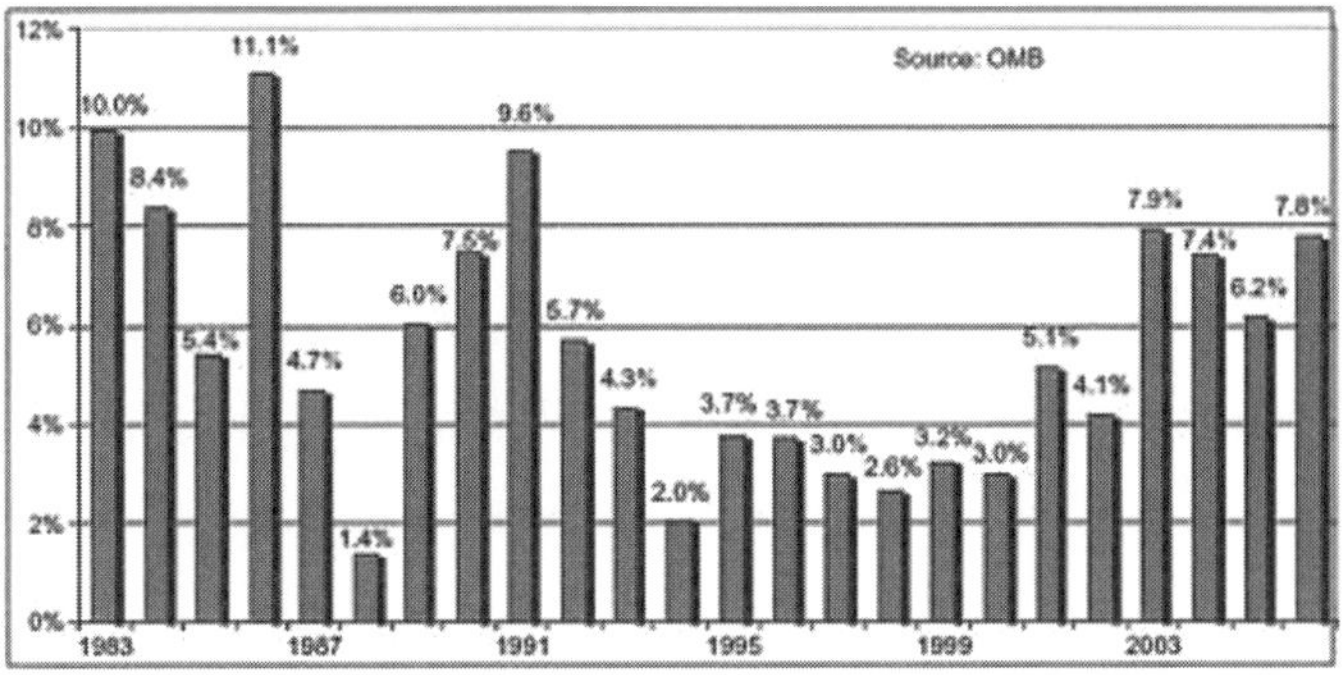

の3252からわずかに上昇し、株式市場の歴史的な年間成長率に一致した。共和党が勝利したことで、ビル・クリントンと民主党議会が一気に医療を国営化したり、再び増税したりする可能性がなくなると、株式市場は上昇を始め、1995年11月には4852ドル（27％上昇）、1996年11月には6219ドル（1994年11月比62％上昇）まで上昇した。

1997年、共和党議会はキャピタルゲイン税を28％から20％に引き下げることを可決した。クリントンは1997年8月4日にこの法案に署名した。経済成長率は1997年4・5％、1998年4・2％、1999年4・5％、2000年3・7％であった。

株式時価総額は、キャピタルゲイン減税が成立した日の9兆ドルから、2000年1月には13・8兆ドルに増加した[3]。

若干の歳出抑制とキャピタルゲイン課税の成長促進税率引き下げにより、経済全体に比べて政府の経費は削減された。納税額は経済成長率を上回るペースで増加し、財政は黒字化した。

ビル・クリントンが大統領に就任したとき、連邦政府の支出は経済全体の22・8％だった。もしブッシュ政権下でこの減少傾向が続いていれば、2008年までに連邦政府は国民経済の

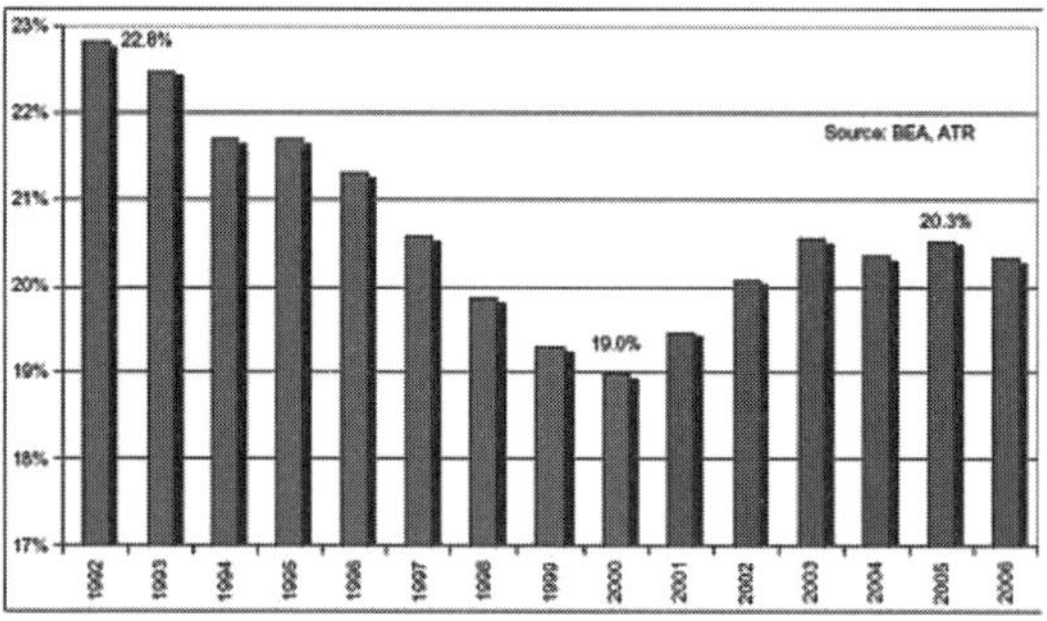

Total Federal Spending as a Percent of GDP

15%にまで縮小していただろう。これは、25年後に政府のコストを経済成長率で半減させるという目標に向けた現実的な前進であっただろう。(4)

その後、2000年11月8日にブッシュ大統領が選出され、その後の6年間はほとんど共和党の上下院が続いた。この6年間で、国民経済に占める連邦政府の支出の割合は19%から20・3%に上昇した。これは進歩ではない。後退したのだ。

もちろん、納税者が負担するのは連邦税だけではない。州税や地方税、そしてあらゆるレベルの政府が課す規制のコストも負担している。

政府の税金と規制の総費用は、連邦政府の支出増に追随した。一体何が起こったのか？　共和党が政権を取り、政府の規模が拡大したのだ。

なぜ、どのように？

さらに悪いことに、これは景気拡大期に起こったことであり、歴史的に見れば、経済に占める支出の割合は低下しているはずである。

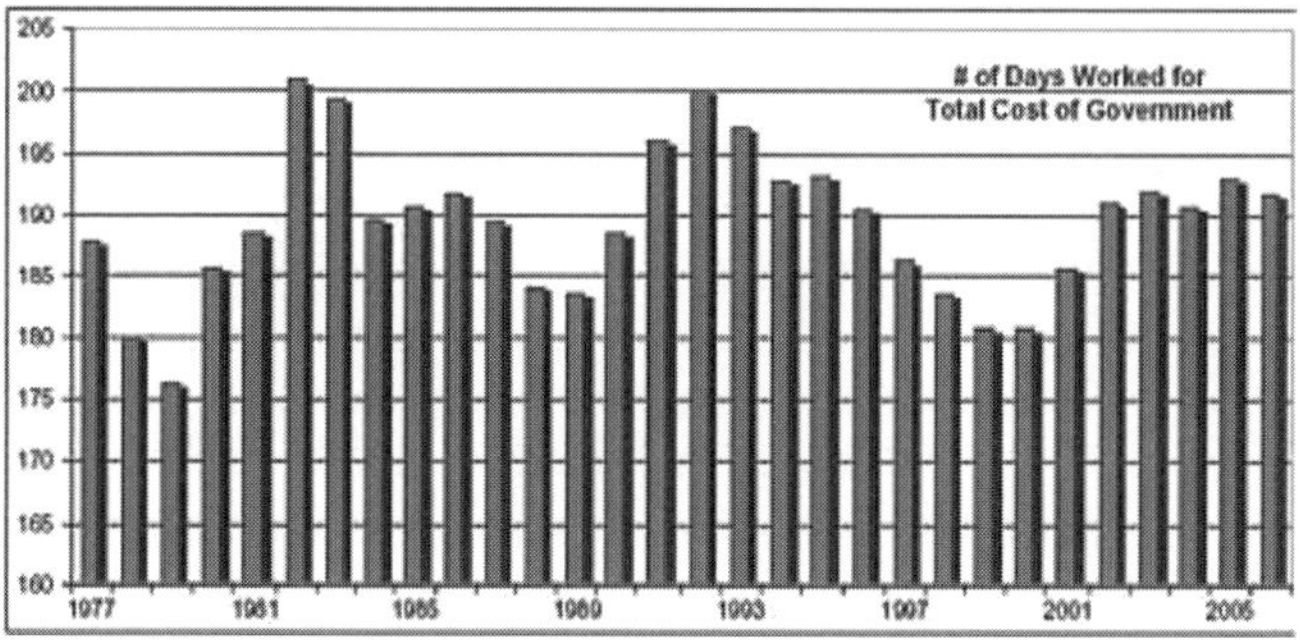

しかし、２０００年から２００８年の間に費やされた金額や無駄になった金額について泣き言を言っている暇はない。もし何も変わらなければ、かなり厄介な亀裂に向かうだろう。

ベビーブーム世代が高齢になり、退職し、慢性的な病状になるにつれ、社会保障、メディケア、メディケイドへの支出は増加する。社会保障、メディケア、メディケイドのビッグ３への支出は、２００６年には経済の８・７%だったが、２０３０年には15・２%、２０５０年には19%に増加する。

経済に占める連邦政府支出の割合は、過去40年間、20%前後で比較的安定している。連邦法、現在の人口統計、現在投入されている権利支出に変化がなければ、連邦政府支出は２０２０年までにＧＤＰの22%、２０３０年までに25%、２０４０年までに27・６%に増加する。[5]

私たちは、現在経済の50%を政府に費やしているフランスを馬鹿にしている。州や地方の支出はＧＤＰの12%であり、これが経済に占める割合が増加しないと仮定すると、連邦政府の支出は２０６０年にはフランスと同じ状況になる。

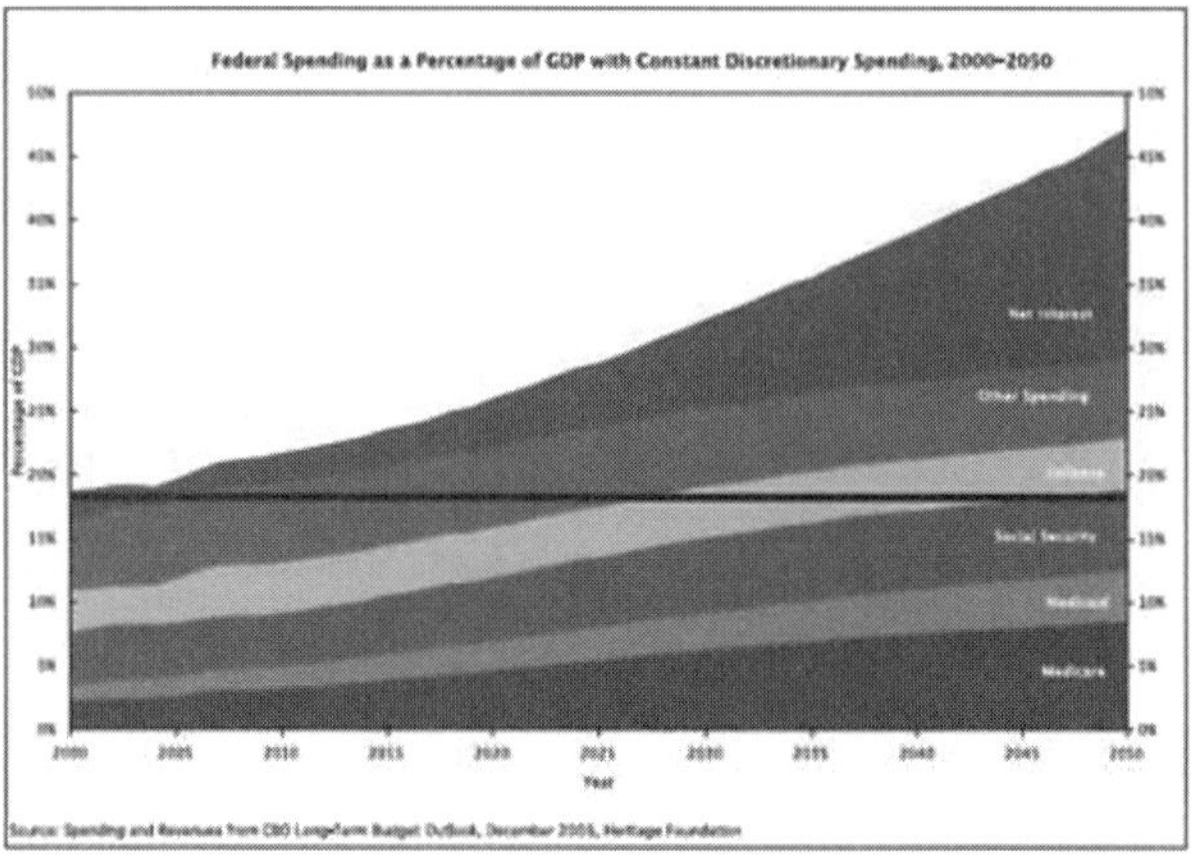

大きな政府の重荷は、経済成長を遅らせ、若い起業家を官僚に変え、どういうわけか、石鹸不足を引き起こし、女性が美しくなくなる。

「放っておいてくれ連合」にとって、歳出に関する課題は明確だ。民主党は、この迫り来る支出爆発を回避または削減するためのあらゆる努力に反対するだろう。民主党には２つの選択肢がある。第一の選択肢は、欧州の超大型政府のように増税するよう共和党を説得することだ。そうすれば、低税率政党としての共和党の信頼は失墜し、共和党は民主党に代わる真剣な選択肢ではなくなるだろう。

これは、１９５０年代と１９６０年代の共和党が演じた「福祉国家のための徴税官」としての役割への回帰である：アイゼンハワーはニューディールの資金をそのまま確保したいがために減税に反対し、ゴールドウォーターはワシントンへの資金流入を維持するために１９６４年の減税に反対票を投じた。

共和党が自らを、民主党が設計し、最終的には民主党が運営する福祉・戦争国家の「財政に責任を持つ」

守護者と見なすことを拒否したことで、世界は一時的にひっくり返った。

もし現代の共和党がチャーリー・ブラウンからルーシーまで演じることを拒否し、増税のための歳出削減というトリックに再び引っかからないなら、民主党にとっての第二の選択肢は、歳出危機の拡大を容認し、残された既成のマスコミと協力して、共和党に責任を全面的になすりつけることだろう。

遠い第3の選択肢は、民主党が政権を獲得し、自ら増税してアメリカをヨーロッパの社会民主主義国家に変えることである。この第3の選択肢は、1993年から1994年にかけて行われた、まだ政府によって運営されていない医療の半分を国営化することによってアメリカの福祉国家を拡大しようというキャンペーンに少し似ている。直近ではそれは首尾よく運ばなかった。

すべての努力はオプション1に注がれる：アンドリュース空軍基地の策略だ。共和党を「赤字削減」の交渉に参加させる。これは、「今後爆発的に増える支出を賄うために増税する」という意味である。共和党に増税の責任を分担させる。

民主党の戦略は決まっている。アイゼンハワーの時もそうだった。ゴールドウォーターにも成功した。それはブッシュにも同様だった。

ブッシュが、レーガンが1981年の成長促進減税の後に一連の小幅な増税を容認したことを見ていたなら、彼が失敗から学ばなかったことは更に不可解なことだ。

彼を擁護すると、レーガンは最初に大幅な税率引き下げを可決したが、その後に軍備増強を行うために、国内支出を行うように恐喝されたのだ。

ただし、ブッシュは、レーガンが1982年、3ドルの歳出抑制を約束（実現はしなかったが）する代わりに1ドルの増税をしたことが、大統領の任期中の最大の過ちであったと認めたことに注目すべきだった。

増税は食い尽くされたが、歳出削減は実現しなかった。遅まきながら、ジョージ・Ｈ・Ｗ・ブッシュは学んだ。２００4年9月11日のトゥルーディ・フェルドマンとのインタビューで、彼は「増税は私の最悪の決断だった、経済のせいで選挙に負けたと思う」と認めた。(6)

増税と引き換えに歳出抑制を約束するのは常套手段だ。冷静になれば、共和党員は皆、こんなことには絶対に引っかからないと主張する。しかし、民主党にとっては唯一の良い選択肢なのだ。やってみるしかないのだ。

民主党の戦略は、マジノ線のように明白で回避可能なものだ。では、共和党はどうすればこの完全に予見された罠を回避できるのだろうか？

その第一歩は、なぜ政府の支出超過がレーガン主義共和党の長年の弱点であったかを理解することである。

総支出について誰も投票しない

「放っておいてくれ連合」が会合を開いているところを思い浮かべてほしい。テーブルを囲むのは、自分たちのビジネスは放っておいてほしいと願い、政府の支出も減らしてほしいと願うビジネスマンやウーマンたちだ。その隣には、減税を望んでブッシュに投票した納税者がいる。彼らもまた、全体的な支出を減らすことを望んでいる。それから、銃規制を恐れてブッシュに投票した銃所有者たちもいる。不動産所有者、ホームスクーラー、さまざまな信仰共同体も同様だ。「放っておいてくれ連合」の誰もが、歳出の削減を望んでいる。

しかし、この問題で票を動かす人はいない。政治的には、それぞれのグループや個人にとって二次的な問題なのだ。反銃規制や反増税の傾向を反映し補完するような、反支配的な投票集団は存在しない。このことは、レーガンやブッシュが歳出削減に失敗したことの説明にはなる（弁解にはならないが）。

ブッシュ政権時代、税制問題に投票する人が「結婚ペナルティを減らし、子供一人当たりの税額控除を増やし、すべての人の所得税の限界税率を引き下げた2001年の減税、は有難い。更に、2002年の事業税減税、キャピタルゲイン税率の引き下げ、2003年の配当所得に対する二重課税の半減、2004年の減税、2005年と2006年の減税、そして2006年の死亡税廃止寸前まで追い詰めた減税にも感謝する。しかし、ところで、俺はもうお前の過剰支出にはうんざりしている。この肥大化した財政破綻者め。だからこれからは、お前の減税すべてに反対した民主党に投票する。それか、お前の歳出問題に失望して家に閉じこもり、民主党が上院か下院で勝利して将来の減税を阻止するのを許すかもしれない。」と言うのは少し難しい。

共和党の大統領や議会指導者の主要な問題に満足している有権者が、二次的な問題に飛びつくことはありえない。連邦政府の支出が二次的な問題であるというのは、それが重要でないという意味ではない。非常に重要である。しかし、ほとんどの中道右派の有権者にとっては、主要な票を動かす問題ではない。

私は、増税反対の公約で成功したことを繰り返すために、歳出問題で「納税者保護の公約」を作るよう促されている。支出に関する公約をどのように作ればいいのだろうか？「多すぎる支出に反対することを約束します」？どの程度が多すぎるのか？誰が決めるのか？納税者保護の公約の威力は、その明確で二律背反的な性質にある。政治家が増税に賛成か反対か。賛成か反対か。ヒーローかクズか。敵か味方か。コインは決して端に落ちない。

説明責任なし

議会は、お金を使いすぎるかどうかの採決を行うことはない。予算全体の採決でさえほとんど意味がない。ブッシュ政権は、予算を上程したふりをし、何年もイラクに駐留している10万人の米軍兵士の給与や装備品などの「予期せぬ」費用を支払うために、後から「緊急」支出要求をしてくるという戦略を完璧にこなしている。洪水、干ばつ、ハリケーンは毎年起こることだが、予算にはいつもサプライズがある。

もしワシントンDCにロープを持ち込んで、金を使いすぎた責任者を吊るすとしたら、誰を吊るすだろうか？

下院はある予算に賛成した。上院議員は、異なる総費用で他のものに資金を提供することに投票した。そして予算の各部分は別々に可決される。そして驚くなかれ、細々としたものをすべて足し合わせると、総額は約束よりも大きくなる。歳出法案が最終的に上下両院で可決されると、年初に可決されたものとは似ても似つかないものになる。

どんな議員でも、正直なところ、歳出法案に盛り込まれたものの大部分、あるいはほとんどに反対したと言える。誰もがボールに触れたが、最後に触れた者はいない。そして、まるで別物の総費用となった別物の支出優先事項集を提出した大統領は、歳出法案全体に署名するか、拒否権を発動するかを決める。項目ごとの拒否権はない。法案を丸呑みにするか、飢え死にするかだ。まるで、歳出総額の責任を誰にも問えないように、予算計上プロセスが設計されているかのようだった。

従って、中道右派にとっての第一の課題は、予算全体に対する有能で信頼できる集中的な圧力がないことである。鶏小屋を守る者がいないのだ。元々ベジタリアンだったキツネでさえ、時が経つにつれてこのことに気付くことになった。

赤字ではなく、支出である

第二の課題は、生命保護、納税者、死亡税問題の運動家とは異なり、歳出制限の勢力が言葉の主導権を手放したことである。1950年代、永世少数党の中の永世少数党であった共和党保守派は、連邦支出に反対して戦った。しかし、自分たちの大義は多数派の支持を得られないと、おそらく正しく確信していたため、彼らは「赤字支出」を標的にし、借金を嫌う厳格な人々全員を味方につけようとした。「赤字」は修飾語ではなく強化語であった。つまり、「本当に悪いもの」という意味だった。

これに対してリベラル派は、赤字は無意味だと主張し、私たちは自分たち自身にお金を借りていると主張した。（リベラルな国債所有者にとっては、その通りだった。）国家権力と政府支出を拡大しようとする左派は、ケインズ主義と呼ばれる理論を持っていた。この理論は、政府の赤字支出１ドルごとに経済が強化されることを、かわいらしい小さな方程式で証明した。政府による赤字支出には「乗数」効果があった。皆さんから１ドルを取り、政府を通して１ドル半を支出することで、実際に私たち全員が豊かになった。それは経済にとって良いことだった。政府はまた、紙幣を増刷することで、私たち全員をより豊かにすることもできるはずだった。

しかし、大インフレと１９７０年代の不況は、ジョン・メイナード・ケインズへの熱意に穴をあけた。（ケインズはマルクスが死んだ１８９３年に生まれたが、彼の理論は共産主義が破綻する10年前に崩壊している。愚かな理論はすべて死んでしまうのだ）。

１９８０年代までに、民主党は赤字が実際には非常に悪いものであることを知った。しかし、過去20年間、赤字支出を呼びかけてきたことを謝罪する時間はなかった。新たに発見された赤字反対は、都合のいいことに、ロナルド・レーガンと彼の減税に反対するための重要な武器となった。何よりも、民主党はもはや増税を要求する必要はない。今、彼らは（実際には、より高い税によって）赤字を減らす側に立っているだけだ。民主党は賢明にも、「赤字支出」という共和党の定式化から「支出」という言葉を削除し、低税率による「赤字」の悪弊に焦点を当てる戦いに戻った。

１９５０年代と１９６０年代の民主党は、政府支出の増加を主張するために赤字を擁護していた。そして１９８０年代、ロナルド・レーガンとジャック・ケンプが「赤字」は問題ではないと主張したとき、彼らは減税を守ろうとしていた。

これは、民主党と共和党がともに〝赤字〟を非難しているのを耳にした多くのアメリカ人にとって、非常に紛らわしいことだった。シーザーもポンペイも「ローマのため」に戦っていたのだ。テキサス出身の大きな耳の持ち主、ロス・ペローは、両党が連動して赤字反対を叫びながら、別々の方向に向かっていることに狼狽し、実際に大統領選に出馬して予算の「中身を精査して」すべてを立て直すと約束した。しかし、共和党と民主党の意見は一致していなかった。共和党は赤字支出に反対した。つまり、支出を減らしたかったのだ。民主党は財政赤字に反対、つまり増税を望んでいた。

そして1995年、新たに選出された共和党議会は連邦支出の伸びをほんの少し鈍らせ、ビル・クリントンが公言していた医療や私的年金の国営化、さらなる増税計画に歯止めをかけ、キャピタルゲイン税を引き下げた。景気は上向き、連邦予算は黒字となった。そして、めったにない明瞭な瞬間が訪れた。共和党は民主党を挑発した：「あなた方は、赤字だから減税に反対すると言った：黒字になった今、減税を支持するのか？」

民主党は「違う、違う」と答えた。「我々は嘘をついていた。我々は常に減税に反対している。赤字でも黒字でも。ただしくは均衡すること、問題ない。我々は増税と政府強化を支持しているのであって、減税を支持しているのではない」。

民主党は「おい、共和党。お前たちは、赤字を理由に魅力的な国内支出プログラムへの支出に反対だと言ったじゃないか。この素敵な黒字を手に入れた今、新たな歳出プログラムの成立に協力してくれないか？」と熱弁した。共和党はこう答えた。「黒字であろうと赤字であろうと、これ以上の支出には反対だ。それがフランスからの無償資金提供であったとしても、我々はこの支出に反対するだろう。」

そして1990年代後半の数ヶ月間、焦点は支出に絞られた。経済に占める支出の割合は低下した。1994年の21％から2000年には18・4％にまで低下した(7)。

2001年1月、次期ブッシュ政権は、連邦政府にとって重要な唯一の指標、すなわち連邦政府が国民経済に占める支出額、GDPに占める連邦政府の支出額の割合に注目する絶好の機会を得た。これ（プラス連邦政府の規制コスト）が連邦政府の真のコストである。

赤字は常に余興である。連邦政府がどれだけのお金を使い、どれだけのお金を力ずくで奪っているのかという、重要で興味深い2つの数字の間の、どうでもよくて興味のない差である。総支出と総課税の差額が赤字である。どうでもいいことだ。

政府の総支出は、実体経済から引き出され、政治家が消費者主導ではなく政治主導の決定に費やした金額である。そのお金が取られたのか借りたのかは問題ではない。使われるのだ。

思考実験として、連邦予算全体が100ドルだとしよう。その100ドルは民間セクターには使えない。100ドルの予算を賄う一つの方法は、90ドルの税金と10ドルの借金である。この場合、10ドルの「赤字」となる。

民主党と全国メディアが、増税によって10ドルの赤字を解消するよう要求したとしよう。いいだろう。これで10ドル増税され、100ドルの予算は100ドルの税金で賄われる。赤字はゼロだ。

政府が10ドルを借りる必要がなくなったから、資本市場を助けることができたのだろうか？いいや、その10ドルは民間部門から消えたままだ。借りたのではなく、奪ったのだ。

結局のところ、政府の総支出（プラス連邦政府、州政府、地方政府の規制負担のコスト）が政府の真のコストなのだ。財政赤字はせいぜい、国民に課税する政府の能力や意思よりもコストが先行していることをまざまざと思い知らされる程度である。

正しい指標：経済に占める政府支出の割合

ブッシュ政権の最大の戦略ミスは、経済成長率に占める政府支出の割合に焦点を当てなかったことにある。これが彼らの進歩を測る重要な数字だったはずだ。その代わりに、2004年の選挙を前に、行政管理予算局のジョシュ・ボルトンは、ブッシュ政権の目標は5年間で連邦赤字を半減させることだと発表した。(8) ジョージ・ブッシュは2004年の一般教書演説で、この目標を確認した。(9)

中道右派の主な関心は別のところにあるため、選挙で選ばれた議員に支出を抑制するよう外圧をかけることはできない。共和党の党首は、歳出全体の抑制は目標ではないと表明する。彼は支出全体ではなく、財政赤字に焦点を当てている。アメリカが連邦政府の支出に問題を抱えているのは当然だろう。

赤字の部分に注目するのは、氷山の見える部分、つまり水面上にある10分の1に執着するのと同じことだ。もちろん、タイタニック号は雪に覆われた氷山の見える部分には衝突しなかった。タイタニック号は、水面下にある氷山の致命的な部分によって引き裂かれたのだ。同様に、経済に与えるダメージは、財政赤字によってではなく、政府支出の総規模によってもたらされる。

冷笑的な評論家によれば、ブッシュ政権は、2003年の成長促進減税によって経済が成長し続ければ、歳出が増え続けても財政赤字は確実に縮小することを熟知していた。彼らは、歳出抑制を強く打ち出さなくても、自分たちの目標はどうせ実現するとわかっていたことだと主張したのだ。2006年10月11日、ホワイトハウスで大統領が大々的に記者会見し、赤字が予定より3年早く半減したのは、まさに予想通りであった。[10]

トリビアの質問だ：2006年11月8日に国政選挙があった。税収増のおかげで財政赤字が半減したというこの素晴らしいニュースから1ヶ月も経たないうちにである。アメリカ国民は、財政赤字の減少に対してどのように感謝の意を表したのだろうか？

ブッシュが政権の目標を、総支出を無視して財政赤字に一点集中することだと確認したとき、それは巧妙な手品でもミスディレクションでもなかった。彼らは敵に力を与え、自らに手錠をかけたのだ。

問題が「支出超過」と正しく定義されれば、中道右派が話題と政治的議論を完全に掌握する。連邦政府の支出を誰がコントロールできるかを争点にするのであれば、民主党は共和党に太刀打ちできない。たとえ非常に悪い日であっても、無能な共和党議員による中途半端な努力は、常に間違った方向に進んでいる民主党議員を凌駕する。

環境問題や教育問題など、共和党はせいぜい無関心で、民主党は熱心であることを「誰もが知っている」のと同じように、政府支出問題は有権者の頭の中であらかじめパッケージ化されている：共和党は善、民主党は悪。国民がこのような支出傾向の違いを感じるのには、十分な理由がある。2006年、全米納税者連盟の報告によると、共和党の下院委員長は平均101億ドルの連邦支出増を提案した。民主党の委員長候補たちは、9312億ドルの支出増を提案した。[11]

しかし、もし共和党が国民の関心を歳出から財政赤字にすり替えるような愚かなことをすれば、民主党は再び土俵に上がることになる。支出超過に対処する方法はただ一つ、支出を減らすことだ。赤字に対する答えは2つある：支出を減らすか、税金を増やすかだ。そして民主党には、増税を望ましい選択肢として後押しする、既存のマスコミやさまざまな支出ロビーに味方がいる。

CBSとテッド・ケネディが「赤字」についての議論を望む理由は理解できる。しかし、レーガン主義の共和党員がこのような議論をするのは、知的に不誠実であり、ワシントンでは自殺行為である。

政策的にも中道右派の政治的にも正しい焦点は、赤字よりも支出に焦点を当てるだけでなく、「経済に占める政府支出の割合」にレーザーのように焦点を当てることである。なぜか？　政府の大きさと、それを担わなければならない経済の大きさを比較することによってのみ、政府が大きすぎるかどうかを理解することができるからだ。1兆ドルの政府は、10兆ドルの経済にとっては大した問題ではないが、2兆ドルの経済にとっては大問題なのだ。

経済に占める歳出の割合に注目する第二の理由は、左派を困難な状況に追い込むことだ。経済に占める支出の割合を減らすには、2つの方法がある。ひとつは歳出の伸び率を下げること、もうひとつは減税によって経済成長を促進し、分母を大きくすることだ。「もっと寄こせ連合」の支配下にある現代の民主党は、支出抑制と成長促進政策の両方に反対せざるを得ない。

経済規模に占める政府規模の割合を減らすにはどうすればいいのか？　共和党は成長促進減税

の数々を提案している。また、「もっと寄こせ連合」のお気に入りである慈善団体への資金援助も惜しまない。民主党は、成長促進や歳出削減の方法について何も答えていない。

良い政策は良い政治である。その逆もまた然りだ。

さて、どうする？　どこで間違ったのか、どうすればもっと良い議論ができるのかを知るのは良いことだ。しかし、われわれはまだ線路の上を走っていて、財政支出の暴走と人口の高齢化は避けられない。では、どうする？

２００６年の選挙は警鐘だった。「放っておいてくれ連合」は賢明にも、増税にノーと言うことに重点を置いている。これが第一段階だ。第2段階は、政府支出を削減することだ。

ロナルド・リーガンやジャック・ケンプが、機会あるごとに減税を行うという現在の共和党の立場に導いたように、オクラホマ州のトム・コバーン上院議員やアリゾナ州のジェフ・フレーク下院議員のような、「私たちを放っておいて連合」の新たなリーダーたちは、支出を制限することに重点を置いている。

もし「もっと寄こせ連合」が、その指導者たちを支出リハビリに送り込むのであれば、その12のステップの最初のステップは、議員たちが自分の選挙区に特定の支出を指示する「イヤーマーク」（利権誘導）を廃止することである。つまり、どこにも架けられない橋、母校への助成金、地元の図書館や博物館、公立学校のプールへの資金援助などである。

イヤーマーク：連邦予算の割れ窓

確かにイヤーマークそのものが問題なのではない。イヤーマークには何百億という費用がかかり、問題は何兆という単位で測定される。しかし、イヤーマークは連邦予算の割れ窓である。近所で窓ガラスが割れた建物を見ても、誰も気に留めないように、この地域の財産は大切にされていないことに気づくように、議会が数千ドル、あるいは数百万ドルの税金の政治的支出を容認しても、何十億、何兆ドルの支出を取り締まることはできないだろう。もし議員たちが、友人や選挙サポーターに万引きした小額の助成金を持ってドアから出て行くのに忙しかったら、彼らは本当に大窃盗罪で予算警察を呼ぶだろうか？

イヤーマークの廃止は、いくつかの理由から重要な第一歩である。幼稚園の頃に初めて出てきて、当時は正論ではなかった「みんなやっている」という議論を排除することができる。第二に、イヤーマークは議会指導部が議員や上院議員に、そうでなければ支持しない法案に投票させるために使うもので、賄賂であることが多い。イヤーマークは、農業法案や高速道路法案、メディケアの拡大など、高額すぎる法案に賛成する共和党議員に与えられるものだ。つまり、本当に大きな支出を促すための小さな賄賂なのだ。民主党にとってのイヤーマークは、自由貿易や国防予算への支持を買うことかもしれない。（確かに賄賂だが、健全な政策のための賄賂だ）民主党議員にはいくつかのイヤーマークが必要かもしれないが、共和党議員にはイヤーマークは必要ない。

そして、「放っておいてくれ連合」のメンバーは、イヤーマークがほとんど常に地方自治体や大学への補助金であることを忘れてはならない。共和党員が自分の選挙区にイヤーマークを送ることは、「もっと寄こせ連合」に資金を提供していることになる。なぜ私たちは、共和党の議員たちが「放っておいてくれ連合」で働く男女に課税し、その現金を「もっと寄こせ連合」に送ることを容認しなければならないのだろうか？　このような自滅的な行動をとる共和党議員は、ミュンヒハウゼン症候群の患者のように自らを切り刻んでいる。不合理であり、カウンセリングが必要だ。

レーガンの時代、共和党は民主党より増税額が少ないだけでは十分ではないことを学んだ。共和党が民主党の対立候補よりも小さな増税を求めるのを見ている市民は、その違いを見逃している。同様に、多忙な市民は、「多くの支出」と「より多くの支出」の区別がつかない。

有権者が、誰が「放っておいてくれ連合」の側に立ち、誰が「もっと寄こせ連合」のために戦っているのかを認識するためには、政府支出問題に関して、候補者間や両党間で、単に程度の差ではなく、方向性の違いがなければならない。

「放っておいてくれ連合」は今、国家経済に占める政府支出の割合を減らすことに焦点を当てなければならない。本章では、これが今日までいかに実現しなかったか、この失敗がもたらした経済的・政治的コスト、そしてこのままでは歳出が爆発的に膨れ上がる可能性について述べてきた。

次の章では、歳出の混乱を防ぎ、今後25年間で政府の規模を半減させる5つの大改革に焦点を当てる。ほとんどすべてのアメリカ人を「放っておいてくれ連合」に移行させ、「もっと寄こせ連合」の規模を無意味なまでに縮小させるだろう。

良い政策は良い政治である。

第21章　五大改革

前章で見たように、政府支出を抑制するという課題は非常に大きい。「放っておいてくれ連合」にとって朗報なのは、解決策がシンプルだということだ。容易ではないが、必要な政治力があれば、理解しやすく、実行しやすい。

「放っておいてくれ連合」の、政府のコストと範囲を制限するという善政政策目標は、政府から独立したアメリカ人の数を増やすという政治目標と正確に一致している。自分自身の生活、老後の生活、健康管理、子供の養育と教育を自分自身でコントロールできる男女のことである。政府のプログラムは何百、何千とある。連邦政府、州政府、国政府、市町村政府は、さまざまな形で私たちを困らせている。しかし、アメリカには政府の大きなコストが3つある。年金、医療、教育だ。

年金は世界最大の政府プログラムである社会保障制度から始まり、2006年には5440億ドル、連邦予算の20・5%、GDPの4・2%を費やした(1)。

PENSION COSTS IN 2005 = $862 BILLION, 22 PERCENT OF ALL GOVERNMENT SPENDING

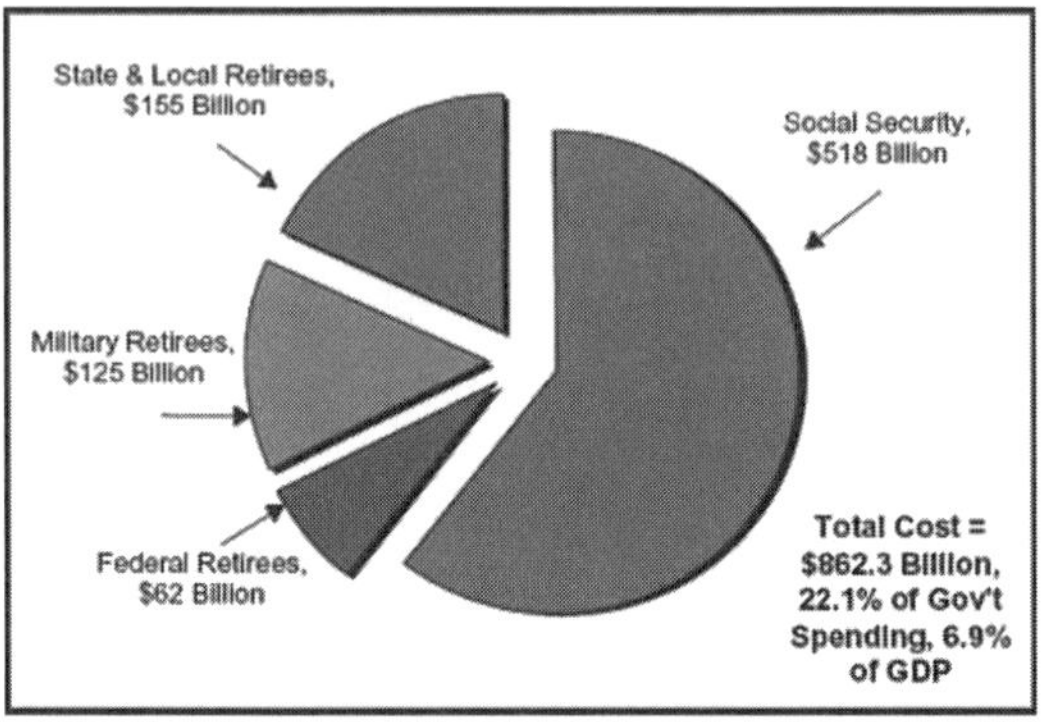

年金には、退職した政府職員に対する政府からの支払いも含まれ、２００５年には連邦、州、地方の職員で総額３４３６億ドルに上った。この額は、政府支出全体の８・８％、国民経済の２・８％に相当する。[2]

今後５年間に退職する資格を持つ政府職員は全体の約20％であり、この数は近い将来大幅に増加するだろう。

２００５年の連邦政府、州政府、地方自治体による医療費は７８０６億ドルで、アメリカ経済の６・３％を占めている。

教育は、支出の第３の主要な構成要素であり、２００５年には、幼稚園から高校までの教育と高等教育を含め、総額７３０７億ドルであった。連邦、州、地方レベルでの教育への支出は、政府支出全体の18・７％を占め、国民経済の５・９％を占めている。[3]

幼稚園児から高校生までを対象とした場合、２０

	退職金	医療	教育	合計
支出（億ドル）	862.3	780.6	730.7	2373.6
政府支出全体の割合	22.1%	20.0%	18.7%	60.9%
対GDP比	6.9%	6.3%	5.9%	19.1%

03－2004年度には4億4319万8760ドルの税金が投入された(4)。公立K－12学校は565万7090人の職員を雇用しており、そのうち3分の2に当たる304万8549人が教員である。州立大学は180万人を雇用している(5)。

年金、医療、教育を合わせると、2005年には総額2兆4千億ドル近くになり、政府が支出する10ドルのうち6ドル以上、国民経済の5ドルのうち1ドルを占めている。

2005年の政府支出のうち、退職金、医療、教育は全体の61%を占めた。

この数字は凄まじい。「もっと寄こせ連合」は、何百万人ものアメリカ人に、自分たちの老後、医療、子供の教育を政府に依存していると思わせるために、長い間懸命に働いてきた。

常識と過去50年間の選挙の教訓から、教育、退職給付、医療に対する政府支出を「削減」することは決してない。1986年に社会保障給付を削減しようとした勇敢で善意ある取り組みがあったが、そのために共和党は上院の主導権を失った。

1995年の共和党新入生は、連邦教育省の廃止を口走った。素晴らしいアイデアだが、アメリカ国民はこれを官僚主義への攻撃ではなく、自分たちの子供たちの教育への関心の欠如と捉えた。

ではどうすればいいのか？　手を上げて、アメリカ人は大きな政府の不可避性を受け入れるべきだと宣言する人もいる。経済学者のブルース・バートレットは、付加価値税（ＶＡＴ）が、成長し続ける国家に必要な巨額の資金を調達するための最も破壊的でない方法だと提案している。小さな政府を望むフレッド・バーンズは希望がないと考え、保守派は保守的な目標のために大きな政府を管理しようと提案する。

しかし、彼らの政府支出に資金を提供することが私たちの仕事ではない。まだ来ぬ大きな政府の亡霊は、私たちをパニックではなく行動に駆り立てるものであるべきだ。政府のコストを自由な社会に見合うレベルまで引き下げるには、年金、医療、教育のビッグ３に費やされる税金の額を劇的に減らすことができるし、そうしなければならない。しかし、ビッグ３を削減するのではなく、ビッグ３を改革することでそれを達成する。

改革１：すべての年金を個人所有にし、移管可能にする

ブッシュ大統領の全任期は、「アメリカ政治の第三のレール」である社会保障制度改革に取り組んだ、非常に勇敢な仕事によって正当化できる。２０００年のブッシュ・キャンペーン以前、政治家たちは、現在の社会保障制度が耐え難いねずみ講であることを知っていた。政治家たちは、国民が65歳になったとき、社会保障税（ＦＩＣＡ税）が老後のために政府によって貯蓄されたり投資されたりするのではないことを知っていた。政治家たちは、国民が支払ったＦＩＣＡ税

が、1ドルがあなたの両親や祖父母の社会保障に使われるか、連邦予算のどこかに使い回されることを知っていた。

社会保障の黒字はない。貯蓄もない。保障もない。2006年、連邦政府は将来の退職者に、彼らの子供や孫から取り上げると約束した額を上回る12兆ドルを約束した。今後75年間で、支出の約束が課税の脅威を12兆ドルも上回るのだ（75年後に地球が隕石に衝突しなければ、私たちは本当に破滅する。[6]）

しかしブッシュは、社会保障制度が2018年か2042年に破たんするから危機なのだと言ったのは誤りだった。危機とは、社会保障制度の帳簿が近い将来おかしくなることではない。

社会保障の危機は、今やすべての若いアメリカ人が直面している。社会保障制度は、すべての若いアメリカ人を毎日貧しくしている。将来ではない。今なのだ。

社会保障税（FICA）は政府によって直ちに使われる。株式市場に投資されることはない。あなたの名前で徴収された社会保障税には利子はつかない。仮に退職後のあなたに対して、あなたが25歳だったときに徴収した以上の金額を支払おうとするなら、あなたの子供や孫たちから、あなたから徴収した以上の金額を徴収しなければならない。

今日、中央値で賃金を得ている25歳の独身者は、社会保障の収益率として年1%未満しか約束されていない。しかし、そのような給付を提供するためにも、社会保障税は50%引き上げられなければならず、その人の収益率はさらに低下する。逆に、株式、社債、国債のバランスの取れたポートフォリオであれば、社会保障制度が約束する額の7倍もの年間リターンを生み出すことが

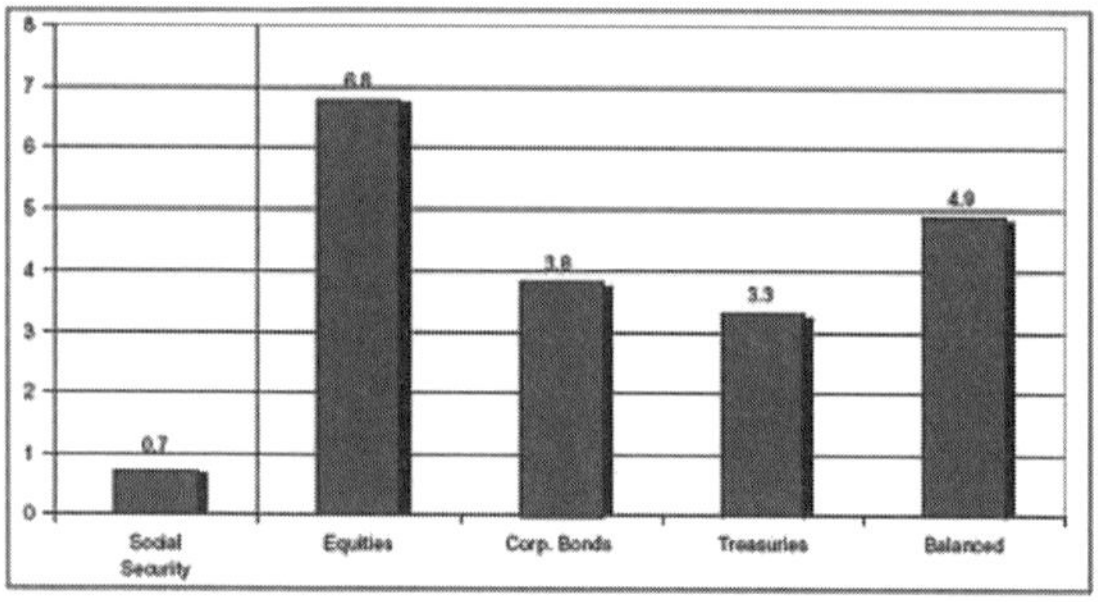

Real Rates of Return for Median Wage 25-Year-Old. *Source: CBO, ASA.*

出典：CEO、ASA

できる（しかし、経済に大きな打撃を与えるような将来の大幅な増税なしには支払うことすらできない[7]。）

今日、社会保障制度はすべての若いアメリカ人に、1%のリターンを約束する「プログラム」に資金を投入することを強制している。その結果、常に7%のリターンが期待できる実物投資に資金を投じることができなくなっているのだ。この政府プログラムは若者をより貧しくする。金を鉛に変えてしまうのだ。

ブッシュ大統領は、2000年と2004年に、すべての若いアメリカ人が、現在のような掛け捨ての社会保障制度から脱却し、社会保障税の一部（最終的には全額）を積み立て、自分で管理する個人貯蓄口座で運用する制度に移行することを選択する機会を持つべきだと主張して当選した。そうすれば毎年、社会保障の「拠出金」に利子がつく。

どのような改革であれ、政府の約束を守ることによって、すでに引退した人々や引退間近の人々を保護するとブッシュは約束した。

デマゴーグはいつも、自分たちの子供や孫のために社会保障制度を改革すれば、自分たちの社会保障の小切手がなくなる、と高齢のアメリカ人を脅して社会保障改革を攻撃してきた。（1964年、リンドン・ジョンソンがベトナム戦争の計画について嘘をついたことを思い出してほしい。彼はまた、若いアメリカ人を保護するために社会保障制度を改革すれば、彼らの祖父母の社会保障小切手を切り崩すことになると主張してバリー・ゴールドウォーターを攻撃した際にも嘘をついた。）

ブッシュは2000年と2004年に、社会保障を受ける人や定年間近の人への給付削減に反対すると約束した。若いアメリカ人には増税しないと約束した。社会保障制度は、増税と給付削減によって常に「修正」されてきた。1983年、超党派の社会保障委員会が社会保障税を引き上げ、1960年以降に生まれた人の定年を67歳に遅らせた。これは、特に67歳で死亡した場合、大幅な給付減額となった。クリントン政権も1993年に同じことをした。社会保障給付への増税を決めたのだ。これは増税であると同時に給付削減でもある。

過去の選挙で民主党は、共和党は社会保障給付を取り上げたがっていると主張し、高齢のアメリカ人を脅した。これは多くの選挙で勝利するのに役立った。

しかし2000年と2004年、何かが変わった。まず、民主党と全米退職者協会が〝オオカミ〟と叫ぶことに、多くの高齢者が嫌気がさした。ブッシュが約束された給付を守ると誓ったことが助けになった。

第二に、若いアメリカ人の多くが、社会保障制度は自分たちにとって不利なものだと理解するようになった。ある有名な世論調査によると、30代以下のアメリカ人は、社会保障制度が自分たちのために存在すると信じるよりも、ＵＦＯを信じる傾向が強かったという(8)。

かつて民主党が「社会保障」と叫ぶと、年寄りは恐怖に怯え、若いアメリカ人は退屈したものだ。今では、「社会保障」と叫ぶと、若いアメリカ人は怒り、年配のアメリカ人は簡単には怖がらない。

より多くのアメリカ人が、社会保障制度には問題がある、社会保障制度は悪い取引であり、その悪い取引でさえも持続可能ではない、と気づくにつれて、立場は逆転した。

ブッシュには個人口座という解決策があった。民主党には、増税と給付削減以外の「解決策」はなかった。

若いアメリカ人がＦＩＣＡ税を個人貯蓄口座で運用できるようにするというブッシュの解決策は、ＩＲＡ、４０１（ｋ）、投資信託に慣れ親しんできたアメリカ人にとっては理にかなっていた。

ブッシュは、アメリカ人に社会保障制度に代わるものを想像するよう求めたのではない。彼らは１９７０年代後半から、その代替案とともに生きてきたのである。

２０００年と２００４年の世論調査では、アメリカ人、特に若いアメリカ人が、社会保障の全部または一部に代わる個人貯蓄口座の選択肢を望んでいることが示された(9)。

この問題は、１９３８年に社会保障制度が創設されて以来、初めて共和党にとって負債ではなく利点となった。ブッシュ大統領は先見の明があった。カール・ローブは天才だった。

ブッシュが再選され、共和党が上院で55議席、下院で232議席を獲得した2004年の選挙後、大統領は政治資金の一部を社会保障制度改革の推進に「費やす」つもりだと述べた。これは失敗だった。もしブッシュ政権が、民主党の背後にある「もっと寄こせ連合」の本質について考えていたなら、上院に共和党議員が60人入るまでは、社会保障の代替案として貯蓄口座を作ることはできないことに気づいたはずだ。

すべての若いアメリカ人に、例えば毎年収入の10%を貯蓄し、債券や債券と株式を組み合わせた投資信託を積み立てる機会を与えれば、アメリカが変わる。21歳の人に、「六十五歳になったら、個人の貯蓄口座に百万ドル以上のお金が入るよ」と言えば、その人は変わる。(10)

すべての若者が株式市場や実業界に老後の富を求めるアメリカにおいて、トライアル・ロイヤーや労働組合、政府労働者によって運営される政党や運動は死屍累々である。トライアル・ロイヤーは企業を訴え、株価を下げる。どのトライアル・ロイヤーも、あなたの退職金口座に損害を与える潜在的な寄生虫である。

労働組合は企業に市場価格以上のコストを課す。労働組合のボスは労働者1人当たり500ドルを吸い上げている。組合の就業規則が組合員の労働意欲を低下させる。組合はあなたの退職後のポートフォリオに損害を与える。高い固定資産税、消費税、法人所得税で生活する公務員は、毎日あなたの個人貯蓄を略奪している。企業にかかる税金はすべて、あなたの退職金にかかる税金なのだ。

すべてのアメリカ人がFICA税を個人貯蓄口座で運用する選択肢を持つようになればトライアル・ロイヤー、労働組合、政府労働者の政党は終わる。

間違いなく、米国には常に２つの政党が存在する。共和党以外の政党は、樹木愛護党、平和党、変態セックス党になるかもしれない。しかし、すべてのアメリカ人が株式市場に身を投じ、退職後の収入が毎年増えていくような世界では、トライアル・ロイヤーや労働組合、政府支出政党に未来はない。すべてのアメリカ人が真っ先に放っておいてほしいと願うのは、老後の財産なのだ。

２００４年の選挙で55人の共和党上院議員が誕生したとき、２００５年と２００６年の社会保障改革が絶望的であることは分かっていた。２００６年か２００８年に60議席を獲得することに全力を注ぐべきだった。そうしてこそ、改革は実現する。

ホワイトハウスは、６人の民主党議員を説得して個人口座に賛成させることができると考えていた。ホワイトハウスは、８、９人の民主党議員が、増税と給付削減を伴う社会保障制度改革について議論し、あるいは賛成票を投じることを望んでいると考えていた。

だが、民主党は、改革されていない社会保障制度を継続するために、退職した共和党員の給付を削減し、働いている共和党員に増税することを常に望んでいるのだ。

彼らは、高所得のアメリカ人のためにＩＲＡや４０１（ｋ）を認めることに賛成した。しかし彼らは、今やアメリカ人の大多数がそのような退職金口座を持っていることを残念に思っている。彼らは、すべてのアメリカ人に大規模で自己管理可能な退職貯蓄プランを与えることには決して同意しないだろう。

ホワイトハウスは、民主党を説得して政治的自殺をさせることができると考えていた。彼らはそれほど優秀ではなかった。そして、民主党もそれほど愚かではなかった。『羊たちの沈黙』の中で、ハンニバル・レクター役のアンソニー・ホプキンスが、隣の独房の男が自分の舌を飲み込んで自殺するように説得する印象的なシーンと違って、カール・ローブは民主党にこれをさせられなかった。

その代わりに国民は、アメリカ大統領が架空の妥協案について架空の民主党議員と架空の会話を交わすという光景を見せられた。上院の共和党議員が60人を切った時点で、社会保障制度改革は暗礁に乗り上げた。ブッシュの責任ではない。

しかし、もしブッシュが上下両院で、すべてのアメリカ人のための個人貯蓄口座の原則を支持するかどうかの迅速な採決を行い、民主党主導の上院のフィリバスターに敗れていたなら、もっと威厳があっただろう。そうすれば有権者は、レーガン主義の共和党が多数派であるにもかかわらず議会を支配していなかったことを指摘し、すべての人を記録に残すことができただろう。

代わりにブッシュは、映画『バーニーズ　あぶない!?　ウィークエンド』のように社会保障改革を引きずって6ヵ月間全国を回り、ブッシュは定期的に改革を小突き回し、改革は動いていてまだ生きていると主張した。そうではなかった。

社会保障制度改革は実現するだろう。それは、ジョージ・W・ブッシュの遺産となる。しかし、共和党の上院議員が60人になるまでは実現しない。もっと先かもしれない。

ロナルド・レーガンの遺産は冷戦に勝利したことだ。いつ勝利したのか？　ソビエト連邦が崩壊した1991年12月だ。レーガンが大統領職を退いた3年後だった。しかし、レーガンが冷戦に勝利したことは誰もが知っている。

ジョージ・ハーバート・ウォーカー・ブッシュは、ソビエト連邦が終結したとき、大統領執務室に物理的にいたが、ブッシュが冷戦に勝利したと言った人は、肉親でさえもいない。レーガンは目標を説明した。彼が戦略を立てたし、勝利未満の交渉はしなかったし、彼のゲームプラン（力による平和、レーガン・ドクトリン、ローンの打ち切り）もうまくいった。

仮にレーガンが1986年に、「私の大統領職はあと2年ある。反ソの遺産を確実にするために、退任前にソ連とできる限りの交渉をしなければならない」と自分に言い聞かせていたとしたら、彼はソ連をそのまま残す交渉をしただろう。

ジョージ・W・ブッシュの遺産は、すべてのアメリカ人が個人貯蓄口座を所有し、老後の生活を保障される所有社会の創造である。自分の富を自分で管理する。政治家の約束に依存しない。

これが実現するのは、2010年か2012年の選挙後かもしれない。しかし、それは必ず実現し、50年後には小学生が「W」口座について学び、ジョージ・W・ブッシュがいかにアメリカを所有社会に変えたかを学ぶだろう。普通選挙と同じくらい革命的な変化である。

今後数年間の課題は明確だ。「放っておいてくれ連合」は個人貯蓄口座の利点と、民主党の代替案である増税と歳出抑制のコストを、アメリカ人に思い出させるだけでよい。

これはどちらの点でも売りやすい。仮に、新入社員の社会保障の個人化を中途半端にしか進めず、給与課税の半分（6・2％）だけをバランス・ポートフォリオ（株式50％／社債30％／国債20％）に投資したとすると、その労働者は40万ドル以上を手にして引退することになる。

これとは対照的に、同じ労働者で平均余命が通常の場合、現在の社会保障制度から受け取れる給付総額はわずか16万ドル（現在のドル換算）である。方程式から国債を取り除き、口座を株式

60％／社債40％にすると、労働者の退職所得はさらに増える[11]。

もしすべての若いアメリカ人が、社会保障税の全額を個人口座に投資できたとしたら、平均的な給与所得者は、現在のドルで80万ドル近くを手にして引退することになる。これは、平均寿命を想定した場合、社会保障制度が現在約束している収入16万ドル（すべて2006年ドル）と比較したものである[12]。

12兆ドルもの資金不足に陥っている確定給付型制度から、全額出資の個人退職金制度に移行することは、社会保障制度を「救う」ことになる。しかし、私たちの目標は「制度を救う」ことではなく、あなたの退職後の家計を守り、改善することである。

共和党は、自分たちの改革がいかに人々をより豊かにし、より安全にするかを語ることができるが、民主党は、システムを満足させるために増税と給付削減を提案するのみである。

民主党は常に、皆さんの負担で制度を「救う」ことを望んできた。連邦政府は何度も何度も、増税や給付減額によって社会保障制度を「節約」してきた。

もしあなたの銀行が、その目標は銀行システムを「救う」ことであり、そのために不始末を起こした銀行の支払能力を維持するためにあなたの利払いを減らし、定期的に銀行にもっと「投資」するよう要求すると発表したらどうだろう？

もちろん、あなたの取り分は減る。しかし、ここでの重要なポイントは、〝バンク・イン・システム〟が救われるということだ。政治家たちが社会保障制度で毎年行ってきたことだ。増税のたびに、社会保障制度への強制的な投資が増える。その結果、1ドルあたりの収益率が下がる。同じリターンに対してより多くの税金が投入される。もう一方では、政治家たちは社会保障制度を「節約」するために、約束された給付金を削減したり課税したりして、社会保障から得られる金額を減らしている。

「放っておいてくれ連合」にとって危険なのは、第一に、政治家が個人口座よりも増税や給付削減につながる妥協案を交渉しようとすることであり、第二に、改革論議が、若いアメリカ人に社会保障投資の最高の収益率を与える方法ではなく、いかに「制度を救うか」という話にすり替わってしまうことである。

アメリカ人一人一人の社会保障投資の収益率に注目すれば、現在の社会保障制度がお粗末なものであることがわかる。65歳のアメリカ人は、社会保障制度への「投資」あるいは「拠出」（つまり税金）に対して2・5%の収益率を受け取ることになる。

要するに、もし65歳の人が社会保障費を銀行口座に投資し、2・5%の利回りを受け取ったとしたら、それは社会保障制度が彼に約束したのと同じことになる。この数字は若くなるにつれて減少し、現在の20歳はマイナスの収益率を受け取ることになる。これは社会保障制度が約束していることであり、50%の増税なしには支払えない[13]。

民営化に代わるいかなる選択肢も、「この改革は、私の社会保障税拠出/投資の投資収益率にどのような影響を与えるのか」という問いに答えるよう問われなければならない。社会保障税の引き上げは、給付を増やすことなく投資を増やし、それによって国民のリターンを減らす。給付の削減や延期も収益率を下げる。個人口座だけが若いアメリカ人を保護する。

社会保障制度改革でもうひとつ譲れないのは、改革が持続可能であることだ。リベラル派は、増税や約束された給付の削減を主張しているが、これは制度が崩壊する時期を遅らせるだけである。制度を安定させるものではない。「これで今後75年間はシステムを守ることができる」といった発言に注意しよう。なぜ彼らは期限を設けるのか？　1983年の「恒久的な修正」と同様、彼らの「修正」は道を踏み外すだけだからだ。

社会保障制度を将来にわたって恒久的に支払い可能なものにするのは、個人口座だけである。「放っておいてくれ連合」が、いかなる改革も社会保障拠出金の収益率を高めなければならない、いかなる改革も持続可能で制度を恒久的に固定しなければならないと主張する限り、いかなる改革も完全な個人化へと向かう。

連邦・州・地方政府年金

納税者から年金を受け取っている州および地方の職員は1410万人、退職者は690万人いる。長年にわたり、政治家たちは将来的な退職金の増額を約束する方が簡単だと考えてきた。後の市長や知事は、退職金を支払うための資金を調達することになる。これは納税者にとって不利であり、報酬の多くが退職金である公務員に「金の手錠」をかけるようなものだ。

多くの州や地方自治体が、従来の確定給付型（DB）年金制度に加えて、あるいはその代わりに、401（k）やIRAのような移管可能年金制度を労働者に提供し始めている。ミシガン州では、1998年からすべての新規州職員にこの制度を義務付けた。フロリダ州では、州や地方の職員は誰でも、従来の確定給付型年金制度から脱退し、積み立てた貯蓄をすべて移管可能プランに移すことができる。[14]

その後、労働者がアラバマ州や別の仕事に移りたい場合、移管可能年金は労働者と共に移動する。国や地方自治体は、全職員の退職費用を賄うだけの資金を準備することが義務付けられている。現在、このような口座には約3兆ドルが積み立てられている[15]。

この資金を現在の政府職員全員に分配し、各自の移管可能な個人口座に入れるべきである。これによって、年金資金が政治家によって使われたり、損をするような社会的責任のあるとされる方法で「投資」することによって政治目的に使われたりするのを防ぐことができる。

共和党員が州や地方の労働者に話しかけると、「あなたたちの数がもっと減って、給料がもっと安くなればいいのに」と言っているように誤解されることがあまりに多い。共和党の州議会議員や市長が、「私はあなた方が自分で退職金を管理し、金持ちになることを望んでいる」と言うような、もっと明るい会話ができるようになった。州や地方の労働者はその言葉に耳を傾けるだろう。彼らは、全米でこれまでの政治家が年金の積立金を（2006年には約4千億ドルも）不足させてきたことを知っている[16]。

彼らを確定拠出年金に移行させる指導者たちは、彼らを大人として扱い、退職後の財産を管理させるだけでなく、彼らの退職後を貯金箱として利用するかもしれない現在および未来の政治家たちから彼らを守っているのだ。

民間人や軍人の政府職員全員が、個人の退職金口座を通じて直接株式を所有するようになれば、「放っておいてくれ連合」の規模と勢いは大きく増すだろう。企業への課税は、今や従業員の老後の生活を脅かすものとなっている。トライアル・ロイヤーは、名もない企業ではなく、自分たちの卵を訴えているのだ。

労働者の年金を略奪すれば、再選されるどころか刑務所に入れられる現実経済では、改革は順調に進んでいる。

現在、民間部門で年金を受給しているアメリカ人労働者は7600万人いる。そのうち2100万人が旧来型の確定給付型年金に加入している。[17]DB年金は労働組合に属する古い産業に多い傾向があり、そうした年金や産業は問題を抱えている。マイクロソフトや他の新興企業は、確定拠出年金（DC）を導入している。5500万人のアメリカ人が、401（k）や個人退職金口座に似た確定拠出年金制度を利用している。[18]2007年には、民間企業の退職金の60%近くが確定拠出年金で運用されているが、25年前にはわずか30%であった。[19]

趨勢は確定拠出年金に移行しており、政府にとっては、実体経済ですでに進められている改革に追随する方が常に容易である。

社会保障制度の移行費用をどうするか？　国や地方自治体、民間企業は、現在の従業員の退職金を支払うための資金を確保している。確かに、労働者の年金の積立金が不足することもある。しかし、州政府や地方政府は連邦政府に比べれば聖人君子である。

連邦政府では、1984年以降に採用された職員には確定拠出型の大きな要素を持つ連邦職員退職制度がある。それに取って代わられた公務員退職制度という、全く積立のない従量制の年金制度もあった。旧制度には多額の未積立債務が残っている：2006年だけで、連邦政府は連邦公務員と軍人の退職給付に1900億ドルを費やした。これは、同年の社会保障制度全体が54

00億ドルであったのと比較すると大きい。

社会保障制度と連邦政府の退職金制度をすべて確定拠出年金制度に移行させるためには、まず新規入職者に実質的な401（k）を認め、現在の従業員が希望すれば移行できるようにする。現在の退職者または退職間近の退職者については、将来の必要額の期待値をカバーするために債券を発行する必要がある。移行コストは、確定拠出年金への移行を段階的に進めることで削減できる。社会保障の専門家であるピーター・フェラーラ氏の試算によると、連邦政府は社会保障の移行コストをカバーするために2兆ドルの借金をする必要がある。これは大金だが、現在の道を歩んだ場合の今後75年間の未積立債務12兆ドルに比べれば微々たるものだ。そして、2兆ドルの「投資」は問題を解決する。12兆ドルの増税は問題を解決するものでもない。制度を持続可能なものにすることも、今後数十年にわたって若いアメリカ人に良い収益率をもたらすこともなく、ただツケを払うだけである。[20]

チリの事例を挙げよう。1980年11月4日、ロナルド・レーガンが米国大統領に初当選したその日、チリでは、すべての国民がチリの社会保障制度から、ブッシュ大統領が2005年の一般教書演説で提案したような個人退職口座に移行する選択肢を認める法律が可決された。

この法律は、1981年5月1日の労働者の日に施行された。この日は、計画の立案者であるホセ・ピネラ労働・社会保障長官が、チリの労働者も所有者となる日を祝うために選んだ日である。[21]

資格のある労働者全体の95%が新しい移管可能退職金制度に加入した。移行費用を賄うため、チリはチリのGDPの37%に相当する債券を発行した。現在、個人で保有する貯蓄口座の総額は1060億ドル、チリ全体のGNPの76%に相当する。これはアメリカでは10兆ドルに相当する。平均的なチリ人の退職金口座は現在2万5千ドルである。チリの平均月給は800ドルなので、この2万5千ドルの貯蓄はチリ人の月給の31倍に相当する。給料の2年半分以上の貯蓄があるのだ。[22]

チリの個人口座の年間成長率は27年間平均10%で、インフレ率を上回っている。チリの最近の大統領バチェレは社会主義者であり、若いころはチェ・ゲバラを敬愛していたが、チリ政治の「第三のレール」である個人口座のマントを外す勇気はない。

マサチューセッツ州が、中道左派の有権者が定率所得税から離れようとしないことを示しているように、チリは、社会主義的な政府でさえ、有権者が退職のための個人移管可能貯蓄口座から離れることに反対していることを知っていることを示している。

より多くのアメリカ人が株式を直接所有するようになり、最終的にはアメリカ人全員が株主となれば、アメリカの選挙民は永久に変わるだろう。もう元には戻れない。だからチリの社会主義者たちは、市民から株式を取り戻すことはできない。イギリスの労働党は、サッチャーが民営化した公営住宅を取り戻すことはできなかった。アメリカ人を貯蓄家にし、所有者にすれば、政治家たちは二度と彼らから自立と自制心を奪うことはないだろう。

改革2：医療保険を個人所有にし、競争によってコストを抑制する

政府支出の2番目に大きい分野は医療費である。医療保険は1965年に制定され、2003

年には当初わずか260億ドルと見積もられていた[23]。実際の費用は10倍以上の2740億ドルであった。2006年、メディケアは3740億ドルの納税者負担を強いられた。

今後75年間にわたる社会保障の12兆ドルの未積立債務は、非常に大きなものに聞こえるが、メディケアの61兆ドルの未積立債務に比べれば遥かに小さい。州と地方自治体は、従業員の医療費に対して1・4兆ドルの未積立債務を抱えている[24]。

社会保障制度と同様、恒久的な改革には、従量制から完全積立型の個人管理制度への移行が必要である。この制度では、毎年、健康貯蓄口座に貯蓄し、退職から死亡までの健康保険料を支払う年金保険を購入するのに十分な資金を蓄積する。

メディケアと、退職した州・地方公務員のための約束された医療保険給付を解決するための経済的と政治的問題は同じである。

メディケアは、従量制から完全な個人保有医療退職基金への段階的移行を必要とする。メディケアでは、若いアメリカ人はメディケア税を健康貯蓄口座に「貯蓄」し、実質的な貯蓄を積み立てることが義務づけられる。これは、退職時に各アメリカ人が一生分の医療保険プランを購入できるようにするためである。医療を受けられないアメリカ人はいなくなり、医療を政府に依存する人もいなくなる。そのような保険に加入するための十分な貯蓄が必要となる。移行には費用がかかる。しかし、改革を行なわないよりは安いだろう。

このメディケア改革によって、連邦予算の約25％が政府の手から離れ、アメリカ人による強制的な貯蓄プランへと移行することになる。これは、ワシントンから個人への、資源と権力と支配の大規模な移転である。

メディケイドは福祉プログラムであり、メディケイドを改革する最善の方法は、福祉改革の成功を再現することである。現在の連邦政府の資金レベルを各州へのブロックグラントとし、各州がコストを抑えるためのさまざまな方法を試行できるようにするのだ。現在、各州は連邦政府からの資金を増やすことに全精力を注ぎ、コストの抑制にはほとんど力を注いでいない。これは、50の州が良いアイデアを探すようになるという利点がある。私たちは何世紀にもわたって、独占企業は顧客よりもむしろ自分たちのために奉仕し、競争だけが独占企業に改革を迫ることができるということを学んできた。

多くの一般的な改革は、医療費全体を削減するのに役立ち、連邦政府と納税者を破産させる恐れのあるホッケー棒のような支出曲線を減らすことにもなる。

損害賠償制度改革

第一に、医療における損害賠償制度改革は、医療費全体を大幅に削減する。パシフィック・リサーチ・インスティテュートは、現在の濫用的な医療過誤制度は、防衛医療によってアメリカの医療費に1240億ドルを上乗せしており、この高コストによって340万人のアメリカ人が医療保険を失っていると推定している。[25]

ロードアイランド州のある産婦人科医ケイト・カシンは、2004年に保険料が2万8千ドルから9万ドルに跳ね上がったが、訴えられたことは一度もなかった。[26]

この保険料が出産費用にどれだけ上乗せされるか、想像に難くない。アメリカの産業界にとって損害賠償法は悪法であるが、1975年以来、医療賠償責任費用は毎年平均11・7%増加しており、一般不法行為費用の増加率（毎年5・9%）を上回っている。また、カリフォルニア州は、イニシアティブ・プロセスによってマイルドな医療過誤改革を通過させたが、1976年から2003年までの医療過誤コストの伸びは、他の州の3分の1であり、920%増ではなく282%増であった。(27)

医療貯蓄口座

第二に、民間と政府の労働者が、従来の第三者による医療費支払いから医療貯蓄口座に移行することは、すべての医療費に多大な競争圧力となる。

現在の混乱は、驚くなかれ、かつての政府の粋な計らいによってもたらされたものだ。第二次世界大戦中、連邦政府は賃金と物価の統制を課した（そうすれば、わが国の経済はより敵対国の経済と同じになる？　スポーツマンらしいだろう）。しかし、アメリカ人は自分たちの生活を政府が管理するような強引なやり方にはなじめず、企業は「違法な賃上げ」の代わりに、労働者を獲得するための競争手段として医療手当を提供した。

このような状況が続くと、雇用主はやがて、壊滅的な医療費に備える保険だけでなく、免責金額や自己負担額がないタイプの保険も支払うようになった。では、もしすべての医療費が会社負担で「無料」だとしたら、合理的なアメリカ人はどれほどの努力を払って最良の契約を探し回るだろうか？

ほとんどないか、まったくないかの間だ。自分の経験の中で、数ペニーかせいぜい数ドルを節約するために、食料品店で商品の値段を見ることにどれだけの時間を費やしたか考えてみてほしい。

あるいは、テレビ、洗濯機、ステレオシステム、自動車を買うのにどれだけの時間を費やすか。医者や病院が違えば、医療費がいくらになるかを調べる時間があるとしても、それと比べてみてほしい。保険会社や雇用主が全額負担してくれるのであれば、なぜそうする必要があるのだろうか？　また、自己負担額が少額であれば、価格に対する感度は高まるが、それは本当の総費用ではなく、自己負担額の大きさに対してだけである。

マサチューセッツ工科大学のエイミー・フィンケルシュタインによる新しい研究では、ヘルスケアの成長の半分（GDPの6％から16％へ）は、政府プログラムと医療保険会社の両方を通じたヘルスケアに対する第三者による支払いが原因であると論じている。[28]

過去10年間、医療費は毎年平均7％増加している。美容整形とレーザー眼科手術である。どちらも保険が適用されないのが普通で、患者はあちこちを探し回る。もしすべてのアメリカ人がすべての医療について買い物をするようになれば、私たち全員が支払う医療費のインフレを大幅に抑えることができるだろう。

健康貯蓄口座（HSA）は、メディケアを拡大した2003年の法律で自由化された。HSAでは、例えば2千ドル分の口座を雇用主とともに作り、最初の2千ドルの医療費に充てることができる。この口座は、2千ドルを超える医療費を補塡するキャタストロフィック・カバレッジ・プランに付随している。つまり、1年間にほとんど医療費がかからず、検診と薬に500ドルしか使わなかった場合、1500ドルを貯蓄することができる。これは、買い物をし、最良の価格を得るための非常に現実的なインセンティブである。

あなたが使っているのはあなたのお金であり、保険会社のお金ではない。そしてあなたは、大怪我や大病をした場合の費用に対して、災害医療保険によって保護されている。

家や自動車と同じように、本当に予期せぬ費用が保険でカバーされるのだ。予防医療や年1回の健康診断などの日常的な費用は、家の日常的な費用や車のガソリン代と同じように、国民が管理する個人口座から支払われる。暖房費は家財保険の一部ではない。オイル交換も自動車保険から支払われるわけではない。

HSAを保有するアメリカ人の数は、2004年に100万人、2006年には300万人に増加し、2008年には1千万人、2025年には2500万人に達すると予想されている。(29)

競争による州の義務付け制限

医療費を押し上げる最大の圧力のひとつは、州政府がすべての保険会社にさまざまな疾病の保障を義務付ける傾向にあることである。

あなたは薬物リハビリや植毛、性転換手術の補償を含まない、シンプルな医療保険プランを望むかもしれない。しかし、一部の〝ヘルスケア・プロバイダー〟は州議会議員を訪ね、保険適用を〝金メッキ〟した。

２００７年には、50州で１９００件もの保険加入が義務付けられている。カイロプラクターのロビー活動は大忙しだ。46の州は、カイロプラクターの費用をカバーしない保険を販売することを違法としている。

ニュージャージー州では、そのような補償を望むかどうかに関係なく、特定の強制給付をカバーしない保険を販売することは違法である。議会が腐敗すればするほど、選挙資金提供者を喜ばせるためにこのような義務付けが行われる(30)。

アリゾナ州のジョン・シェイドッグ下院議員が提出した法案は、居住地に関係なく、50州のどの会社からでも医療保険を購入できるようにするというものである。ニュージャージーのような保険料の高い州に住んでいても、アイオワに本社を置き規制されている会社から健康保険を買うことができる。これだけで、平均的な独身者は毎年数百ドルの節約になる。消費者は常に希望する保険金額を自由に設定することができる。決められた内容で決められた価格を払わされることもない。50州は、さまざまな利益団体に迎合するのではなく、保険業界が財政的に健全であることを確認するなど、望ましい規制を提供するために競争することになる。シェイドッグ法案を成立させ、このような競争を認めるだけで、経済諮問委員会によれば12%、議会予算局（ＣＢＯ）によれば5%、医療保険適正化協議会（ＣＡＨＩ）によれば20%の医療保険料が削減される(31)。

アメリカで医療費が膨張しているのは、政府が医療産業の大部分を民間の競争市場から奪い、消費者主権を奪ったからだ。

ＨＳＡの創設は、１９７０年代のＩＲＡの創設と類似している。現在、ますます多くのアメリカ人が、消費者が管理する医療という選択肢に慣れ親しんでいる。自分で医療費を管理するアメリカ人は、政府や保険会社やHMOにケアや保護を懇願する必要がなくなる。彼らは自分の意思決定と資源をコントロールできるようになるのである。そして退職後の所得保障と同様、アメリカ人の自立が進めば進むほど、すべてのアメリカ人が「放っておいてくれ連合」のチャーター・メンバーになる日が近づいてくる。

アメリカ人は、自分自身や家族が健康を害することを恐れることに、現在よりも脆弱ではなくなるだろう。[32]

これらの改革は、政府の配給や雇用主の選択ではなく、アメリカ人自身が医療を決定する主導権を取り戻すものである。恐怖を餌にアメリカ人を依存状態に陥れる政治家たちは、最も強力な支配手段のひとつを失うことになる。

改革3：保護者に教育の真の選択肢を与える

新千年紀のアメリカは、2000年間使い古した、ソビエト連邦の鉄鋼業（独占）とソクラテスが木の下で一握りの生徒とおしゃべりするのを掛け合わせたような公立学校制度を運営している。

通信技術の変化を無視するのは、どうしようもなく愚かだ。子供たちの教育という重要なものを、1960年代以降、労働組合の規則も適用されている独占的官僚機構を通して運営することは理解しがたい。

アメリカ教職員連盟の元会長アルバート・シャンカーは、「公教育が計画経済のように機能していることを認める時が来た。すべての人の役割はあらかじめ明示されており、イノベーションや生産性を高めるインセンティブはほとんどない。わが国の学校制度が改善されないのは当然である。わが国の市場経済よりも共産主義経済に似ているのだから。[33]」

アップルのCEOであるスティーブ・ジョブズは、シャンカーが見たものを外から見ている。「この国の学校で間違っているのは、最悪のかたちで組合化されていることだ。幼稚園から高校までの教師の組合化と終身雇用は、まさに狂気の沙汰だ。[34]」

良いニュースは、解決策が非常にシンプルだということだ。「教育」に充てられるすべての税金が、子供たち一人ひとりに使われるようにすればいいのだ。今日、我々は学校制度に資金を提供し、義務教育就学法を成立させ、地元の教育委員会が作るものなら何でも、親は子供を1日6時間届けることを強制している。

2003年から2004年にかけて、政府は幼稚園から高校までの教育費として4430億ドルを支払った。これは子供一人当たり平均9052ドルである。この資金をすべての親に授業料補助金として支給すれば、親自身がその奨学金をどの学校に、どの教師に投資したいかを判断することができる。[33]

ホームスクーラーは、自分たちが受けていない恩恵を他人に与えるために税金を投入されることなく、自分の子供の教育資金を賄うことができる。私立学校の生徒は、教育費を二重に支払う必要はなくなる。

親が通わせたい学校から子供たちを遠ざけてきた壁に、ひびが入り始めた。現在、多くの州で公立学校の選択が認められている。教師と保護者にある程度の独立性と選択肢を与えるチャーター・スクールは、現在3千校以上ある。ホームスクールに通う生徒は200万人、私立学校に通う生徒は650万人と推定されている。[34]

公立学校業界は、保護者の選択という考えに恐怖を感じている。バウチャー制度や奨学金制度を導入すれば、生徒が私立学校へ流出することになると言うのだ。政府独占教育の「擁護者」たちは、東ドイツの独裁者の妻が夫にベルリンの壁を開けてほしいと頼むという古いジョークを思い起こさせる。ホーネッカーはこの要求に驚いたが、すぐに理解し、妻にこう言った：「ああ、このロマンチックな女性は、私と二人きりになりたいだけなんだね。」

もし政府と学校の独占が、自分たちが質の高い製品を出していると信じているなら、学校選択を歓迎するだろう。誰もが自分たちの学校に行きたがるだろう。学校選択に反対する人々は、彼らが粗悪な製品を製造していると考えている。

保護者による学校選択の動きは、教職員組合の力によって鈍化している。教職員組合は、共和党、民主党を問わず、多くの州議会政治家を牛耳っている。ジョージ・ウォレスはかつて校舎のドアの前に立ち、黒人の子供たちに「人種差別主義者の支持者を怒らせるから入ってはいけない」と言っていた。テッド・ケネディは校舎のドアの前に立ち、落ちこぼれの学校の子供たちに、教員組合の支持者である労働組合を困らせ、資金を失うことになるから、退学することはできないと言う。

改革は、左派の驚くべき偽善によって加速するだろう。ビルとヒラリー・クリントンは、自分たちの大切な娘をシドウェル・フレンズ・スクールというエリート私立学校に通わせた。ビルはその後、ワシントンD.C.の貧しい家庭に私立学校に通うためのバウチャーを与える共和党の法案に拒否権を発動した。

アル・ゴアは、統治する者とその臣民に対する左派の異なるルールをこう説明した。「もし私が、落ちこぼれの都心の学校に通う子供の親だったら、バウチャーに賛成するかもしれない」。ゴアは自分の子供たちをエリート私立校に通わせていた。[35]

当時の上院議員ジョン・エドワーズも同様で、ワシントンD.C.の学校は「深い問題を抱えている」と公言していた。エドワーズは、神の恩恵がより少ないこども達のための「深い問題を抱える学校」を気にしない普通の人々のためのスクール・バウチャーに反対票を投じた。[36]

子供たちの教育を組合や官僚組織の要求の人質にすることは、いつまでも続くものではない。人種隔離は打ち破られた。政府による独占と、そこから利益を得る人々は、歴史のゴミ箱に入るだろう。

子供1人につき9千ドル相当の奨学金が支給され、親は力を得る。子供たちが学校に入るときは、自動車のショールームに入るときと同じように扱われる：あなたは現金を持っている顧客だ。彼らはあなたのビジネスを求めているのだ。親が教育分野の選択権を持つことは、子供たちが彼らの親が教師からより良く対応されることを目の当たりにしたとき、より強い教育を受け、より自尊心を持った次世代を生み出すだろう。現在の独占的な教職員組合は「親が子供の教育に十分な関心を示さないことで、自分たちが子供たちの面倒を見なければならないし、給料も上乗せしなければならない」と主張する。その一方で、親が子供の教育について、何を、どのように、どこで教えるかについて発言することを拒否している。子供の教育に関するあらゆる決定から親を遠ざけておきながら、親が関与していないことを理由に親を非難することはおかしい。

子供たちや保護者にとって、学校選択のメリットがあることは容易に理解できる。しかし、有能な教師や教育管理者には大きな報酬がある。保護者や生徒を教え、尊敬される教師や、素晴らしい教育を提供できる経営者は、「顧客」が殺到して報われるだろう。彼らは、テレビ、コンピューター、iPod、その他の現代テクノロジーを使って、どのようにリーチを広げるかを考えるだろう。我々は、近所のガレージバンドの音楽だけを聴かなければならないという法的な縛りはない。ビートルズやローリング・ストーンズを聴くことも、ジム・モリソンを聴くこともできる。地元の劇団が上演する芝居だけを見ることを強制されることもない。イギリス、フランス、イタリアで作られた、世界最高の監督と俳優による映画を見ることができる。なぜ偉大な教師が同じように録画され、国民に、そして世界に届くことができないのだろうか？

親の選択により、良い教師と良い学校は大いに報われる。教えることができない教師は、終身雇用や労働組合の就業規則によって保護されることはない。悪い学校は倒産する。アメリカで開業したレストランのおよそ57％が、最初の3年以内に倒産すると言われている。[37]

だからこそ、営業を続けるレストランは質が高いのだ。政府が運営する学校は閉鎖されない。顧客に失敗を指摘されて倒産することもない。アテネ人がミノタウロスに生け贄を捧げたように、親が子供を送ることを強制する法律を通過させるのだ。悪い教師をクビにできず、悪い学校を閉鎖できないのは、悪い教師や悪い学校が存在しないからではない。つまり、彼らは決して退出しないし、改善もしないということだ。

教育分野における親の選択権の拡大は、たとえ遅々として進まなくとも、一方通行の動きである。保護者が手にした権力を放棄することは決してない。この方向への小さな一歩一歩が、他の州や都市への模範となり、より多くの、そして完全な親による選択権への要求を促すだろう。

３００万人の教師と５６０万人の全従業員を抱える現在の政府独占のK－12システムを、教師と学校が最低のコストで最高の製品を提供しようと競争する競争的な教育市場に変えることを想像してみてほしい。[38]

教育を、アメリカの他のあらゆる産業と同じように真剣に扱い、サービス消費者のために従事し、その提供者を尊重するために自由にしたらどうなるだろうか？　世界最高の教育システムを持つことになる。しかし、今はそんなことは言っていられない。私たちは何を手間取っているのか、子供たちを裏切るのか？

すべての親がすべての子供のための奨学金を得ることができる世界では、成功する学校をつくる教師や学校管理者は、それ自体が成功する専門家やビジネスマンとなる。彼らは、労働組合、トライアル・ロイヤー、徴税人と闘う自由市場のプロフェッショナルとして、「もっと寄こせ連合」の教員組合の席を離れ、「放っておいてくれ連合」に加わるだろう。

改革４：競争的調達

第４の改革はシンプルかつ画期的だ。連邦政府、州政府、地方自治体によって運営される政府サービスで、民間セクターが提供できるものはすべて外注に出すべきだ。軍隊の運営と犯罪者の逮捕・処罰以外は、政府が独占権を主張すべきではない。政府職員が都市でゴミを集めたり、公園で草を刈ったり、学食や州庁舎で食事を提供しなければならない理由はない。その仕事がイエローページに掲載されていれば、それは本来民間企業である。米国郵政公社が郵便配達を独占すべき理由はない。もしあなたが地元や全国で第一種郵便配達サービスを始めたら、なぜ警察に逮捕されなければならないのか？

ビル・クリントン政権下でさえ、連邦政府は雇用の見直しを行い、民間部門が行える仕事を80万件発見した。[39]

政府職員が行う仕事を民間業者が入札した場合、納税者は歴史的にそのサービスにかかる費用の3分の1を節約できた。

これは、契約が民間の入札業者に渡った場合でも、政府職員が落札した場合でも同じである。政府職員は、自分たちの仕事を維持するためには競争力が必要だと分かれば、しばしば競争するために自らを再編成することができる。これは、すべての連邦政府機関、すべての州政府、地方自治体で行われるべきである。これにより、政府の仕事と給与から独占的なレントが搾り取られ、福利厚生は実体経済の仕事、給与、福利厚生により近くなる。リーズン財団は、州レベルでこのような競争的調達を行えば、カリフォルニア州の納税者は毎年100億ドルを節約できるという調査結果を発表した。[40]

公務員は、自分の仕事と給与が他の経済界と同じであれば、それを「守る」ために政治家に献金したり投票したりはしない。民間部門の労働者は、ショッピングモールや工場で働けるようにするために政治家に金を貢いだりはしない。

改革5：透明性

先の4つの改革は、数十年かけて政治的アジェンダに移行してきた。確定給付型年金から移管可能型確定拠出年金への移行は、民間企業では30年にわたるプロセスであった。社会保障制度については6年前から議論の中心であり、州や地方の年金についても8年前からその方向に動き始めている。

学校選択は1960年代にミルトン・フリードマンによって予想され、1990年にウィスコンシン州、1999年にフロリダ州、1997年にアリゾナ州で奨学金制度が成立した。健康貯蓄口座は1996年に法制化され、2003年の法律で普遍的に利用できるようになった。

行政サービスの競争的調達や民営化は、1970年代にリーズン財団によって推進され、サッチャー革命とともに世界的に広まった。

連邦レベルでの競争的調達は、1990年代には日常的なものとなった。1996年の福祉制度改革で、50州がイノベーションを起こす機会を創出するための連邦政府プログラムへのブロックグラントが全国的に始まった。

限られた政府を推進し、市民のエンパワーメントを拡大する次の大きなものは、透明性である。真の透明性は、インターネットと高度な検索エンジンによって可能になった。ニュート・ギングリッチは、すべての法案をワールド・ワイド・ウェブに掲載し、ロビイストだけでなく、すべてのアメリカ人が議会に提出された法案を読むことができるようにすることを主張し、物事をスタートさせた。このシステムは、トーマス・ジェファーソンにちなんで「THOMAS」と呼ばれた。

2006年、2008年1月までにすべての連邦政府補助金と契約をウェブ上で公開することを義務づけるコバーン・オバマ法案が可決され、透明性は一歩前進した。制限された政府を目指す団体、ダウンサイズDCは、議会に提出される法案をインターネット上で7日間公開することを義務づけ、すべての国民が投票内容を確認できるようにする法案を可決するためのキャンペーンを開始した。この法案によって、土壇場での取引が暗闇の中で行われることがなくなる。

テキサス州知事のリック・ペリーは、2006年秋に知事室の四半期ごとの支出をオンラインで公開し、州および地方政府の透明性の未来を切り開いた。法律で義務づけられていたわけではない。彼はそれを実行しただけだ。テキサス州の会計監査官であるスーザン・コムズ氏も、自身の機関や他の多くの部門で同様のことを行った。テキサス州政府全体にこれを義務付ける法案は超党派の支持を得て、2007年6月15日に署名された。

インディアナ州のミッチ・ダニエルズ知事は、州契約の実際の文言をウェブ上に公開し、すべての市民が閲覧できるようにした。カンザス州とオクラホマ州は、政府支出に関する包括的な情報を検索可能な形式でオンライン化する透明性に関する法律を可決した。ハワイ州とミネソタ州は、補助金や契約における政府の透明性を高める法律を可決した。

ミズーリ州のマット・ブラント知事は2007年7月11日、政府の支出に関する包括的な情報をミズーリ・アカウンタビリティ・ポータル（http://mapyourtaxes.mo.gov）というウェブサイトに掲載するよう行政命令を下した。同サイトは同日開設された。このウェブサイトには、最初の4ヶ月で177万以上のアクセスがあった。他の州は、ミズーリ州が一銭も追加予算を計上することなく透明性を達成したことに注目した。州の支出を管理する人々は、既存の職員と資源を使って情報をウェブに掲載しただけである。

テキサス州で通学生の22％を占める58の学区が、自主的に会計帳簿をインターネット上に公開している。保護者は、子供たちが通う学校で使われたすべての金額を調べることができ、自分たちの税金がどのように配分されているかを知ることができる。フロリダ州では、すべての学区、町、市、郡に対し、支出や契約を完全に透明化し、インターネットで検索できるようにすることを義務づける法案が準備されている。

あなたは毎月クレジットカードの明細書を見る。市長や職員、学校の校長など、あなたのお金を使う人たちのクレジットカードの利用明細を、あなたは見ることができるべきではないだろうか？

透明性改革は、他の4つの改革と同様に避けられないものだが、これがさらに早く進むと信じている。学校選択、ポータブル年金、ブロックグラント、競争的資金調達に反対するリベラル派の多くは、透明性を強く支持している。ラルフ・ネーダーは、政府が最初にあなたのお金を奪うことは気にしないが、透明性を確保すれば、2度目に税金が盗まれることは起こりにくくなると認識している。

学校が支払った小切手や交わした契約書が、ウェブ上で四六時中公開される未来を想像してみてほしい。そうなれば、教育委員会に何万人もの真剣な立候補者が現れるだろう。

今日、子供たちの学校に不安を抱いている保護者のあまりの多さに、自分たちが何を変えてほしいのか、明確に示すことができない。

学校で何が行われているかについての情報が少なすぎるのだ。教育委員会に立候補する人は、反対派の調査をしてもらうことになる。地元の商工会議所、キワニスクラブ、教会グループでのスピーチは、「私が教育委員会にいれば書かれなかった25枚の小切手」のスライドショーになるだろう。すべての小切手、クレジットカードの請求書、契約書が本当に公開されることを知れば、地方自治体や公立学校関係者の行動は即座に変わるだろう。

政府の財政が完全に透明化されれば、競争的調達や外部委託の拡大が容易になる。公共の利益を犠牲にして甘い契約が結ばれるのではないかという理解できる懸念は、国民の監視という消毒剤によって最もよく守られる。

親たちが、自分の子供の教室で何が行なわれているのかについて完全な情報を得ることで、子供たちや教師たちと最善の協力ができることに気づくとき、透明性の第二の波が政府を席巻するだろう。C-Spanは、アメリカ人が自分たちの議員や上院議員を見て、自分たちの名前で何が起きているのかをすぐに知ることができることを示した。ほとんどのアメリカ人にとって、学校で自分の子供に何が起こっているかは、議会の討論よりも重要なことなのだ。

一日の終わりに帰宅し、オンラインで子供の名前を入力すると、その日に行われた宿題や授業の練習問題を含む、子供の算数の授業のビデオを見ることができる。お父さんやお母さんは、子供が授業で何を見たか、何をプリントや宿題として受け取ったかを正確に見ることができ、一日中子供の様子を追うことができる。

保護者が学校ではなくインターネットで見に来ることを教師が知っていれば、毎日の授業発表にどれだけの準備が必要になるだろうか。教員組合は、スペルも足し算もできない教員を擁護することが難しくなるだろう。保護者は、学期末に落第を知るのではなく、日々子供の教育状況を知ることができれば、子供を最もよく助けることができる。

ヨーロッパに逆戻りするのではなく、アメリカとして前進する。これら5つの改革により、今後数世代にわたって政府のコストは半減する。

年金は、民間労働者、政府職員、そして社会保障制度を通じたすべてのアメリカ人のために、確定給付型から移管可能型確定拠出型個人貯蓄口座へと移行する。

医療は、消費者主導の決定を可能にし、政治的動機による健康保険の金メッキを排除するために、第三者支払いから脱却する。損害賠償制度改革は医療費を削減する。

教育における親の選択権は、政府の独占を終わらせ、何千万人もの力のある親と、何百万人もの自由に教え革新する教師を生み出すだろう。

また、すべての政府サービスを競争的に調達することで、独占の停滞を終わらせ、米国の優良産業と同様に革新的で柔軟な政府労働力を創出する。

透明性は、すべての政府支出に日光という消毒剤をもたらし、無駄と腐敗を削減する。

この運動の一歩一歩は、「放っておいてくれ連合」によって支持され、「もっと寄こせ連合」の指導者たちによって反対されるだろう。各個人が独立し、自立し、生命と財産の平等な保護以外には国家から何も必要としない社会への一歩一歩が、中道右派を強化する。

ヨーロッパでは男性も女性も、年金、医療、子供の教育、そして多くの人は仕事そのものを政府に依存している。我々の多くは、先祖の決断によってヨーロッパを離れた。しかし、我々は皆、革命と憲法の歴史を所有するアメリカ人としてヨーロッパを去ったのだ。「もっと寄こせ連合」は、我々を、大西洋を越えて再び依存へと引き戻すだろう。そうではなく、我々は自分たちの生活、収入、財産、そして家族を、あらゆるレベルの政府の干渉から取り戻すのだ。

「放っておいてくれ連合」は、ジェファーソンのビジョンである自立したアメリカ人、つまり、誰もが自分以外の誰の稼ぎでも生活しない自由な社会を目指して前進を続ける決意だ。

おわりに

2050年のアメリカはどうなっているのか？

それまで、そしてそれ以降も、「放っておいてくれ連合」と「もっと寄こせ連合」は2年ごとに対決する。両者が提示する未来像はまったく異なる。

「もっと寄こせ連合」は、規制や訴訟を通じて、より多くの決定、より多くの産業、より多くの雇用を、直接的あるいは隠れた政府の管理下に置こうとするだろう。もし彼らが勝てば、税金は高くなる。親が選ぶ選択肢は減る。国家による選択が増える。アメリカはヨーロッパのような福祉国家になるだろう。

過去の選挙では、この2つのビジョンに満足できない識者たちが第3極を求めた。ビル・クリントンや英国のトニー・ブレアは、自由と国家主義の間の「第三の道」について語った。しかし、第三の道など存在しない。今、リングに上がっている2人の候補者に代わるものはない。

2006年の選挙後、ワシントン・ポスト紙のセバスチャン・マラビーは、リベラル派とリバタリアンとの連合の可能性を示唆した。現在、「放っておいてくれ連合」に参加しているエコノミック・リバタリアンは、いつも教会に行っているような連中と党内でつるむのにうんざりしているというのだ。では、減税を望み、自由貿易と契約の自由を絶対視するリバタリアンは、減税、自由貿易、損害賠償制度改革のために戦う党を去り、政府支出と増税、労働組合のボスと貿易反対、トライアル・ロイヤーの党に加わるつもりなのだろうか？

自由市場を標榜する者の行き場はない。「もっと寄こせ連合」との取引もない。票を動かす主要な問題に関して、彼は動くことができない。ミルトン・フリードマンの経済的自由主義者は、「放っておいてくれ連合」にとどまり、単に教会に通う人々と夕食を共にせず、酒を酌み交わさないことを選ぶだろう。

時折、自称「社会的保守主義者」の指導者が現れるが、彼らが唯一報道陣の注目を集めるのは、「脱退する」と脅したときだ。

どこへ？ 急進的なフェミニスト、急進的な世俗主義者、そして国家に押し付けたい代替信仰を持つ環境保護主義者の政党は、伝統的価値観の保守主義者にどんな家を提供するのだろうか？減税を望むトライアル・ロイヤーが、「放っておいてくれ連合」の門を叩くことはできず、彼の税金を喜んで引き下げる政党は見つけられず、彼が訴訟で田舎から略奪することを許してくれる政党を見つけることはできない。まさに出口無しだ。

競合する2つの連合に代わる体制はない。9月11日以降、「すべてが変わった」という意見もあった。実際には、2つの政党と連合は何も変わっていない。

ある著名な保守派は、もし共和党がイラク占領に十分な熱意を持っていないのなら、「リベラル・タカ派」とつるむのが心地よいと語った。コネチカット州のリーバーマンもその一人だ。この「タカ派」は数人しかいない。

9月11日のような劇的な出来事や、それに続くアフガニスタンとイラクでの戦争と占領でさえ、下院議員や上院議員、知事、州議会議員、政党関係者が鞍替えすることはなかった。このことは、アメリカの分裂に一定の安定があることを示している。戦争に対する意見は、ジョージ・ブッシュに対する既存の見方によって形成される可能性が高い。

共和党が戦争を支持したのは、ブッシュが戦争を推奨したからである。民主党は同じ理由で反対した。これは、クリントンのユーゴスラビア戦争やソマリア戦争に対するアメリカ人の反応の裏返しである。

現在の構造では、2つの競合する連合が勝つか負けるかである。本書は、全体として「放っておいてくれ連合」に有利な傾向をいくつか概説した。これらの傾向は、今世紀半ばに危惧されている財政破綻を回避するのに、十分なだけの力、直ぐに十分な力を、我々の連合に与えてくれるだろうか？　私は、それを現実のものとするために懸命に働くつもりだ。

どこに向かうのか？　2050年までには、アメリカがどのような方向に向かっているかがわかるだろう。もし何も変わらなければ、もし2つの政党が単に陳腐な仲間割れをして争えば、高齢化という人口統計上の現実と、給付プログラムへの自動的な支出によって、政府支出はヨーロッパのレベルにまで達する。私たちは社会民主主義国家になる。

しかし、もし「放っておいてくれ連合」が下院で過半数を、上院で60票を獲得することに成功すれば、減税によってアメリカの所得と富を増やすことができる。そうすれば、アメリカを破綻させる政府プログラムを改革する可能性が生まれる。そして、依存を減らし、個人でコントロールできるように改革された政府プログラムはすべて、「放っておいてくれ連合」を強化することになる。

401(k)を育てた昨日のリベラル派は、明日の納税者の擁護者である。公立学校システムの要求によって、以前は固定資産税の値上げを恐喝されていた親が、親による管理を実施すれば、バウチャーや奨学金を振りかざして、子供のために本当の未来を要求するようになる。

「もっと寄こせ連合」の未来は、生活水準が今日のアメリカからますます遅れて後退していく古いヨーロッパとなることを目の当たりにしている。「放っておいてくれ連合」の任務は、アメリカをそのような衰退の道から遠ざけ、私たちの憲法が約束し、私たちの孫たちが勝ち取ることのできる、個人の自由と限定された政府という明るく高い道へと向かわせることである。


「放っておいてくれ連合」が勝てば、税金は劇的に下がり、政府支出も減る。

私たちが勝利すれば、すべてのアメリカ人は可能な限り幅広い選択肢を持つことができる。税金が連邦政府、州政府、地方政府、公立学校でどのように使われているかを、透明性をもってすべての国民が正確に知ることができる。

私たちが勝利すれば、すべてのアメリカ人が、老後のために非課税で貯蓄できる個人貯蓄口座を持てるようになる。

家庭で、私立学校で、あるいは政府ではなく自分たちが選んだ公立学校で、子供たちを教育する場所を完全に選択できるようになる。

より多くの人が自営業者になる。組合費を強制されることもない。個人の過失に関係なく、金儲けに走る貪欲なトライアル・ロイヤーに訴えられることもない。

あらゆる宗教を信仰するアメリカ人が自由に宗教を実践し、子供たちと分かち合うことができるようになる。

私たちが勝てば、死亡税は廃止され、死亡した人は人生の貯蓄の半分を政府に明け渡すことはなくなる。

我々が勝てば、アメリカはより自由になる。新しい仕事、新しい産業、新しい技術によって、アメリカはより豊かになり、より移動しやすくなる。

政府は割り当てられた限られた仕事は、より有能に遂行されるだろう。なぜなら、政府が達成する能力がない多くのことを、私たちはもはや政府に求めなくなるからだ。納税者を圧迫することなく、自由な社会が必要とする政府職員（世界最強の軍隊、勤勉な警察、裁判所）に公平な報酬を与えることができるだろう。

我々が勝てば、アメリカは力ではなく模範によって地球を支配することになる。世界で最も競争力のある国になる。

我々が勝てば、アメリカが勝つ。

34. Dr. Brian Ray, "Research Facts on Homeschooling," National Home Education Research Institute, July 10, 2006, http://www.nheri.org/content/view/199/ (accessed January 27, 2007).
35. Samuel Freedman, "As a parent, Gore abandons public schools," USA Today, September 20, 2000, sec. A.
36. Clint Bolick, "Selective School Choice," Wall Street Journal, March 2, 2007, http://www.allianceforschoolchoice.org/more.aspx?IITypeID == 4&IIID ==3233 (accessed June 7, 2007).
37. Rhonda Adams, "Focus on success, not failure," USA Today, May 6, 2004, http://www.usatoday.com/money/smallbusiness/columnist/abrams/2004-05-06-success_x.htm (accessed August 10, 2007).
38. Lafevre, 60.
39. The Office of Management and Budget is required to collect this data under the Federal Activities Inventory Reform (FAIR) Act, http://www.whitehouse.gov/omb/procurement/fair-index.html (accessed June 26, 2007).
40. Carl Demaio et al., Citizens' Budget 2003-2005 (Los Angeles, Ca.: Reason Foundation and the Performance Institute, 2003).
41. Sandra Fabry, State, Federal, and Local Efforts to Increase Transparency in Government Spending (Washington, D.C.: ATR, 2007).

17. Ibid.
18. Ibid.
19. Facts from the EBRI, http://www.ebri.org/pdf/publications/facts/0902fact.pdf (accessed September 20, 2007).
20. Peter Ferrara, Personal Accounts and Social Security: A New Progressive Proposal for Reform (Washington, D.C.: Institute for Policy Innovation: Policy Report #176, 2003).
21. Jose Pinera (Co-chairman, Project on Social Security Choice), interview by author, September 20, 2007).
22. Revised edition of "Empowering Workers: The Privatization of Social Security in Chile" published in 1996 as Cato's Letter No. 10. Originally published in the Cato Journal, Vol. 15, Nos. 2-3 (Fall/Winter 1995/96). Copyright© 2002 Cato Institute. http://www.josepinera.com/pag/pag_tex_empowering.htm and the website of the Superintendency of AFP www.safp.cl.
23. Steven Hayward and Erik Peterson, "The Medicare Monster: A Cautionary Tale," Reason Online, January 1993, http://www.reason.com/news/show/29339.html (accessed September 28, 2007).
24. Social Security Office of the Chief Actuary, http://www.ssa.gov/OACT/ (accessed July 16, 2007).
25. McQuillan, 19-20.
26. American Medical Association, Medical Liability Reform-Now!: A compendium of facts supporting medical liability reform and debunking arguments against reform (Chicago: 2006), http://www.ama-assn.org/amal/pub/upload/mm/-l/mlrnow.pdf,21.
27. Trial Lawyers Inc., California (New York: Manhattan Institute, 2005), http://www.triallawyersinc.com/TLI-ca.pdf (accessed September 21, 2007).
28. Amy Finkelstein, The Aggregate Effects of Health Insurance Evidence from the Introduction of Medicare (Cambridge: National Bureau of Economic Research, 2006), http://www.nber.org/~afinkels/papers/Finkelstein_Medicare_April06.pdf.
29. Center for Research and Policy, January 2006 Census Shows 3.2 Million People Covered By HSA Plans, America's Health Insurance Plans, http://www.ahip.org/content/default.aspx?docid=l5302 (accessed September 1, 2007).
30. Victoria Craig Bunce, J. P. Wieske, and Larry Siedlick, Health Insurance Mandates in the States 2007 (Alexandria: CAHI, 2007), http://www.cahi.org/cahi_contents/resources/pdf/MandatePub2007.pdf (accessed June 6, 2007).
31. Council for Affordable Health Insurance, Letter Urges Consideration of the Health Care Choice Act Legislation Will Help Uninsured Get Coverage, http://www.cahi.org/article.asp?id==807.
32. "National Education Testing: A Debate," Cato Policy Report, July/August 2001, 6.
33. Leander Kahney, "Steve Jobs, Proud to Be Nonunion," Wired, February 20, 2007, http://www.wired.com/techbiz/people/news/2007/02/72754 (accessed September 28, 2007).

11, 2006).
11. Brady, 1.

Chapter 21

1. Congressional Budget Office, Historical Budget Data, http://www.cbo.gov/budget/historical.xis (accessed September 21, 2007).
2. Americans for Tax Reform analysis of data from Office of Management and Budget, Congressional Budget Office, Bureau of Economic Analysis, and Census.
3. Data compiled by Americans for Tax Reform Foundation using Bureau of Economic Analysis, National Economic Accounts. http://www.bea.gov/national/nipaweb/TableView.asp#Mid (accessed September 21, 2007), Office of Management and Budget, Fiscal Year 2008 Budget, http://www.whitehouse.gov/omb/budget/fy2008sheets/histl6zl.xls (accessed September 21, 2007), U.S. Government Spending, United States Federal, State, and Local Government Spending, Fiscal Year 2005. www.usgovernmentspending.com (accessed September 21, 2007).
4. Andrew T. Lefevre, Report Card on American Education: A State-by-State Analysis (Washington, D.C.: American Legislative Exchange Council, 2006), 74.
5. Ibid.
6. Office of the Chief Actuary, Social Security, Actuarial Resources (Baltimore: 2007), http://www.ssa.gov/OACT/ (accessed July 16, 2007).
7. "Social Security: Prosperity Through Ownership," The Heritage Foundation, 2007, http://www.heritage.org/Research/features/socialsecurity/SSCalcWelcome.asp (accessed June 4, 2007).
8. Lawrence R. Jacobs, "UFO stories: more Social Security bunk. (Cynicism about the future of Social Security benefits)," The New Republic, 1998, http://www.clas.ufl.edu/users/kenwald/pos3233/socsec.htm (accessed September 17, 2007).
9. "Archived Polls," Project on Social Security Choice: Cato Institute, http://www.socialsecurity.org/congressional/polls.html (accessed December 15, 2006).
10. Peter Ferrara, Social Security: The Inherent Contradiction (Washington, D.C.: Cato Institute, 1980).
11. Ibid.
12. Heritage Social Security Calculator, http://www.heritage.org/Research/features/socialsecurity/SSCalcWelcome.asp (accessed May 14, 2007).
13. Peter Ferrara and Michael Tanner, A New Deal for Social Security (Washington, D.C.: Cato Institute, 1998).
14. EBRI Databook on Employee Benefits, http://www.ebri.org/publications/books/index.cfm?fa=databook (accessed July 6, 2007).
15. Ibid.
16. Ibid.

gov/jct/x-69-04.pdf (accessed August 10, 2007).
32. Flow of Funds, http://www.federalreserve.gov/releases/zl/current/default.htm.
33. Daniel Mitchell, "Iceland Joins the Flat Tax Club," Tax and Budget Bulletin,(Washington, D.C.: Cato Institute, 2007), http://www.cato.org/pubs/tbb/tbb_0207-43.pdf (accessed September 15, 2007).
34. Don Feder, "Here Come the Massachusetts Democrats," Front Page Magazine, July 5, 2004, http://www.frontpagemag.com/Articles/Read.aspx?GUID=D7EAC5F5-1C3A-42A8-82EA-E9C898F5A480 (accessed April 9, 2007).
35. Daniel J. Mitchell, "Corporate Taxes: America Is Falling Behind," Tax and Budget Bulletin (Washington, D.C.: Cato Institute, 2007), http://www.cato.org/pubs/tbb/tbb_0707_48.pdf (accessed August 2, 2007).
36. James Tisch, Statement of James Tisch, President and Chief Executive Officer, Loews Corporation, New York, New York, Testimony Before the Subcommittee on Select Revenue Measures of the House Committee on Ways and Means (Washington, D.C.: Congress, 2006), http://waysandmeans.house.gov/hearings.asp?formmode=view&id=4941 (accessed September 24, 2007).

Chapter 20

1. BEA, http://www.bea.gov/national/nipaweb/TableView.asp#Mid (accessed September 26, 2007).
2. CBO, http://www.cbo.gov/ftpdocs/35xx/doc352l/l25RevisedJuly3.pdf(accessed September 24, 2007).
3. BEA, http://www.bea.gov/national/nipaweb/TableView.asp#Mid (accessed September 25, 2007).
4. Calculations performed by Americans for Tax Reform using Bureau of Economic Analysis data.
5. ATR calculations based on data from the CBO and BEA.
6. Trude B. Feldman, "Former President Bush at 80," World Tribune, September 11, 2004, http://www.worldtribune.com/worldtribune/WTARC/2004/ss_ghwbush_08_18.html (accessed September 23, 2007).
7. Analysis performed by Americans for Tax Reform Foundation using BEA data.
8. Joshua Bolten, Testimony of 0MB Director Joshua B. Bolten Mid Session Review of the President's FY 2006 Budget Request Committee on the Budget United States House of Representatives (Washington, D.C.: White House, 2005), http://www.whitehouse.gov/omb/legislative/testimony/director/071405bolten.pdf (accessed September 20, 2007).
9. President George W. Bush, State of the Union Address (Washington, D.C.: 2004), http://www.whitehouse.gov/news/releases/2004/01/20040120-7.html (accessed September 21, 2007).
10. President Bush, Press Conference in the Rose Garden (Washington, D.C.: White House, October

15. U.S. Department of Treasury Office of Public Affairs, U.S. Assistant Treasury Secretary Pam Olson Remarks to the Federal Bar Association at 27th Annual Tax Conference, http://www.treas.gov/press/releases/js96.htm (accessed July 10, 2007).
16. Daniel Clifton and Eric Wong, LSA's and RSA's: The Keys to Economic Prosperity (Washington, D.C.: ATR, 2003), http://www.atr.org/content/pdf/pre2004/ l l1803rept-LSA. pdf.
17. Sarah Holden and Jack Van Derheil, The Influence of Automatic Enrollment, Catch-Up, and IRA Contributions on 401(k) Accumulations at Retirement (Washington, D.C.: Investment Company Institute, 2005).
18. Cynthia G. Fox, "Income Tax Records of the Civil War Years," Prologue Magazine.
19. Federal Taxation of Earnings versus Investment Income in 2004 (Washington, D.C.: Institute on Taxation & Economic Policy, 2004), http://www.itepnet.org/earnan.pdf (accessed August 21, 2007).
20. American Shareholder Association analysis of U.S. Market Capitalization.
21. Office of Tax Analysis, Capital Gains and Taxes Paid on Capital Gains for Returns with Positive Net Capital Gains, 1954-2004 (Washington, D.C.: Treasury, 2007), http://www.treas.gov/offices/tax-policy/library/capgainl-2006.pdf (accessed July 12, 2007).
22. Ibid.
23. Ibid.
24. Ibid.
25. Daniel Clifton, "2003 Tax Cut: Updated Charts and Data," American Shareholders Association Blog, February 12, 2007, http://www.americanshareholders.org/2007/02/2003-tax-cut-up.html (accessed August 4, 2007).
26. Leon Lazaroff, "Despite cash hoard, companies wary of dividends," Chicago Tribune, June 4, 2006, http://www.chicagotribune.com/business/yourmoney/sns-yourmoney-0604dividends,0,195934.story (accessed August 29, 2007).
27. Gary Robbins and Aldona Robbins, What's the Most Potent Way to Stimulate the Economy? (Washington, D.C.: Institute for Policy Innovation, 2001), http://www.ipi.org/ipi%5CIPIPublications.nsf/PublicationLookupFullText/CF8A52ECDCAF9A2986256AE1007BCF7D (accessed September 20, 2007).
28. Congressional Record, Making Further Continuing Appropriations for the Fiscal Year 2007 (Washington, D.C.: Govtrack.us, February 14, 2007), http://www.govtrack.us/congress/record.xpd ?id=110-s20070214-16&person=300048 (accessed June 21, 2007).
29. Analysis done by author using the IRS code.
30. Federal Reserve Statistical Release, Flow of Funds Accounts of the United States, Federal Reserve, http://www.federalreserve.gov/releases/zl/current/default.htm.
31. Joint Committee on Taxation, Estimated Budget Effects of the Conference Agreement for H.R. 4520, The "American Jobs Creation Act of 2004, Fiscal Years 2005-2014," http://www.house.

article_1646827.php (accessed August 9, 2007), April 10, 2007.

31. Scott Riley, "Sweet Home Alabama: 2006 Preview," Election Projection 2006 August 11, 2005, http://www.electionprojection.com/archivesll0l05.html (accessed August 15, 2007).
32. John J. Miller, "America's Best Governor: For Republicans, a Rocky Mountain high," National Review Vol. LIV, No. 16 (2002).

Chapter 19

1. Internal Revenue Service, 2007 Federal Tax Rate Schedules, http://www.irs.gov/formspubs/article/0,,id=l64272,00.html (accessed August 8, 2007).
2. Neal Boortz and Congressman John Linder, The FairTax Book: Saying Goodbye to the Income Tax and the IRS (New York, N.Y.: HarperCollins, 2005).
3. Elections Division, Massachusetts Statewide Ballot Measures: 1919-2004, Secretary of State's Office, http://www.sec.state.ma.us/ele/elebalm/balmidx.htm (accessed August 9, 2007).
4. Darien B. Jacobson, Brian G. Raub, and Barry W. Johnson, "The Estate Tax: Ninety Years and Counting," Internal Revenue Service, http://www.irs.gov/pub/irs-soi/ninetyestate.pdf (accessed September 27, 2007).
5. Ibid.
6. Leonard E. Burman, William G. Gale, and Jeffrey Rohaly, "Options for Reforming the Estate Tax," Tax Analysts Tax Break, Tax Policy Center, http://www.taxpolicycenter.org/UploadedPDF/1000780_Tax_Break_4-18-05.pdf (accessed June 11, 2007).
7. Internal Revenue Service, SOI Tax Stats- Collecting Revenue, http://www.irs.gov/taxstats/compliancestats/article/0,,id=97168,00.html (accessed June 11, 2007).
8. U.S. Department of the Treasury, Summary of H.R. 1836-The Economic Growth and Tax Relief Reconciliation Act of 2001 (Conference Report), http://www.policyalmanac.org/economic/archive/taxes-2001-05-25.shtml (accessed August 9, 2007).
9. California Secretary of State, A History of California Initiatives: 2002, http://www.sos.ca.gov/elections/init_history.pdf (accessed June 1, 2007).
10. Ibid.
11. Nancy Gibbs and Michael Duffy, "Two Men, Two Visions; Now comes the choice. Each man holds a core belief that invites a case study in who is for real: Bush and his big tax cut? Gore and his populist battle cry? We look at how they decided where to make a stand," Time, November 6, 2000, 48.
12. Karlyn Bowman, Public Opinion on Taxes (Washington, D.C.: American Enterprise Institute, 2007), 64.
13. Analysis done by author using the IRS code.
14. "Social Security: Prosperity Through Ownership," The Heritage Foundation, 2007, http://www.heritage.org/Research/features/socialsecurity/SSCalcWelcome.asp (accessed June 4, 2007).

2003, and Stephen Moore, "Voters Say No to New Taxes ... even on the Left Coast," National Review Online, March 5, 2004, http://www.nationalreview.com/moore/moore20040305l l l4.asp (accessed August 10, 2007).

17. Election Atlas, http://uselectionatlas.org/RESULTS/ (accessed April 15, 2007).
18. President Ronald Reagan, Address before a Joint Session of the Congress Reporting on the State of the Union (Washington, D.C.: 1984), http://reagan2020.us/speeches/state_of_the_union_1984.asp (accessed June 2, 2007).
19. Tax Policy Center, Tax Facts: Individual Income Tax Brackets, 1945-2007, http://taxpolicycenter.org/TaxFacts/TFDB/ Content/PDFIindividual_rates.pdf (accessed August 1, 2007).
20. Michael Barone, Grant Ujifusa, The Almanac of American Politics 1990, 10th ed. (Washington, D.C.: National Journal, 1989), 737, p. 275, line "shifted permanently to Bush."
21. George H. W. Bush, "1988 Republican National Convention Acceptance Address," American Rhetoric, http://www.americanrhetoric.com/speeches/ georgehbushl988rnc.htm (accessed April 16, 2007).
22. Dave Leip's election atlas, http://www.uselectionatlas.org/RESULTS/.
23. Tax Policy Center, Tax Facts: Individual Income Tax Brackets, 1945-2007, http://taxpolicycenter.org/TaxFacts /TFDB/ Content/PDF/individual_rates.pdf (accessed August 1, 2007). Tax Policy Center, Tax Facts: Historical AMT Legislation, http://taxpolicycenter.org/TaxFacts/Tfdb/TFTemplate.cfm?DocID=195&Topic2id=30&Topic3id=36 (accessed August 1, 2007).
24. Michael Barone and Grant Ujifusa. The Almanac of American Politics 1982(Washington, D.C.: Barone & Company, 1981), xv-xix. Michael Barone and Grant Ujifusa. The Almanac of American Politics 1986(Washington, D.C.: National Journal Inc., 1985), Iii. Michael Barone and Grant Ujifusa. The Almanac of American Politics 1994 (Washington, D.C.: National Journal Inc., 1993), xxix. Grant Ujifusa and Michael Barone. The Almanac of American Politics 1990 (Washington, D.C.: National Journal Inc., 1989), xxxii.
25. House History. Office of the Clerk, U.S. House of Representatives http://clerk.house.gov/art_history/house_history/index.html (accessed August 10, 2007).
26. March Fong Eu, "Statement of the Vote: General Election November 3, 1992 (Sacramention: Secretary of State, 1992), http://www.sos.ca.gov/elections/sov/1992_general/statement_of_vote_general_l992.pdf (accessed September 1, 2007).
27. Ibid.
28. Secretary of State, "1992 Election," (Massachusetts Board of Elections, 1992), http://www.sec.state.ma.us/ELE/elebalm/balmpdf/balm1992.pdf (September 10, 2007).
29. Tax Policy Center, http://taxpolicycenter.org/TaxFacts/TFDB/Content/PDF/individual_rates.pdf (accessed August 1, 2007).
30. "Line in the sand against new taxes: Legislative Republicans could block new levies, if they stick together," OC Register, http://www.ocregister.com/ocregister/opinion/homepage/

in Favor of Friendlier Terrain," The Nation, November 29, 2004, 14-17.

12. Americans for Tax Reform Foundation analysis of data from the Internal Revenue Service.
13. Ibid.
14. U.S. Census Bureau. Web: www.census.gov. For 1900-2005 population estimates, see Population of the 20 Largest U.S. Cities, 1900-2005.

Chapter 18

1. Tax Policy Center, Tax Facts: Individual Income Tax Brackets, 1945-2007, http://www.taxpolicycenter.org/taxfacts/Content/PDF/historical_parameters.pdf (accessed August 1, 2007).
2. Scott Cummings, "May 10, 1773: Parliament passes the Tea Act; December 16, 1773: Boston Tea Party," The Patriot Resource, http://www.patriotresource.com/events/bostontea.html (accessed August 28, 2007).
3. Internal Revenue Service, Brief History of the IRS, http://www.irs.gov/irs/article/0,,id=149200,00.html (accessed August 7, 2007).
4. Ibid.
5. U.S. Department of State, Smoot-Hawley Tariff, 1930 (Washington, D.C.: State, 2007), http://www.state.gov/r/pa/ho/time/id/17606.htm (accessed September 3, 2007).
6. Democratic Party Platform of 1932, The American Presidency Project, July 27, 1932, http://www.presidency.ucsb.edu/ws/print.php?pid=29595 (accessed August 15, 2007).
7. See Bureau of Economic Analysis, Table 6.5A and B. Full-Time Equivalent Employees by Industry.
8. Amity Shlaes, The Forgotten Man (New York: HarperCollins Publishers, 2007), 127-28.
9. Dwight D. Eisenhower, "84-Special Message to the Congress Recommending Tax Legislation," The American Presidency Project, http://www.presidency.ucsb.edu/ws/index.php?pid=9856 (accessed June 27, 2007).
10. BEA data, http://www.bea.gov/national/nipaweb/TableView.asp#Mid.11. Herbert Stein, "Why JFK Cut Taxes," Wall Street Journal, May 30, 1996, http://www.msjc.edu/econ/jfk022502.htm (accessed September 23, 2007).
12. BEA data, http://www.bea.gov/national/nipaweb/TableView.asp#Mid.
13. "Rationale for Kennedy's Tax Cut," New York Times, September 18, 1984, http://query.nytimes.com/gst/fullpage.html?res=9505E2D6163BF93BA2575AC0A962 948260&sec=&spon=&pagewanted=print (accessed April 23, 2007).
14. "New Treasury Data Confirm ACCF Analysis of Thirty Years Ago," ACCF Capital Formation Newsletter, January-February 2005, Vol. 30, No. 1.
15. CBO, Capital Gains Taxes and Federal Revenues (Washington, D.C.: CBO, 2002), http://www.cbo.gov/ftpdoc.cfm?index=3856&type=0(accessed August 13, 2007).
16. Mark Simon, "Buffett's Prop. 13 comments cause stir," San Francisco Chronicle, August 16,

ballot.org/index.asp?Type=B_BASIC&SEC=%7B230884C4-B76B-4542-A914-A5EBFA7DFFE4%7D&DE=%7B606C9306-FE7D-4DC4-888B-640321DF3EAC%7D#al (accessed August 26, 2007).

15. Analysis done by author using Census Bureau data.

Chapter 16

1. Analysis performed by American Shareholders Association using Flow of Funds Data, http://www.federalreserve.gov/releases/zl/Current/zlr-5.pdf (accessed July 14, 2007).
2. Demian S. Brady, Committee Control in the 110th Congress: Who Will Be Left Sitting? (Washington, D.C.: National Taxpayers Union Foundation, 2006), I.
3. Tim Kaine, "Global U.S. Troop Deployment, 1950-2005." The Heritage Foundation. http://www.heritage.org/Research/NationalSecurity/cda06-02.cfm (accessed November 26, 2006).
4. John Kenneth White, Daniel M. Shea, New Party Politics: From Jefferson and Hamilton to the Information (Boston: Bedford/St. Martin's, 2000), 93.

Chapter 17

1. Tax Foundation, "State and Local Tax Burdens Compared to Other U.S. States," http://www.taxfoundation.org/files/burden_by_year_a11_ states-2007-04- 04.pdf (accessed September 20, 2007).
2. Analysis of IRS data by Americans for Tax Reform Foundation.
3. Ibid.
4. There are a handful of states that are seeing a net loss of residents but a net gain in income or vice versa. Although this may seem counterintuitive, these apparent inconsistencies are due to the IRS data's inclusion of all income included in the adjusted gross income calculation. The inclusion of sole proprietorship business income, IRA distributions, dividends, and other types of income explain the variations in the pattern of individuals and their incomes moving from one state to another.
5. Office of Economic and Demographic Research, General Revenue Fund Financial Outlook Statement, State of Florida, http://edr.state.fl.us/conferences/generalrevenue/groutl.pdf (accessed April 30, 2007).
6. Wendell Cox Consultancy, U.S. Private Sector Trade Union Membership http://www.publicpurpose.com/lm-unn2003.htm (accessed March 23, 2007).
7. Analysis performed by Alliance for Worker Freedom using Census Bureau data.
8. Ibid.
9. ATR Foundation Study Using IRS Statistics of Income Data.
10. Americans for Tax Reform Foundation analysis using 2005 U.S. Census data and IRS data.
11. Thomas Geoghegan, "Take It to the Blue States: Maybe Labor Should Give Up on Washington

Foundations Back Leftist Causes (Washington, D.C.: Capital Research Center, August 2006).
2. Charles E. Wilson, confirmation hearing, January 15, 1953. Nominations, hearings before the Committee on Armed Services, United States Senate, 83d Congress, 1st session, p. 26 (1953).
3. Brooks Jackson, Honest Graft: Big Money and the American Political Process(Washington, D.C.: Farragut Publishing Company, 1990).
4. Research performed upon request of author by The Center for Responsive Politics.
5. Opensecrets.org, http://opensecrets.org/industries/indus.asp?Ind=D (accessed September 22, 2007).
6. Jonathan D. Salant, "Boeing, Banks Give to Democratic Candidates after Election Wins," Bloomberg.com, http://www.bloomberg.com/apps/news?pid=ewsarchive&sid=aT7EeUujXdw4 (accessed April 29, 2007).
7. Opensecrets.org, http://opensecrets.org/industries/indus.asp?Ind=K (accessed August 4, 2007).

Chapter 15

1. Roberto Suro, Richard Fry, and Jeffrey Passel, Hispanics and the 2004 Election Population, Electorate and Voters, Pew Hispanic Center, http://pewhispanic.org/reports/report.php?ReportID=48 (accessed January 18, 2007).
2. CNN Exit Polls 2006.
3. National Health Center for Statistics, Preliminary Births for 2004, Center for Disease Control, http://www.cdc.gov/nchs/data/hestat/prelimbirth04_tables.pdf (accessed November I, 2006).
4. Richard Cizik, personal interview with executive director of National Association of Evangelicals.
5. S. G. Liaugminas, "Catholicism with a Latin Beat," Crisis, September 2001, http://www.crisismagazine.com/september200l/cover.htm (accessed September 24, 2007).
6. "Religion and the Presidential Vote: Bush's Gains Broad-Based" (Washington, D.C.: The Pew Research Center for the People and the Press, 2004), http://peoplepress.org/commentary/display.php3?AnalysisID=103 (accessed June 6, 2006).
7. Suro, Fry, and Passel, 19.
8. Ibid., 18.
9. Richard Nadler, Border Wars: The Impact of Immigration on the Latino Vote(Overland Park, Kan.: America's Majority Foundation, 2007).
10. Benn J. Wattenberg, Fewer: How the New Demography of Depopulation Will Shape Our Future (Chicago: Ivan R. Dee), 77.
11. Claudette E. Bennett, We the American People: Blacks, U.S. Census Bureau, http://www.census.gov/apsd/wepeople/we-l.pdf (accessed May 15, 2007).
12. Major Features of the Civil Rights Act of 1964 from the Dirksen Congressional Center.
13. Ibid.
14. "Election Results September 2003," Ballot Initiative Strategy Center, http://www.

php?option=com_content&task=view&id=l7&Itemid=34 (accessed September 13, 2007).
4. Ibid.
5. N. Z. Bear, "The TTLB Blogosphere Ecosystem," The Truth Laid Bear, http://truthlaidbear.com/ecotraffic.php?start=l (accessed May 2, 2007).
6. Dan Baiz and Mike Allen, "Election Is Now for Bush Campaign: Early Efforts Aim to Amass Voters," Washington Post, November 30, 2003, sec. A.
7. "U.S. Newspaper Employment," The Source Newspapers by the Numbers, (Arlington, Va.: Newspaper Association of America, 2006), http://web.naa.org/thesource/24.asp (accessed August 4, 2007).
8. Price History, New York Times, http://phx.corporateir.net/phoenix.zhtml?c=105317&p=irol-stocklookup&t=HistQuote.
9. The Associated Press, "Circulation at the Top 20 Newspapers," Associated Press, April 30, 2007, http://biz.yahoo.com/ap/070430/newspapers_circulation_list.html?.v=1&printer=.
10. Audit Bureau of Circulation, US NEWSPAPER - SEARCH RESULTS, http://abcas3.accessabc.com/ecirc/newstitlesearchus.asp (accessed April 29, 2007). pg 195 line 5
11. S. Robert Lichter, Stanley Rothman, and Linda S. Lichter, The Media Elite (Winter Park, Fl.: Hastings House, 1990).
12. Lichter and Rothman, 30.
13. Lichter and Rothman.
14. Ken Dautrich and Chris Barnes, Press Freedom in the U.S.: A National Survey of Journalists and the American Public (West Hartford: University of Connecticut School of Public Policy, 2005), http://importance.corante.com/archives/UCONN_DPP_Press_Release.pdf (accessed September 25, 2007).
15. Ken Dautrich and Chris Barnes, http://importance.corante.com/archives/UCONN_DPP_Press_Release.pdf (accessed September 25, 2007).
16. Grover Norquist, "McCain's Big Backers: Who needs public financing if the media love you?" American Spectator, December 1999/January 2000, 78-79.
17. Ibid.
18. Ibid.
19. Nielsen Media Research, Weekday Competitive Program Ranking for December 2006, Obtained from Media Bistro (www.mediabistro.com).
20. "Evening News Viewership, All Network," State of the Media 2007 (Washington, D.C.: Project for Excellence in Journalism, 2007), http://www.stateofthemedia.org/2007Ichartland.asp?id=211&ct=line&dir=&sort=&coll_box=1# (accessed September 28, 2007).

Chapter 14

1. David Hogberg and Sarah Haney, Funding Liberalism with Blue-Chip Profits: Fortune 100

14. CNN Exit Poll 2000.
15. Report to Crisis Magazine on the American Catholic Vote (Washington, D.C.: QEV Analytics, 1996), http://www.qev.com/Final_rpt.pdf (accessed August 18, 2006).
16. Ibid.
17. Grover Norquist, "The Catholic Vote," American Spectator, August 2000, http://www.atr.org/press/editorials/tas/tas0800.html.
18. Samuel G. Freedman, The Inheritance: How Three Families and the American Political Majority Moved from Left to Right (Rockefeller: Touchstone, 1996).
19. 2002 Report on Anti-Catholicism (New York: Catholic League for Religious and Civil Rights, 2002), http://www.catholicleague.org/annualreport.php?year=2002 (accessed June 22, 2007).
20. Randy Hall, "Abortion Causing 'Black Genocide,' Activists Say," CNSNews.com February 7, 2005, http://www.cnsnews.com/ViewSpecialReports.asp?Page=%5CSpecialReports%5Carchive%5C200502%5CSPE20050207a.html (accessed July 2, 2007).
21. Kenneth C. Jones, "Vatican II Renewal: Myth or Reality?" The Latin Mass: A Journal of Catholic Culture 12, no. 4 (Fall 2003): 10-16.
22. Democrats More Eager to Vote, but Unhappy with Party (Washington, D.C.: Pew Research Center for the People and the Press, 2006), http://peoplepress.org/reports/display.php3?ReportlD=279 (accessed July 29, 2007).
23. Religious Demographic Profile: United States (Washington, D.C.: The Pew Forum on Religion and Public Life, 2007), http://pewforum.org/worldaffairs/countries/?CountryID=222 (accessed September 27, 2007).
24. CNN Exit Polls 2004.
25. Michael Beschloss, "FDR's Auschwitz Secret," Newsweek, October 14, 2002, 37.
26. Michael S. Hamilton and Jennifer McKinney, "Turning the Mainline Around: New sociological studies show that evangelicals may well succeed at renewing wayward Protestantism," Christianity Today, August 1, 2003, http://www.christianitytoday.com/ct/2003/august/1.34.html (accessed August 24, 2007).
27. The Institute for Religion and Democracy, "Chart of Mainline Church Membership Decline," http://www.irdrenew.org/site/apps/nl/content2.asp?c=fvKVLfMVIsG&b=470745&ct=1571507 (July 21, 2006).
28. Carol Bender of Christian Booksellers Association, interview by the author, April 9, 2007.

Chapter 13

1. Project for Excellence in Journalism, 2006 Annual Report on the State of the News Media, Journalism.org, http://www.stateofthenewsmedia.org/2006 (October 14, 2006).
2. Ibid.
3. "The Top Talk Radio Audiences," Talkers Magazine, http://www.talkers.com/main/index.

Encounter Books, 2004), 4.

23. Larry J. Sabato and Glenn R. Simpson, Dirty Little Secrets: The Persistence of Corruption in American Politics (New York: Times Books 1996).
24. "The Acorn Indictments," Wall Street Journal, November 3, 2006.
25. John Fund, "How to Run a Clean Election: What Mexico can teach the United States," Wall Street Journal's Opinion Page, July 10, 2006

(http://www.opinionjournal.com/diary/?id=l10008630 (accessed July 15, 2006).

Chapter 12

1. David Van Biema, "Kingdom Come," Time Magazine, August 4, 1997.
2. CNN Exit Polls 2004 and CNN, Exit Polls 1996, http://www.cnn.com/ALLPOLITICS/1996/elections/natl.exit.poll/indexl.html (accessed September 1, 2007).
3. CNN Exit Polls 2004.
4. Maisel and Forman, 153, and The American-Israeli Cooperative Enterprise, Jewish Vote in Presidential Elections, http://www.jewishvirtuallibrary.org/jsource/USIsrael/jewvote.html (September 17, 2007).
5. CNN Exit Polls 2006.
6. Anna Greenberg and Patrick McCreesh, Presidential Vote 2004-Jewish Voters, Greenberg Quinlan Rosner Research, http://www.greenbergresearch.com/index.php?ID=l94l(accessed April 28, 2007).
7. North American Jewish Data Bank, National Jewish Population Survey 1990, Mandell L. Berman Institute, http://www.jewishdatabank.org/NJPS1990.asp and North American Jewish Data Bank, National Jewish Population Survey 2000-01, http://www.jewishdatabank.org/NJPS2000.asp.
8. Bulletin Correspondent, "Demographic time-bomb could decimate Jewish life as we know it," Jewish News Weekly of Northern California, October 6, 1995, http://www.jewishsf.com/content/2-0-Imodule/<lisplaystory/story_id/2141/edition_id/34/format/html/displaystory.html (August 19, 2006).
9. North American Jewish Data Bank, National Jewish Population Survey 1990, Mandell L. Berman Institute, http://www.jewishdatabank.org/NJPS1990.asp and North American Jewish Data Bank, National Jewish Population Survey2000-0l, http://www.jewishdatabank.org/NJPS2000.asp.
10. Ibid.
11. Jeff Ballabon, interview by author, April 1, 2007.
12. George J. Marlin, The American Catholic Voter: 200 Years of Political Impact (South Bend Ind.: St. Augustine's Press, 2004), xiv.
13. Ibid., xvii.

3. David Leip, http://uselectionatlas.org/RESULTS/index.html (accessed December 15, 2006).
4. Ibid.
5. Tom Hamburger and Peter Wallsten, One Party Country: The Republican Plan for Dominance in the 21st Century (Hoboken: John Wiley & Sons, 2006).
6. Edward Kilgore, Growing the Vote: The Political Challenges and Opportunities in Fast-Growing Areas (Washington, D.C.: DLC, 2006), http://www.dlc.org/ndol_ci.cfm?kaid=l27&subid=l73&contentid=253890 (accessed September 27, 2007).
7. Ibid.
8. Ibid.
9. Ibid.
10. Tom Hamburger and Peter Wallsten, One Party Country: The Republican Plan for Dominance in the 21" Century (Hoboken: John Wiley & Sons, 2006).
11. Lauren E. Glaze, and Seri Paila, Probation and Parole in the Unites States, 2004, Bureau of Justice Statistics (November 2005).
12. The Sentencing Project, Felony Disenfranchisement Laws in the United States, http://www.sentencingproject.org/Admin%5CDocuments%5Cpublications%5Cfd_bs_fdlawsinus.pdf (accessed April 30, 2007).
13. Jeff Manza, Christopher Uggen, Marcus Britton, The Truly Disenfranchised: Felon Voting Rights and American Politics, http://www.northwestern.edu/ipr/publications/papers/manza.pdf. For completed work, see: Jeff Manza and Christopher Uggen, Locked Out: Felon Disenfranchisement and American Democracy (Studies in Crime and Public Policy) (USA: Oxford University Press, 2007).
14. Kate Zernike, "Iowa Governor Will Give Felons the Right to Vote," New York Times, June 18, 2005, AS.
15. John R. Lott, Jr., "The Criminal Constituency," Baltimore Sun, February 16, 2006, http://www.aei.org/publications/filter.all,pubID.23901/pub_detail.asp (accessed September 25, 2007).
16. The Sentencing Project.
17. Federal Bureau of Prisons, Quick Facts about the Bureau of Prisons (Washington, D.C.: DOJ, 2007), http://www.bop.gov/news/quick.jsp (accessed September June 17, 2006).
18. Editorial, "Louisiana purchased again-need to investigate the 1996 Louisiana Senate election," National Review, May 5, 1997.
19. Bob Williams, "Reforming Elections for the Preservation of Liberty," Imprimis: The National Speech Digest of Hillsdale College 34 (2005).
20. Ibid.
21. U.S Election Assistance Commission, Election Crimes: An Initial Review and Recommendations for Future Study, 2006 (Washington, D.C.).
22. John Fund, Stealing Elections: How Voter Fraud Threatens Our Democracy (San Francisco:

Chapter 9

1. Michael Farris (Cofounder of the Home School Legal Defense Association), interview by author, June 28, 2006.
2. Ibid.
3. Ibid.
4. Ibid.
5. Dr. Brian Ray, "Research Facts on Homeschooling," National Home Education Research Institute, July 10, 2006, http://www.nheri.org/content/view/199/ (accessed January 27, 2007).
6. Michael Farris (Cofounder of the Home School Legal Defense Association), interview by author, June 28, 2006
7. Ibid.

Chapter 10

1. Chris Edwards, "Number, Cost of Government Workers Growing Fast, Study Says," Budget and Tax News, April 2006, 17.
2. Bureau of Economic Analysis, http://www.bea.gov/national/nipaweb/SelectTable.asp?Selected=N (accessed June 12, 2007).
3. Edwards, Number, Cost of Government.
4. Wendell Cox, Public vs. Private Compensation: A Comparison of Public and Private Compensation in Alabama's Workforce (Birmingham: Alabama Policy Institute, 2006).
5. Ibid.
6. Chris Edwards and Jagadeesh Gokhale, "Unfunded State and Local Health Costs:
$1.4 Trillion," Tax and Budget Bulletin, October 2006.
7. Office of Personnel and Management, Retirement Projections (Washington, D.C.: OPM), http://www.opm.gov/feddata/retire/rs2004_projections.pdf (accessed September 25, 2007).
8. Chris Edwards, "State Bureaucracy Update," Tax and Budget Bulletin (Washington, D.C.: Cato Institute, 2006), http://www.cato.org/pubs/tbb/tbb-0601-29.pdf (accessed September 26, 2007).

Chapter 11

1. U.S. Census Bureau, "American Fact Finder" http://factfinder.census.gov/servlet/SAFFFacts?_event=&geo_id=0100OUS&_geoContext=01000US&_street=&_county=&_cityTown=&_state=&_zip=&_lang=en&_sse=on&ActiveGeoDiv=&_useEV=&pctxt=fph&pgsl=Ol0&_submenuid=factsheet_l&ds_name=ACS_2005_SAFF&_ci_nbr=null&qr_name=null&reg=null%3Anull&_keyword=&_industry= (accessed April 29, 2007).
2. David Leip. Dave Leip's Atlas of U.S. Presidential Elections. http://www.uselectionatlas.org (accessed July 22, 2006).

11. John R. Lott, Jr., More Guns, Less Crime: Understanding Crime and Gun Control Laws (Chicago: University of Chicago Press, 2000).
12. Ibid.
13. Ibid.
14. See Fla. Stat. ch. 776.013 (2005).
15. House Committee on Government Reform Subcommittee on National Security, Emerging Threats and International Relations, Statement of Michael D. Gulledge, Director, Evaluation and Inspections Division, U.S. Department of Justice Office of the Inspector General Concerning Homeland Security: Surveillance and Monitoring of Explosive Storage Facilities, Part II (Washington, D.C., October 31, 2005) http://www.usdoj.gov/oig/testimony/0510/final.pdf (accessed September 25, 2007).
16. John R. Lott, Jr., The Bias Against Guns (Washington, D.C.: Regnery, 2003), chapter 8.
17. Estimated number of guns based on research in Gary Kleck, Targeting Guns (Hawthorne, N.Y.:, de Gruyter, 1997), 63-70. Number of gun owners is based on studies described by Kleck, applied to projected data from 2000 Census.

Chapter 8

1. Daniel J. Mitchell, Ph.D., Fiscal Policy Lessons from Europe (Washington, D.C.: The Heritage Foundation, 2006).
2. Ibid.
3. Ibid.
4. Statistics Canada (1991). General Social Survey-Health. Public-use microdata file.
5. Administration for Children and Families, "ACF News: Statistics," Department of Health and Human Services, http://www.acf.hhs.gov/news/stats/6090_cht.htm (accessed April 29, 2007).
6. David Rousseau (Principal Policy Analyst of the Kaiser Family Foundation), Interview by Author, March 23, 2007.
7. "Food Stamp Program Participation and Costs" (Washington, D.C.: Department of Agriculture, 2007), http://www.fns.usda.gov/pd/fssummar.htm (accessed November 16, 2007).
8. Mark Trumball, "As US tax rates drop, government's reach grows," Christian Science Monitor, April 16, 2007, http://www.csmonitor.com/2007/0416/p0ls04-usec.html (accessed September 25, 2007).
9. President George H. W. Bush, Remarks at the Swearing-in Ceremony for Jack F. Kemp as Secretary of Housing and Urban Development)Washington, D.C.: White House, 1989), http://www.presidency.ucsb.edu/ws/print.php?pid=16665 (accessed September 26, 2007).
10. Robert Rector, The Impact of Welfare Reform: Testimony before Committee on Ways and Means U.S House of Representatives, July 19, 2006, The Heritage Foundation, http://www.heritage.org/Research/Welfare/tst071906a.cfm.

literally," Opinionjournal.com, http://www.opinionjournal.com/extra/?id=ll0005277(April 29, 2007).

Chapter 6

1. Amanda Hydro (Former Executive Director of the College Republican National Committee), Interview by Author, June 8, 2007.
2. Scott Stewart, The College Republicans-A Brief History (Washington, D.C.: CRNC, 2002), http://www.crnc.org/images/CRNChistory.pdf (accessed August 2006), 1-3.
3. Ibid.
4. Amanda Hydro (Former Executive Director of the College Republican National Committee), Interview by Author, September 28, 2007.
5. Morton Blackwell (President of the Leadership Institute), interview by the Author, June 28, 2006.

Chapter 7

1. William Clinton, My Life (New York: Random House, 2004), 629-630.
2. Senate: 1993 Vote #394 on HR 1025 passed 63-36. House: 1993 Vote #564 on HR
1025 passed 238-189.
3. Ibid.
4. Ibid.
5. Zogby International, "New Zogby "American Values" Poll reveals: NRA represents America's views more than the AFL-CIO or the Religious Right; Majority says Supreme Court decisions unbiased," http://zogby.com/search/ReadNews.dbm?ID=319 (accessed September 12, 2007).
6. National Rifle Association, "NRA Life and Five-Consecutive Year Membership Growth" (Fairfax: NRA, 2006).
7. U.S. Sportmen's Alliance, "Families Afield: An Initiative for the Future of Hunting," Families Afield, http://www.familiesafield.org/pdf/FamiliesAfield_Report.pdf (accessed May 15, 2007).
8. Florida Department of Agricultural and Consumer Services, Concealed Weapon / Firearm Summary Report, October 1, 1987-November 30, 2006 (http://licgweb.doacs.state.fl.us/stats/cw_monthly.html). See also More Guns, Less Crime (2000).
9. ArgusLeader.com, http://www.argusleader.com/apps/pbcs.dll/article?AID=/20061217INEWS/612170334/1/DATABASE01 and Mark Nichols, John R. O'Neill, "300,000 Hoosiers have Gun Permits," Indy Star, July 11, 2004, http://www2.indystar.com/articles/l/161649-4651-092.html.
10. Division of Licensing, Concealed Weapon/ Firearm Summary Report October 1, 1987-March 31, 2007, Florida Department of Agriculture and Consumer Services, http://licgweb.doacs.state.fl.us/stats/cw_monthly.html.

10. Answer, Affirmative Defenses and counterclaims of Education Association Defendants, State v. WEA, 1997 and Estimated from Washington Education Association reports.
11. Heather Reams (Director of Communications at Association of American Educators), interview by author, September 27, 2007.
12. William T. Wilson, Ph.D., The Effect of Right-to-Work Laws on Economic Development (Midland: Mackinac Center for Public Policy, 2002), 13.
13. Opensecrets.org, "Labor: Long-Term Giving Trends," http://opensecrets.org/industries/indus.asp?Ind=P (accessed September 25, 2007).
14. David Denholm (President of the Public Service Research Foundation), interview by author, 29 September 2006.
15. United States House of Representatives, Letter to the Junta Local de Conciliacion y Arbitraje de! Estada de Pueblo (Washington, D.C.: Office of Representative George Miller, 2001.).
16. Zogby International Release, "Disorganized Labor," Zogby International, August 10, 2005.
17. Erik Reece, "Harlan County Blues," The Nation, June 28, 2006, http://www.thenation.com/docprem.mhtml?i=20060717&s=reece.

Chapter 5

1. Professor Arthur Brooks, "The Fertility Gap: Liberal politics will prove fruitless as long as liberals refuse to multiply," Opinionjournal.com, http://www.opinionjournal.com/editorial/feature.html?id=110008831 (accessed March 27, 2007).
2. Brooks, http://www.opinionjournal.com/editorial/feature.html?id=110008831 (accessed March 27, 2007).
3. Ed Kilgore, "Expand the Base! To build a majority coalition, Democrats must appeal to more voters outside cities," Blueprint Magazine, http://www.dlc.org/ndol_ci.cfm?contentid=253984&kaid=127&subid=173 (accessed July 18, 2007).
4. Ibid.
5. Ibid.
6. Steve Sailer, "Baby Gap: How birthrates color the electoral map," American Conservative, http://www.amconmag.com/2004_12_06/cover.html.
7. Steve Sailer, "Beyond the Baby Gap: Marriage Drives the Red-Blue Divide," VDare.com, http://www.vdare.com/sailer/041212_secret.htm.
8. The American National Election Studies, Age Cohort of Respondents 1948-2004., http://www.electionstudies.org/nesguide.toptable/tabla_l.htm (accessed August 2006).
9. Ibid.
10. CNN, Exit Polls 2000.CNN, Exit Poll 2004. and CNN, Exit Poll 2006, http://www.cnn.com/ELECTION/2006/pages/results/states/US/H/00/epolls.0.html (September 16, 2007).
11. Larry L. Eastland, "The Empty Cradle Will Rock: How abortion is costing the Democrats-

search/ReadNews.dbm?ID=287 (accessed May 1, 2007) and David Lambro, "Social Security plan backed in new poll," Washington Times, May 31, 2005.

8. John Zogby, John Bruce, and Rebecca Wittman, Report on the Political Outlook of American Investors (Washington, D.C.: Zogby International, 2000).
9. An analysis performed by American Shareholders Association using Federal Reserve Flow of Funds data.
10. Ibid.
11. Americans for Tax Reform analysis using data from the Department of Labor.
12. Michigan's Offices of Retirement Services, About the State Employees' Retirement System (Lansing: Department of Management and Budget, 2007), http://www.michigan.gov/orsstate dc/0,1607,7-209-34710-109542-,00.html (accessed September 24, 2007).
13. Office of the Governor, Governor Corzine's Budget Address, Assembly Chambers, February 22, 2007, As prepared for delivery (Trenton: Office of the Governor, 2007), http://www.state.nj.us/governor/news/news/approved/20070222.html (accessed September 20, 2007).

Chapter 4

1. Kathryn Jean Lopez, "Not Your Father's Labor Union: Labor Unions Are More Michael Moore than George Meany," National Review Online, August 5, 2004, http://www.nationalreview.com/interrogatory/chavez200408050802.asp (accessed September 27, 2007).
2. Opensecrets.org, THE BIG PICTURE 2000 & 2004 Cycle, http://opensecrets.org/bigpicture/blio.asp?display=Total&Cycle=2000, http://opensecrets.org/bigpicture/blio.asp?display=Total&Cycle=2004 (accessed April 29, 2007).
3. Executive Council Report, For Every Worker, A Voice (Washington, D.C.: AFLCIO, 2005), http://www.aflcio.org/aboutus/thisistheaflcio/convention/2005/upload/execcouncil_report.pdf (accessed September 20, 2006).
4. Ron Nehring (Member, San Diego County School Board), Interview by author, September 26, 2006.
5. The Joint Center for Political and Economic Studies, "African American, Hispanics Less Optimistic than Whites about Local Public Schools," http://www.jointcenter.org/pressrooml/PressReleasesDetail.php?recordlD=l6 (accessed May 1, 2007).
6. Wendell Cox Consultancy, Us Private Sector Trade Union Membership, http://www.publicpurpose.com/lm-unn2003htm (accessed March 23, 2007).
7. Ibid.
8. BLS, Union Members in 2006, ftp://ftp.bls.gov/pub/news.release/union2.txt (accessed September 1, 2007)
9. Fast Stats AtoZ, Deaths/Mortality, Center for Disease Control, http://www.cdc.gov/nchs/fastats/deaths.htm (accessed April 29, 2007).

19. Bureau of Economic Analysis, "Table 6.5D. Full-Time Equivalent Employees by Industry," Department of Commerce.
20. Daniel J. Flynn, Deep Blue Campuses (Clarendon: Leadership Institute, 2005). http://www.bea.gov/national/nipaweb/TableView.asp?SelectedTable=183&FirstYear=l947&LastYear=l948&Freq=Year (accessed July 2, 2007).
21. Flynn, http://www.leadershipinstitute.org/resources/?pageid=dbc.
22. AAJ, About AAJ, http://www.atla.org/about/index.aspx (accessed April 29, 2007).
23. Council of Economic Advisors, "Who Pays for Tort Liability Claims? An Economic Analysis of the U.S. Tort Liability System," 2002 (Washington, D.C.), 10.
24. Lawrence J. McQuillan et al., Jackpot Justice: The True Cost of America's Tort System (San Francisco: Pacific Research Institute, 2007), 15.
25. Center for Legal Policy, Trial Lawyer Inc., Manhattan Institute (New York: 2003), 6.
26. Julie Defalco, The Deadly Effects of Fuel Economy Standards: CAPE'S Lethal Impact on Auto Safety (Washington, D.C.: CEI, 1999), 3.
27. Division of Parasitic Diseases, Frequently Asked Questions about Malaria, National Center for Infectious Diseases, http://www.cdc.gov/malaria/faq.htm (accessed April 29, 2007).
28. McQuillan, 40.
29. Research from U.S. Senate Historical Office.
30. Mark Wahlgren Summers, Rum, Romanism, and Rebellion: The Making of a President 1884 (Chapel Hill: University of North Carolina, 2000).
31. William B. Prendergast, The Catholic Voter in American Politics: The Passing of the Democratic Monolith (Washington, D.C.: Georgetown University Press, 1999).

Chapter 3

1. 2007 Investment Company Book, http://www.icifactbook.org/ (accessed August 25, 2007).
2. Tax Almanac, Internal Revenue Code:Sec. 408. Individual retirement accounts (Washington, D.C.: Intuit, 2007),
http://www.taxalmanac.org/index.php?title=Internal_Revenue_Code:Sec._408._Individual_retirement_accounts&oldid=195317 (accessed July 16, 2007).
3. Ibid.
4. Investment Company Institute, 2006 Investment Company Fact Book (Washington, D.C.: ICI, 2006).
5. Investment Company Institute, 401(k) Plans: A 25-Year Retrospective (Washington, D.C.: ICI, 2006), http://www.ici.org/stats/res/arc-ret/perl2-02.pdf (accessed June 13, 2007).
6. Calculations by Scott Rasmussen, "People who work for the government are more likely to be Democrats," Data from Rasmussen Research.
7. John Zogby, New Zogby "American Values" survey, Zogby International, http://zogby.com/

aspx?ID=207 (accessed September 20, 2007).

22. Log Cabin Republicans, Chapters, http://online.logcabin.org/chapters/ (accessed April 29, 2007).
23. Pink Pistols, Find a local Pink Pistols Chapter, http://www.pinkpistols.org/local.html (accessed April 29, 2007).

Chapter 2

1. Calculations by Scott Rasmussen, "If you own $5,000 of stock you are more likely to be a Republican," Data from Rasmussen Research, 1998.
2. Chris Edwards, "Federal Pay Outpaces Private-Sector Pay," Tax & Budget Bulletin, May 2006, http://www.cato.org/pubs/tbb/tbb-0605-35.pdf (May 1, 2007).
3. Americans for Tax Reform analysis of data from National Income and Product Accounts, Bureau of Economic Analysis, U.S. Department of Commerce.
4. Charles Cowan, interview by Grover Norquist, September 14, 2006.
5. U.S. Bureau of Labor Statistics, Table A-1. Employment status of the civilian population by sex and age, Department of Labor, http://www.bls.gov/news.release/empsit.t0l.htm (accessed April 29, 2007).
6. BLS, Union Members in 2006, ftp://ftp.bls.gov/pub/news.release/union2.txt (accessed September 1, 2007).
7. Linda Chavez and Daniel Gray, Betrayal: How Union Bosses Shake Down Their Members and Corrupt Americans Politics (New York: Crown Forum, 2004).
8. Opensecrets.org, "Republican National Committee: 2003-2004 Election Cycle," The Center for Responsive Politics (Washington, D.C.: 2006), http://www.opensecrets.org/parties/total.asp?Cmte=RNC&cycle=2004 (accessed September 15, 2007).
9. Presentation by Foley & Lardner LCC, http://www.foley.com/ (accessed August 15, 2007).
10. Union Members in 2006, ftp://ftp.bls.gov/pub/news.release/union2.txt (ac cessed September 1, 2007).
11. Presentation by Foley & Lardner LCC, http://www.foley.com/ (accessed August 15, 2007).
12. Steve Malanga, "The Real Engine of Blue America," City Journal (Winter 2005), http://www.city-journal.org/html/15_1_blue_america.html (accessed August 22, 2007).
13. Compiled by Americans for Tax Reform using State Election Board Data.
14. TaxBytes, "Labor over TABOR" (Washington, D.C.: Institute for Policy Innovation, 2006).
15. Steven Malanga, New New Left: How American Politics Works Today (Chicago: Ivan R. Dee, 2005).
16. Ibid., 12.
17. Ibid., 13.
18. Ibid.

United States, U.S. Department of Labor, http://www.bls.gov/oes/current/oes_nat.htm (accessed May 14, 2007).

6. The Pew Forum on Religion and Public Life, "Religious Demographic Profile: United States" (Washington, D.C.: Intuit, 2007). http://pewforum.org/worldaffairs/countries/?CountryID=222 (accessed September 21, 2007).
7. "Largest denominations/denominational families in U.S.," adherents.com http://www.adherents.com/rel_USA.html (accessed November 12, 2006).
8. CNN, U.S. PRESIDENT NATIONAL EXIT POLL, http://www.cnn.com/ELECTION/2004/pages/results/states/US/P/00/epolls.0.html (accessed August 31, 2007).
9. CNN 2004 Presidential Exit Poll.
10. Ibid.
11. Binyamin L Jolkovsky, "Orthodox Jews as New Evangelicals?" Jewish World Review, January 19, 2005.
12. Weyrich brought Adoph Coors to support the Heritage Foundation that now stands as the largest conservative think tank in Washington. Weyrich founded and runs the Committee for a Free Congress, and in 1971 organized the Kingston Group meeting that weekly brought together the broad conservative activist base and staff and members of Congress. Weyrich, the godfather of the new right, witnessed or midwifed the creation of almost every successful conservative group spawned in the 1970s and 1980s.
13. Investment Company Institute, 2007 Investment Company Factbook (Washington, D.C.: ICI, 2007), http://www.icifactbook.org/ (accessed August 25, 2007).
14. Elizabeth Drew, On the Edge: The Clinton Presidency (Rockefeller Center: Touchstone, 1994), 91.
15. Statistical Information Analysis Division, Active Duty Military Strength for December 31, 2006, Department of Defense. http://siadapp.dior.whs.mil/personnel/MILITARY/msl.pdf (accessed May 1, 2007).
16. Brian DeBose, "Military Survey 3-to-l for Bush," Washington Times, October 16, 2004, sec. A.
17. Bureau of Labor Statistics, Protective Services Occupation, Department of Labor, http://www.bls.gov/oes/current/oes_nat.htm (accessed May 1, 2007).
18. Mathee Imbert, "Tough Stance Towards China Favored in Polls," Seattle Post Intelligencer, February 23, 1996, A2.
19. Federal Election Commission, 2000 Presidential General Election Results (Washington, D.C.: FEC, 2000), http://www.fec.gov/pubrec/fe2000/2000presge.htm (accessed September 23, 2007).
20. Federal Elections Commission, 1996 Presidential Primary Election Results, http://www.fec.gov/pubrec/fel996/presprim.htm (accessed August 31, 2006).
21. Chris W. Cox, Election Day 2006, NRA-ILA. http://www.nraila.org//Issues/FactSheets/Read.

INTRODUCTION

1. The 22 years include: 1875-1881, 1883-1889, 1891-1895, and 1911-1917. Office of the Clerk, Party Divisions of the House of Representatives (1789 to Present), United States House of Representatives, http://clerk.house.gov/art_history/house_history/partyDiv.html#l (accessed Sept 18, 2007).
2. Analysis performed by Americans for Tax Reform using Bureau of Economic Analysis data.
3. Bureau of Economic Analysis, Income and Employment by Industry, US Department of Commerce, http://www.bea.gov/national/nipaweb/SelectTable.asp?Selected=N (accessed September 1, 2007).
4. Office of the Clerk, Party Divisions of the House of Representatives (1789 to Present), United States House of Representatives, http://clerk.house.gov/art_history/house_history/partyDiv.html#l (accessed September 18, 2007).
5. The twelve years were: 1931-1933, 1947-1949, 1953-1955, and 1981-1987. Senate Historical Office, Party Divisions in the Senate, 1789-Present, US Senate, http://senate.gov/pagelayout/history/one_item_and_teasers/partydiv.htm (accessed September 23, 2007).
6. Nicholas Hoffman, "The Third Man Theme," New York Times, 28 September 1980, sec. 6.
7. Federal Election Commission, "Election Results" (Washington, D.C.: 2007) http://www.fec.gov/pubrec/electionresults.shtml (accessed September 24, 2007).

PART ONE

1. Full Greta Garbo quote: "I never said, 'I want to be alone.' I only said, 'I want to be left alone.' There is all the difference."

Chapter 1

1. IRS, All Returns: Tax Liability, Tax Credits, and Tax Payments, by Size of Adjusted Gross Income, Tax Year 2004, http://www.irs.gov/pub/irs-soi/04in02ar.xis (April 26th, 2007).
2. Census Bureau, U.S. all industries by Employment Size of Enterprise, http://www.census.gov/epcd/susb/latest/us/US-.HTM (accessed April 23, 2007).
3. Direct Selling Association, U.S. DIRECT SELLING IN 2005, http://www.dsa.org/pubs/numbers/calendar05factsheet.pdf (accessed September 24, 2007).
4. Tech Bytes, "It's eBay or the Highway" (Washington, D.C.: Institute for Policy Innovation, 2006) http://www.ipi.org/ipi/ipipressreleases.nsf/70218eflad92c4 ad86256ee5005965f6/blb755df02balbb88625714000 63727d? Open Document (accessed September 24, 2007). Entry cites ACNielsen International Research done for eBay.
5. Bureau of Labor Statistics, May 2005 National Occupational Employment and Wage Estimates,

〈著者〉
グローバー・G・ノーキスト
納税者のアドボカシーグループである全米税制改革協議会創設者兼議長（1984年～現在）
全米保守派の定例会合である「水曜会」主宰者、2007年にはWSJから保守運動の「Grand Central Station」と呼ばれた。
2017年トランプ減税において、政策立案を主導し、その実現を成し遂げた。

〈翻訳〉
ダニエル・キエロン・マニング
アイルランド出身で、日本を拠点に活動するライター・翻訳家。産経新聞の英語サイト「JAPAN Forward」に寄稿するほか、時折Willオンラインにも寄稿している。

〈監修〉
渡瀬裕哉
早稲田大学公共政策研究所招聘研究員、同大学大学院公共経営研究科修了。日系・外資系ファンド30社以上に米国政権の動向に関するポリティカルアナリシスを提供する国際情勢アナリストとして活躍。ワシントンD.C.で実施される完全非公開・招待制の全米共和党保守派のミーティングである水曜会出席資格を持つ。

救国シンクタンク叢書
Leave US Alone
減税と規制緩和、アメリカ保守革命の教典

2024年3月15日　初版発行

著　者　グローバー・G・ノーキスト
翻　訳　ダニエル・キエロン・マニング
監　修　渡瀬裕哉
発行者　伊藤和徳

発　行　総合教育出版 株式会社
〒171-0014
東京都豊島区池袋2-54-2-201
電話　03-6775-9489
発　売　星雲社（共同出版社・流通責任出版社）

編集　奈良香里
装丁　重実生哉
販売　山名瑞季
印刷・製本　株式会社シナノパブリッシングプレス

ISBN978-4-434-32886-2

◇会員入会案内

一般社団法人〈救国シンクタンク〉では、「提言」「普及」「実現」を合言葉に民間の活力を強めるための、改革を阻害する税負担と規制を取り除く活動を行っています。

シンクタンクとして研究を通じ要路者へ提言を行い、国民への普及活動を実施し、政治において政策を実現していくことを目指しています。

救国シンクタンクは、会員の皆様のご支援で、研究、活動を実施しています。

救国シンクタンクの理念に賛同し、活動にご協力いただける方は、ご入会の手続きをお願いいたします。

《会員特典》

①貴重な情報満載のメルマガを毎日配信

研究員の知見に富んだメルマガや国内外の重要情報を整理してお届けします。

②年に数回開催する救国シンクタンクフォーラムへの参加。

③研究員によるレポート・提言をお送り致します。

お申込み、お問い合わせは救国シンクタンク公式サイトへ

https://kyuukoku.com/